Preuschoff

Von 0 bis 3

Gisela Preuschoff

Von 0 bis 3
Alltag mit Kleinkindern

Illustrationen
von Stefan Siegert

Vierzehnte, verbesserte Auflage

PapyRossa Verlag

Vierzehnte, verbesserte Auflage

© 2006 by PapyRossa Verlags GmbH & Co. KG, Köln
Luxemburger Str. 202, D-50937 Köln
Tel.:   ++49 (0) 221 – 44 85 45
Fax: ++49 (0) 221 – 44 43 05
E-Mail: mail@papyrossa.de
Internet: www.papyrossa.de

Umschlag: Willi Hölzel,
             unter Verwendung einer Zeichnung von Stefan Siegert
Lektorat: Holger Reinermann
Satz: Alex Feuerherdt
Druck: Interpress

Die Deutsche Bibliothek – CIP-Einheitsaufnahme

Die Deutsche Bibliothek verzeichnet diese Publikation in der
Deutschen Nationalbibliografie; detaillierte bibliografische
Daten sind im Internet über http://dnb.ddb.de abrufbar

ISBN 978-3-89438-021-2

Inhalt

Vorwort

Dieses Buch gibt meine Erfahrungen aus dem Leben mit Kindern wieder. Schon als Mädchen haben mich Kleinkinder fasziniert und ich habe, lange bevor ich eigene Kinder bekam, mit Kindern zusammengelebt. Später bin ich Lehrerin geworden und habe vier Kinder geboren und sie heranwachsen sehen. Nach meiner anschließenden Ausbildung zur Familientherapeutin hatte ich das Glück, mich mit vielen Menschen darüber austauschen zu dürfen, welche Schwierigkeiten und wieviel Erfüllung das Leben mit Kindern mit sich bringt.

Ich möchte in diesem Buch Anregungen geben, die aus diesen Erfahrungen stammen. Dabei ist mir klar, dass Eltern immer nach eigenen Vorstellungen handeln, die wiederum viel mit der eigenen Herkunftsfamilie zu tun haben. Wer unfreundliche, lieblose Eltern hatte, dem fällt es oft schwer, freundlich und liebevoll zu sein. Wer selber zu vielen Verboten unterworfen war oder aber tun und lassen konnte, was er wollte, hat vielleicht Schwierigkeiten, seinen eigenen Kindern Grenzen zu setzen.

Wer bei fürsorglichen, liebevollen Eltern geboren wurde, wird ganz selbstverständlich fürsorglich und unterstützend handeln.

Dennoch gibt es sehr viele Ausnahmen von dieser »Regel«, und mein Buch ist für Menschen gedacht, die Unterstützung suchen und bewusst handeln wollen.

Ich kann Verhalten nicht ändern, aber Denkanstöße geben, Erfahrungen vermitteln und zum Meinungsaustausch anregen. Vielleicht ist solch ein Buch auch ein kleiner Ersatz für die Großfamilien vergangener Tage, in denen Informationen wie diese weitergegeben wurden und Geburt und Tod genauso beobachtbar waren wie das Heranwachsen der Generationen.

»Was haben wir uns damals die Köpfe heiß diskutiert!«, sagte eine Freundin vor einigen Jahren, auf ihre Kinderladenerfahrung zurückblickend, »und heute sind die Kinder alle erwachsene, nette junge Leute, die man einfach sympathisch findet. Die ›Erziehungsfehler‹ ihrer Eltern scheinen spurlos an ihnen vorübergegangen zu sein.« (Und selbst dann, wenn es nicht so ist, können sie mit ihren Eltern darüber zu reden versuchen und möglicherweise therapeutische Hilfe in Anspruch nehmen.)

Inzwischen habe ich selber erwachsene Nichten und Neffen, zwei erwachsene Söhne und ich kann die Erfahrung meiner Freundin nur bestätigen.

Daraus rührt jene Gelassenheit, die ich jungen Eltern ans Herz legen möchte:

Ihr müsst Euch nicht als »Macher« Eurer Kinder und für alles verantwortlich fühlen. Ihr dürft Fehler begehen und Euch von Schuldgefühlen befreien!

Was wirklich und einzig und allein wichtig ist: bedingungslose Akzeptanz und Liebe für Euer Kind, Euren Partner und Euch selbst.

Konkret heißt das: Oft sind wir mit dem Verhalten unserer Mitmenschen nicht einverstanden. Wenn wir jedoch unsere Konflikte lösen wollen, müssen wir die Persönlichkeit des anderen tolerieren.

Schon bei Neugeborenen können wir die erheblichen Unterschiede deutlich wahrnehmen: da gibt es friedliche und ausgeglichene Kinder und andere, die fürchterlich schreien und offenbar Schwierigkeiten haben, mit dem Erdenleben zurechtzukommen. Niemand kann im Voraus wissen, wie das Kind sein wird, das geboren werden soll, obwohl der Verlauf der Schwangerschaft und die Geburt natürlich Einfluss auf dessen Wohlbefinden nehmen.

Als vor einiger Zeit ein junger Vater seine brüllende Tochter zu Tode schüttelte, war in den Medien viel von so genannten »Schreikindern« die Rede. Ein Kinderarzt nannte es »Folter«, wenn Babys Nacht für Nacht schreien, und plädierte für die Einrichtung von Beratungsstationen rund um die Uhr.

Es gibt wohl kaum ein Ereignis im Leben junger Eltern, das

so unterschiedlich wahrgenommen wird wie die Geburt eines Kindes. Für die einen ist es Glück ohne Ende, für die anderen die Vorstufe zur Hölle.

Das Baby selbst nimmt Einfluss auf seine Eltern; die Menschen, die ihnen nahe stehen, unterstützen oder vernachlässigen sie; ihre soziale Lage macht vieles möglich oder unmöglich und ihre Art und Weise, mit Schwierigkeiten umzugehen, trägt ebenfalls dazu bei, wie sich das Leben jetzt neu gestaltet. Jedes Paar wird mit der Geburt eines Kindes in eine Krise gestürzt, aus der es entweder gestärkt hervorgeht oder die es endgültig trennt.

Ich hoffe, dass Sie, liebe Leser, sich nach der Lektüre dieses Buches gestärkt fühlen und dass das Zutrauen in Ihre Fähigkeiten und Eigenschaften wächst.

Mit Kindern zu leben, gehört zu den größten Abenteuern und Herausforderungen, und ich beglückwünsche Sie, den Mut zu diesem Wagnis gefunden zu haben.

Für Ihren Alltag wünsche ich Ihnen vor allem Humor und Gelassenheit und ab und zu die Fähigkeit, die Welt aus den Augen eines Kindes zu betrachten.

Gisela Preuschoff

Vorbereitung auf das Kind

Eltern gibt es viele – keine(r) ist allein

Einsamkeit ist ein Gefühl, das wohl jede Frau in der Schwangerschaft gelegentlich überkommt. Sie fühlt sich unattraktiv, ausgeschlossen von bestimmter Geselligkeit, unverstanden. Obwohl
der Bauch durchaus schön sein kann und man sich riesig freut,
kommt man sich schlichtweg einsam vor, wenn man nachts
nicht weiß, wie man liegen soll; wenn der Rücken schmerzt und
die dicke Luft auf Feten unerträglich wird; wenn die Müdigkeit
einen vor der Zeit ins Bett treibt, was ein verständnisvolles Lächeln einbringt; wenn niemand mitfühlt und mitjubelt, wenn das
Baby zum ersten Mal fühlbar strampelt ...

Am liebsten möchte man jetzt mit allen Schwangeren der Welt
zusammenhocken und reden über das, was einem täglich durch
den Kopf geht, einen bedrückt oder fröhlich macht. Viele sehnen
sich jetzt nach der eigenen Mutter und möchten sie so viel fragen... Dies ist die Zeit, in der man – wenn irgend möglich – mit
seinem Partner zur Schwangerschaftsgymnastik bzw. zu geburts-
vorbereitenden Kursen gehen und das Spektrum an Elternkur-
sen, das Volkshochschulen und Verbände anbieten, nutzen sollte. Hier lernt man leicht andere Eltern kennen, mit denen man
sich nach Bedarf auch öfter verabreden kann. Das macht nicht
nur Spaß, sondern ermöglicht auch Erfahrungsaustausch.

An Themen mangelt es sicherlich nicht, von günstigen Ein-
kaufsquellen und der Wahl des Krankenhauses bis hin zur Frage der Kinderbetreuung bei Wiederaufnahme der Berufstätigkeit.
Man kann auch gemeinsam lesen, Gymnastik machen, schwimmen oder spazieren gehen.

Es ist gut, wenn solche Gruppen nach der Geburt weiter bestehen, Geburtsberichte und Erfahrungen liefern und schließlich
auch den Kindern erste Kontakte zu Gleichaltrigen ermöglichen.
So kann auch leicht die Beschaffung gebrauchter Kinderkleidung,
von Kinderbetten, Spielzeug usw. organisiert werden. Obwohl es

allein stehende Mütter sehr schwer haben, könnte sich in so einer Gruppe auch ihnen eine Perspektive auftun.

Muss die Wohnung anders werden?

In den ersten Wochen braucht das Baby vor allem einen Menschen, der es trägt. Die Wohnung ist ihm egal, so lange es nur die Wärme eines Körpers spürt und Nahrung bekommt, so oft ihm danach ist. Trotzdem sollten die Eltern wissen, dass Zigarettenrauch dem Baby schadet, genauso wie die Abgase, die von der Straße heraufziehen, und der Krach – auch der des permanent eingeschalteten Fernsehers. D. h. kinderfreundliche Wohnungen müssten von sauberer Luft umgeben und frei von krank machendem Lärm sein – und bezahlbar. Viele Menschen haben solche Wohnungen nicht. Ihnen mit guten Ratschlägen helfen zu wollen, ist sicher lächerlich. Unsere Betroffenheit in Wut verwandelt könnte mehr ausrichten. Wir können etwas tun! Spielstraßen, Parks und Spielplätze sind Beispiele dafür, dass auch Städte kinder-, d. h. menschenfreundlich gebaut werden können, und die Bewegung der Hausbesetzer hat uns gezeigt, dass man den Missbrauch von Privateigentum nicht hinnehmen muss.

Überlegen Sie also, ob Sie sich in der Schwangerschafts- oder Elterngruppe gemeinsam helfen können. Gibt es Mietervereine oder Organisationen in der Stadt, die sich mit Wohnraumbeschaffung beschäftigen?

Kann die Wohnung durch Einbauten vergrößert werden? (Platz sparende Regale, Schrankbetten, Futons, Schlafsessel, Einziehen einer Zwischendecke aus Holz in sehr hohen Räumen in Verbindung mit einer Kletterleiter). Kann durch Neuaufteilung der Räume Platz für Kinder geschaffen werden? (Aufgabe des Schlafzimmers, Verwandlung der Küche in einen Mehrzweckraum, Einbeziehung des Flurs als Spielfläche, zum Turnen und

Aufhängen von großen Bildern oder Schautafeln [die Apotheken geben z. B. umsonst Schautafeln mit Tieren heraus: Fragen Sie mal nach medi & zini]).

Dass man auch in kleinen Wohnungen mit einigem Wissen und Können optimale Bedingungen für seine Kinder schaffen kann, beweist das Beispiel des sowjetischen Ingenieurs V. Skripalev, der nach dem Vorbild der Nikitins in seiner Moskauer Ein-Zimmer-Wohnung für seinen geschwächten Sohn eine hervorragende Sportanlage installierte.

Wer ein neues Gitterbett kaufen will, sollte überlegen, ob nicht ein großes Etagenbett (2. Etage zum Spielen) langfristig billiger ist. Ein Baby kann gut in einem großen Bett schlafen, wenn es durch ein Holzbrett o. ä. vor dem Herausfallen geschützt ist.

Vor allem können Sie sich dann bequem zu Ihrem Kind legen, so lange es nachts noch gestillt wird bzw. aufwacht. Stattdessen können Sie sich aber auch ein gemütliches Matratzenlager für die ganze Familie einrichten. Die Matratzen sollten dann allerdings nicht aus Schaumgummi sein, weil das Kind darauf leicht schwitzt. Oft ist es zu ebener Erde auch zu kalt.

Zu überlegen ist, wie man das Nasswerden der Matratze verhindert, wenn dem Baby eine größere Schlaffläche zur Verfügung steht. Aufgeschnittene Plastiktüten erfüllen ihren Zweck voll – gesünder für die Haut sind Schaffelle, die gleichzeitig wärmen und das Nasswerden verhindern.

Klar ist, dass ein Kind mit zunehmendem Alter eigenen Platz benötigt. Ich finde jedoch nicht, dass Kinder unbedingt ein eigenes Zimmer haben müssen. Zumindest in den ersten Jahren möchten sie überhaupt nicht gern allein sein, spielen viel lieber in der Küche als in einem extra für sie hergerichteten »Kinderzimmer«. Das Kind braucht eine Kommode oder einen kleinen Schrank für Kleidung, ein niedriges Regal für Spielzeug und Bilderbücher, vielleicht eine Kiste oder Waschmittelbehälter zum Auspacken und Wühlen. Wer gerade eine neue Waschmaschine gekauft hat, sollte den großen Verpackungskarton unbedingt

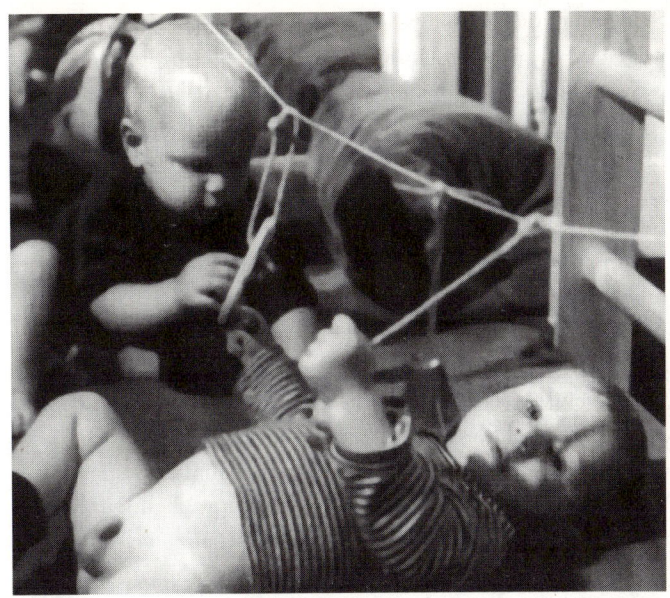

aufheben und später ein Spielhaus mit Türen und Fenstern daraus machen.

Sehr bewährt hat sich für Kinder ab vier Monate ein Matratzenlager außerhalb des Bettes an einem Ort, an dem sich auch
Erwachsene oft aufhalten. Hier kann das Baby mit Freunden liegen, ein Mobile betrachten oder nach Spielzeug greifen, das man
in den ersten Monaten zweckmäßig an einem Faden quer über
den Matratzen aufhängt. Eine teure, aber lohnende Anschaffung
sind Matratzen, die sich mit Knöpfen und Knopflochleisten aneinander befestigen lassen, sodass sie nicht nur verschiedene
Betten ergeben, sondern ebenso Häuser, ein Kaspertheater, Türme u. ä.

Wer langfristig planen kann und etwas Geld hat, sollte sich
gleich nach einer geeigneten Wandverkleidung hinter den Matratzen umsehen. Sehr zweckmäßig ist z. B. die Anbringung eines

Spiegels, in dem sich die Kinder angucken können, einer Tafel oder von Korkplatten, an denen man Bilder und Fotos leicht auswechselbar befestigen kann. Auch über die Anbringung zukünftiger Sportgeräte wie Schaukel, Ringe, Trapez, Sprossenwand, Kletterseil u. ä. können sich langfristige Planer allmählich Gedanken machen. Ist vielleicht im Bad noch etwas Platz? Lässt sich die Speisekammer umfunktionieren? Oder ist eine Babygruppe mit eigenem Raum geplant – was Platz- und Kostenteilung bedeuten würde? Hierfür lässt sich vielleicht ein Raum mieten. Oder stellt jemand ein Zimmer seiner Wohnung zur Verfügung?

Folgenden Vorschlag möchte ich ernsthaft zu bedenken geben (und im Kapitel zur Berufstätigkeit noch einmal aufgreifen): Gibt es die Möglichkeit, mit Freunden oder Bekannten zusammenzuziehen und dadurch u. a. auch Wohnraumprobleme zu lösen?

Wer einen Umzug plant, sollte das lieber während der Schwangerschaft als in den ersten Monaten danach tun, in denen die Abgespanntheit meist sehr groß ist.

Wer jetzt daran geht, seine Wohnung umzuräumen und auf »Kindersicherheit« zu prüfen, sollte das hauptsächlich unter dem Aspekt tun, wie sich zukünftig die Wohnung von Ihnen und Ihrem Kind benutzen lässt, sodass sich für beide möglichst wenig Einschränkungen ergeben. Natürlich müssen Sie Schränke und Regale auf Standfestigkeit überprüfen, Gifte und Medikamente verschließen und die Steckdosen sichern. Es empfiehlt sich auch, die Räume mal aus der Baby-Perspektive zu betrachten. Sie müssen aber nicht alles wegschließen, was eventuell kaputtgehen könnte: Das Kind soll ja auch lernen, mit Gegenständen richtig umzugehen. Das kann es aber nur, wenn nicht alles unzerbrechlich und kippsicher ist. (Wenn das Ausräum-Alter beginnt, gehen wir hierauf noch einmal ein.) Auf keinen Fall sollten Sie sich jetzt neue Polstermöbel kaufen, die, weil sie so teuer waren, nicht berührt, geschweige denn betreten werden dürfen. Vielleicht können Sie auch den Fernseher etwas aus dem Blickfeld Ihres

Kindes rücken, weil dieses Gerät für Kinder unter drei Jahren genauso interessant wie schädlich werden kann (s. Kapitel »Das dritte Lebensjahr«).

Begrüßung mit sanften Händen

Haben Sie schon einmal darüber nachgedacht, dass Ihr Kind Ihrem Gesichtsausdruck, Ihren Gesten, Ihren Bewegungen und dem Tonfall Ihrer Stimme wesentlich mehr entnimmt als Ihren Worten? Wussten Sie, dass 80% aller Kommunikation nicht-sprachlich stattfindet? Erinnern Sie sich an Menschen, die Ihnen die Hand auflegten, Sie kurz und angenehm berührten oder in den Arm nahmen?

Babys entwickeln vor allen anderen Sinnen den Sinn für Berührung. Er ist ein wichtiges Mittel der Kommunikation. Eltern, die dem Berühren, Fühlen und Streicheln des Babys viel Zeit widmen, lernen es besser kennen. Kein Wunder, denn sie bleiben »in Berührung« mit dem kleinen Wesen und geben ihm dadurch Selbstvertrauen und Geborgenheit.

Massage ist die ursprüngliche Kunst des Gesundstreichelns, sie vermittelt Wohlbefinden am ganzen Körper. Daher ist in vielen Ländern der Welt Massage unverzichtbarer Bestandteil der Babypflege. Von ihr profitieren Durchblutung, Immunsystem, Kreislauf, Atmung und Stoffwechsel.

Wann soll das Baby massiert werden? Vom ersten Tag an, ganz sicher wenn der Nabel abgeheilt ist, jedoch nie direkt vor oder nach den Mahlzeiten und nur dann, wenn Sie sich dazu bereit fühlen. Wichtig ist, dass der Raum so warm ist, dass das Baby auch nackt nicht friert. Ich habe sehr gute Erfahrungen mit einer über dem Wickeltisch installierten Wärmelampe gemacht, später jedoch, als das Kind größer war und nicht mehr so leicht fror, habe ich es auf meinen nackten Beinen massiert, so wie es Tina Heinl in ihrem schönen Buch beschreibt.

Für die Massage benötigt man Öl, das man zweckmäßigerweise in eine kleine Schüssel gibt. Bitte benutzen Sie reines, kaltgepresstes Pflanzenöl ohne chemische Zusätze wie z. B. Mandelöl, Kokosnuss- oder Traubenkernöl, das in Apotheken, Reformhäusern oder Bioläden erhältlich ist. Bevor die Haut des Kindes mit dem Öl in Berührung kommt, erwärmt man es an den eigenen Händen, indem man sie vorsichtig aneinanderreibt.

Es gibt verschiedene Massage-Schulen, die auf festgelegten Reihenfolgen und Griffen basieren, z. B. die Indische Babymassage, die durch Leboyer nach Europa kam und die auch in dem Buch von Tina Heinl anschaulich und vereinfacht dargestellt ist.

Meine Tochter hat diese Art der Massage sehr genossen. Aber auch dann, wenn Sie diese Technik nicht nach dem Buch erlernen wollen, können Sie Ihr Baby massieren, zärtlich und intuitiv, d. h. sehr sanft streicheln, niemals Druck anwenden, ganz so, wie Ihr Gefühl es Ihnen sagt.

Bücher über Baby-Massage:

Burchardt, Sabine: Babymassage. Bücherei der Hebamme 7, Ferdinand Enke Verlag, Stuttgart

Leboyer, Frédérick: Sanfte Hände. Die traditionelle Kunst der indischen Baby-Massage, Kösel Verlag, München

Mutter – Vater – Kind – Beruf

Viele Frauen freuen sich auf das erste Kind auch deshalb, weil sie endlich einen guten Grund haben, ihre unterbezahlte, nervtötende Arbeit aufzugeben. Ein Kind zu erziehen scheint ihnen sinnvoller, als tagaus tagein fremdbestimmte Arbeit in Büro, Fabrik oder Verwaltung erledigen zu müssen. Dazu abends noch die Hausarbeit, also Doppel- und Dreifachbelastung. Der Mann hilft ohnehin kaum mit... Berufsaufgabe erscheint sinnvoll und nur zu verständlich.

Andere hören auf, weil sie ihr Kind keiner fremden Person aussetzen wollen. Es könnte, wenn nicht Schaden erleiden, so doch benachteiligt sein, sich abgeschoben fühlen, zurückbleiben. Diese Frauen würden eigentlich gern weiter arbeiten, aber nicht auf Kosten des Kindes.

Den meisten berufstätigen Frauen allerdings stellt sich diese Alternative – Berufstätigkeit oder nicht – gar nicht erst. Ihr Lohn oder Gehalt wird zu Hause gebraucht. Ohne ihren Beitrag zur Haushaltskasse wären Ratenzahlung, Auto, Urlaub, ja sogar Obst und Gemüse nicht mehr drin.

Viele Frauen erleben die Berufstätigkeit auch als Selbstbestätigung und Befriedigung. Sie haben einen Beruf im wahrsten Sinne des Wortes und können sich ein Hausfrauendasein nicht vorstellen. Sie brauchen die KollegInnen, die Anregungen und Auseinandersetzungen am Arbeitsplatz.

Und die Väter?

Gewöhnlich haben sie es sehr viel leichter. Während die Frau schon in den ersten Monaten der Schwangerschaft mit dem Problem konfrontiert wird, »es« ihrem Chef gestehen zu müssen, seine platten Glückwünsche oder das lang gezogene Gesicht, die väterlichen Ratschläge zu ertragen, später dann die Prozedur der Urlaubsanträge wegen Arzt- und Laborterminen, Ärgernis erregende Krankschreibungen und vieles mehr, – wird von den meisten Vätern nur verlangt, einen auszugeben. »Übrigens, ich werde Vater«. Sonst bleibt alles beim Alten.

Weil in fast allen Fällen der Vater mehr verdient als die Mutter, entfällt auch die Diskussion, wer von den Partnern eine Halbtagsstelle übernimmt. Und selbst Väter, die bereit und in der Lage wären, nur noch halbtags zu arbeiten, haben Schwierigkeiten, eine solche Stelle zu finden. Gerade weil so viele arbeitslos sind, werden die, die eine Stelle haben, bis aufs Äußerste gefordert. Oft trauen sie sich nicht einmal, die ihnen zustehenden Tage für die Betreuung kranker Kinder in Anspruch zu nehmen.

Von einer kinder- und elternfreundlichen Gesellschaft sind wir leider noch weit entfernt. Deshalb gibt es in Fragen der Kinderbetreuung bei Berufstätigkeit auch keine allgemein gültige Lösung, sondern lediglich Vorschläge, die sowohl aus der Praxis als auch aus wissenschaftlichen Untersuchungen stammen und je nach persönlichen und regionalen Bedingungen aufgegriffen werden können:

1. Vater oder Mutter geben ihre Arbeit vorübergehend auf und nehmen Elternzeit, um für das Kind da zu sein

Weil es unbedingt zu empfehlen ist, das Kind zu stillen, wird es in der ersten Zeit die Mutter sein, die zu Hause bleibt. Später kann sie sich – wenn es von der Arbeit her möglich ist – mit dem Vater abwechseln.

Zu bedenken ist, dass eine solche Umstellung vom Arbeitsleben auf »Für Kind und Haushalt da sein« meistens nicht leicht verkraftet wird. Was sich zunächst als »Traumjob« gab, nämlich zu Hause zu bleiben und tun und lassen zu können, was man will, zeigt sich oft als völlig öde: tagein tagaus nur Windeln, Kindergeschrei, Breikochen und Buggyschieben. Vielen fällt dann einfach »die Decke auf den Kopf«.

Niemand kann sich das vorstellen, der es nicht selbst erlebt

hat, und zum Glück gibt es inzwischen allerhand humorvolle
Literatur zu diesem Thema. Andererseits kann es wirklich beglü-
ckend sein, sich ganz auf solch ein kleines Wesen einzulassen, es zu
beobachten, seine Entwicklung zu verfolgen und sich an seinem
Lachen zu erfreuen. Mancher Vater oder manche Mutter entdecken ihre Leidenschaft fürs Fotografieren oder beginnen, ein Tagebuch zu schreiben. Oft ergeben sich auch über die Kinder neue
Freundschaften, die den Tagen Einsamkeit und Langeweile nehmen, und es kann durchaus erholsam sein, auf Spielplätzen zu sitzen und Socken zu stricken oder zu lesen.

Dennoch ist zu bedenken, dass berufliche und finanzielle Einschränkungen immer auch Folgen haben. Werde ich nach der
Elternzeit den Wiedereinstieg in den Beruf finden? Werden wir
es uns noch leisten können, in Urlaub zu fahren? Werde ich eine
unzufriedene, nörgelnde Mutter bzw. ein ebensolcher Vater werden? Wird mein Kind kontaktscheu werden, weil es bei mir allein aufwächst? Werden wir partnerschaftliche Probleme bekommen, weil einer ganz fürs Geldverdienen und einer ganz fürs Kind
zuständig ist? Wird es uns gelingen, unter diesen Bedingungen
unsere Liebesbeziehung zu pflegen?

Solche (und noch viel mehr) Fragen sind wichtig – aber sie
lassen sich lösen, wenn man sich ihnen bewusst stellt.

*Tipps und Anregungen für Mütter oder Väter,
die vorhaben, vorübergehend ihre Berufstätigkeit aufzugeben*

Besprechen Sie mit Ihrem Partner ausführlich und mit
schriftlich fixierten Ergebnissen, wer zukünftig welche
Aufgaben übernimmt, damit Einseitigkeiten so weit wie
möglich eingeschränkt werden (z. B.: am Wochenende

oder abends übernimmt der berufstätige Teil regelmäßig
die Hausarbeit oder beschäftigt sich mehrere Stunden lang
intensiv mit dem Kind).

Verhindern Sie Ihre eigene und die Isolation Ihres Kindes, indem Sie zu anderen Eltern gezielt Kontakt aufnehmen. Das kann über eine Anzeige, aber auch über Baby-,
Turn- oder Schwimmgruppen, PeKip-Kurse oder andere
Aktivitäten, die in jeder Stadt angeboten werden, geschehen.

Vielleicht haben Sie auch Lust, eine Babygruppe zu
gründen, die dem Austausch von Meinungen, Informationen und Erfahrungen dient und sich regelmäßig trifft.

Organisieren Sie sich Menschen, die bereit sind, ab und
zu Ihre Kinder zu betreuen und mit Ihnen über sie zu sprechen. Großeltern und Paten, aber auch kinderlose Freunde oder ältere Menschen, die einfach Lust dazu haben,
können diese Aufgabe übernehmen, Ihnen den Alltag erleichtern und Ihnen darüber hinaus Anregungen vermitteln und ihre eigenen Beobachtungen mitteilen.

Teilen Sie Ihre Zeit so ein, dass es neben Hausarbeit
und Kind auch noch Spielraum für persönliche und elterliche Aktivitäten gibt. Wechseln Sie sich an manchen Aben-
den mit Ihrem Partner ab und organisieren Sie ab und zu
einen Babysitter, um Ihre persönliche Liebesbeziehung zu
pflegen.

Besuchen Sie gezielt öffentliche Büchereien, um sich
über Bilderbücher und Elternliteratur zu informieren.
Dort liegen auch Elternzeitschriften aus, die Ihnen vielfältige Anregungen geben können.

Planen Sie bei der Berufsaufgabe, für wie lange ein Elternteil zu Hause bleiben soll und wie die Wiedereingliede-
rung in das Berufsleben zu gewährleisten ist.

2. Beide Eltern sind berufstätig – wohin mit dem Kind?

Die in der Öffentlichkeit vielfach vertretene Behauptung, dass
Berufstätigkeit der Eltern als solche schon schädlich sei, hat sich
als eindeutig falsch erwiesen. Richtig ist vielmehr umgekehrt,
dass liebevolle und qualifizierte Kinderbetreuung schwer zu bekommen und außerdem bei Kleinkindern, die sich nicht be-
schweren können, schwer zu kontrollieren ist. Guten Gewissens
kann man sein Kleinkind nur mit einer Person allein lassen, der
man hundertprozentig vertraut. Dass Babys und Kleinkinder
nur von einer Person betreut werden sollen, wie manche konservativen Politiker behaupten, ist menschheitsgeschichtlich gesehen eher die Ausnahme gewesen. In den meisten Gesellschaften
und Gesellschaftsformen standen den Müttern Gruppen, zumindest aber mehrere Menschen und ältere Kinder zur Seite. Auf
dem Land ist es bis heute üblich, dass Frauen im Stall, Hof und
Feld mitarbeiten. (Wobei die Kinder oft sich selbst überlassen
sind, was ganz sicher nicht gut ist.) Es gab jahrhundertelang
Ammen, Mägde und Großeltern, die selbstverständlich auch für
die Kinder da waren. Bis heute hält sich der Hochadel ein oder
mehrere Kinderfräulein, die Prinzessin XY offenbar auch nicht
schaden. (Zumindest ist nicht bewiesen, dass deren Macken von
dort stammen.)

In Kindergärten mit altersgemischten Gruppen und in Krab-
belgruppen mit mehreren Erzieherinnen könnten günstige Bedingungen gegeben sein: Ältere Kinder bringen jüngeren etwas bei,
Erzieherinnen sorgen für eine anregende, liebevolle Atmosphäre, die einer Großfamiliensituation ähnelt.

Solche Einrichtungen gibt es leider selten.

Kleinkindern, die nur aufbewahrt, aber nicht liebevoll und
kontinuierlich von immer denselben Personen betreut werden,
geht es ganz bestimmt nicht gut.

Wenn Eltern also wieder berufstätig sein wollen, empfiehlt es
sich, entweder zu mehreren eine Babygruppe zu gründen und

dafür eine Erzieherin einzustellen oder nach einer Tagesmutter
Ausschau zu halten. Ab und zu wird man auch eine Krippe oder
einen altersgemischten Kindergarten finden, die – vielleicht als
Modellprojekt – gute Bedingungen bieten können. Schauen Sie
sich einfach um! Beobachten Sie die betreuten Kinder in der
betreffenden Einrichtung: Man sieht ihnen an, ob sie sich wohl
fühlen oder nicht!

Meine eigenen Kinder sind alle vier spätestens mit einem Jahr
halbtags »fremdbetreut« worden. Mein Kriterium für Vertrauen
war, dass meine Kinder gern und freiwillig bei diesen zuerst fremden, aber bald geliebten Personen blieben und dort auch andere
Kinder zum Spielen hatten. Und ich habe mir immer eine Woche
Zeit genommen, das Kind allmählich an die neue Umgebung und
die fremden Personen zu gewöhnen. Ein schreiendes Kind hätte ich nie dort allein zurücklassen können! Es war in Ordnung für
unsere Kinder, wenn ich – oder mein Mann – gingen. Und diese
Art der Betreuung hat ihnen gut getan.

Ich bin davon überzeugt, dass überall Menschen zu finden
sind, die Kinder liebevoll, fürsorglich und anregend behandeln.
Allerdings sind die Kosten oft sehr hoch. Wenn beide Eltern arbeiten, können sie sich das in vielen Fällen leisten. Die Zeit bis
zum Kindergarten ist ja absehbar, und gerade in den ersten drei
Jahren braucht ein Kind absolute Sicherheit und Geborgenheit,
die ihm nur eine gute Gruppe und liebevolle qualifizierte Menschen bieten können. Viele Eltern müssen sich hierfür aber gehö-
rig einschränken. Und es ist und bleibt ein sozialpolitischer Skan-
dal, dass eines der reichsten Länder der Welt eine – gute und zu-
reichende – öffentliche Kinder- und Kleinkinderbetreuung angeblich nicht finanzieren könne. Im übrigen ist es unter diesen Bedingungen ein ständiger Drahtseilakt und bedarf enormer organisa-
torischer Mühen, Berufstätigkeit und kleine Kinder unter einen
Hut zu bringen.

Sich jedoch vierundzwanzig Stunden am Tag mehr oder weniger allein für ein kleines Kind verantwortlich fühlen zu müssen,

finde ich ebenfalls schwer auszuhalten und auch nicht »normal«. Meiner Meinung nach braucht jede Mutter (und jeder Vater, wenn er Hausmann ist) Abwechslung, Anregung und Herausforderung, die z. B. durch zumindest halbtägige Berufstätigkeit gegeben sein kann.

Für mich habe ich jedenfalls festgestellt, dass es sich lohnt, einige Mühen auf sich zu nehmen, um dem häuslichen Einerlei (oder in meinem Fall Chaos) für einige Stunden zu entkommen.

Leben wir in einer Kuckucksgesellschaft? Oder: Darf mein Kleinkind fremdbetreut werden?

Weil seit einiger Zeit die Diskussion um Fremdbetreuung wieder auflebt, möchte ich dieser Frage noch einmal gesondert nachgehen. Die Frauenbewegung hat erreicht, dass viele Mütter selbstverständlich wieder arbeiten, auch wenn ihre Kinder noch klein sind. In anderen europäischen Ländern, wie zum Beispiel Frankreich und Dänemark, arbeiten sogar entschieden mehr Mütter als bei uns. Vergessen haben wir Emanzipierten allerdings zuweilen, dass es auch wunderschön sein kann, dem Stress der industriellen Kultur für eine Weile zu entgehen und uns ganz dem von uns geborenen Kind zu widmen. Kinderbetreuung sei eine moderne Erfindung, sagt Steve Biddulph, der bekannte australische Familientherapeut, und er appelliert an Eltern, ihre Kinder nicht wie Kuckuckseier in fremde Nester zu legen. »Unsere Gesellschaft hat sich der ›Freiheit‹ verschrieben, und das beinhaltet offensichtlich auch, dass man sich möglichst von den Mühen der Kindererziehung zu befreien sucht«, so Biddulph (S. 118). Und weiter: »Ich selbst habe beim Anblick von Babys und Kleinkindern in Krippen schon immer ein Unbehagen verspürt, und je mehr Gespräche ich mit Eltern, Betreuungspersonal und zurückblickenden Erwachsenen führte, desto stärker wurde meine

Überzeugung.« (S. 120) Stanley I. Greenspan, der mit Berry Brazelton gemeinsam das Buch: »Die sieben Grundbedürfnisse von
Kindern« verfasste und wie dieser als Kinderarzt bzw. -psychiater international bekannt ist, sagt: »Wenn Eltern die Wahl haben
und es ihnen möglich ist, das Kind selbst optimal zu versorgen,
halte ich es für das Beste, Säuglinge und Kleinkinder in den beiden ersten Lebensjahren nicht für dreißig bis vierzig Stunden
pro Woche anderswo unterzubringen. Aktuelle Forschungen
und meine eigenen klinischen Beobachtungen zeigen, dass die
meisten Krippen und Krabbelstuben keine optimale Betreuung
gewährleisten.« (Brazelton/Greenspan, S. 65)

Wenn wir uns die Geschichte der Menschheit ansehen, bemerken wir sofort, dass Kinder in den verschiedenen Epochen sehr
verschieden aufgewachsen sind.

Unsere Urahnen lebten in Gruppen und kannten keine Berufstätigkeit. Die Kinder wurden von ihren Müttern gestillt, starben häufig und wenn sie überlebt haben, wuchsen sie in der
Gruppe der Menschen ihres Clans und in enger Beziehung zu
beiden Eltern, besonders jedoch zu den Müttern, auf. Weil die
Mütter traditionsgemäß für Nahrung und Haus zuständig waren,
hatten sie die Aufgabe, die Kinder zu versorgen und so lange wie
möglich zu stillen. Sie führten ihre Aufgaben jedoch nie allein,
sondern in der Gruppe der Frauen aus, unterstützt von größeren
Kindern und Alten.

Es lässt sich also festhalten, dass Menschenleben einer ständigen Wandlung unterliegt und kleine Menschen eine Menge
aushalten, was Lebensbedingungen und Beziehungsformen betrifft. Außerdem ist es eine Binsenweisheit, dass man nachträglich
immer schlauer ist – und manche Mutter aus den fünfziger Jahren bereut es heute, das sie ihr Baby schreien ließ oder nicht gestillt hat oder ihr Kind schlug, weil sie damals überall hörte und
lesen konnte, das würde nicht schaden.

Die Säuglingsforschung ist heute auf einem hohen Stand. Wir
wissen ganz genau, dass ein Neugeborenes kein Reflexbündel ist,

sondern ein waches, mit Bewusstsein ausgestattetes Wesen, das über eine Menge Kompetenzen verfügt. Wir wissen heute auch, dass man Kleinkinder nicht verwöhnen kann, sondern dass jedes Kind für seine optimale Entwicklung eine stabile, absolut zuverlässige und liebevolle Beziehung zu Mutter und Vater braucht. Weil es seine Eltern bereits seit der Schwangerschaft kennt, ihre Stimme von anderen unterscheiden kann und sie auch bald nach der Geburt über den Geruch und das Aussehen erkennt, sind die Eltern als erste Bezugspersonen absolut geeignet, zumal auch sie über die natürliche Kompetenz verfügen, ein Baby richtig zu versorgen. Eltern tun in der Regel genau das, was ein Baby braucht und mag – sie müssen einfach nur ihrem Gefühl folgen. Dieses Geschehen, das sich nach einer natürlichen Geburt von selbst entwickelt, wird *Bindung* genannt, denn zwischen Eltern und Kind entsteht ein natürliches Band. Sie gehen aufeinander ein und beginnen zu kommunizieren und wenn dieses Band nicht unterbrochen wird, entwickelt sich das Baby bestens und ohne irgendwelche Intelligenzförderungsmaßnahmen seelisch, körperlich und geistig optimal. Die Bindungstheorie, die besonders John Bowlby in den fünfziger Jahren entwickelte, besagt: Kinder brauchen ihre Eltern oder Ersatzpersonen und eine gleichbleibende, zuverlässige, vertrauensvolle und liebevolle Versorgung. Eben genau das, was sich unter normalen Umständen zwischen Eltern und Baby abspielt. Auch wenn Säuglinge zum Beispiel ins Krankenhaus müssen oder aus anderen Gründen von den Eltern getrennt werden – die Bindung darf nicht unterbrochen werden. So ist es heute zum Glück üblich, dass Eltern bei Operationen bei ihren Kindern bleiben dürfen und zu früh geborene Kinder aus dem Inkubator regelmäßig auf die Haut der Eltern gelegt, gestreichelt und versorgt werden.

Ist die Bindung unzuverlässig oder mangelhaft, entstehen Entwicklungsschäden und Verhaltensstörungen, die sich je nach Schweregrad therapieren lassen oder auch nicht. In den USA wurde zum Beispiel ein dreizehnjähriges Mädchen gefunden, das nie sprechen lernte, weil der Zeitpunkt des Spracherwerbs von den misshandelnden Eltern einfach nicht genutzt wurde. Ich empfehle hierfür die Bücher von Thorey Hayden, die sich in den USA mit misshandelten Kindern beschäftig hat und deshalb oft erfolgreich war, weil sie als allererstes für eine absolut zuverlässige stabile Beziehung zu diesen Kindern gesorgt hat. Dies sind natürlich Extremfälle. Ich erwähne sie hier, um deutlich zu machen, das elterliches Verhalten immer etwas bewirkt, und dass Kinder ihrerseits von Geburt an kooperativ sind, wenn sie nicht daran gehindert werden ihre natürlichen Kompetenzen zu entfalten. Es ist ja heute so, dass viele Kinder überleben, die in früheren Zeiten keine Chance gehabt hätten, und dass hierdurch jedoch wiederum neue Probleme entstehen, weil es Eltern und Babys unter diesen Bedingungen schwerer fällt, eine natürliche Bindung herzustellen.

Was Therapeuten wie Biddulph und Greenspan kritisieren, ist bei genauer Betrachtung weniger die Tatsache der Fremdbetreuung überhaupt als die Art und Weise, *wie* das geschieht. In diesem Punkt kann ich den beiden nur Recht geben. Normalerweise hat eine Mutter ein Baby zu versorgen – und dies rund um die Uhr zu gewährleisten, erfordert ihre ganze Aufmerksamkeit. Zwillinge kann man mit einiger Mühe auch noch allein versorgen, bei Drillingen wird es schon schwierig, und wenn es noch mehr Kinder sind, wie das in Krippen üblicherweise der Fall ist, können einzelne Kinder leicht zu kurz kommen. Berücksichtigen muss man allerdings auch, dass es altersgemischte Gruppen gibt, in denen ältere Kinder den jüngeren helfen und mit ihnen spielen. Ich kenne aber keine Krippe, in der ein Schlüssel von zum Beispiel 1 : 5 bei Altersmischung besteht. Dies zu gewährleisten, ist jedoch ausschließlich eine *finanzielle* und keine psychologische Frage! Auch müsste sichergestellt sein, dass stets zwei Betreuer fest zusammenarbeiten, so dass bei Fehl- und Urlaubstagen die Kinder in jedem Fall eine ihrer beiden festen Bezugspersonen behalten.

Was keiner der zitierten Autoren erwähnt, ist andererseits die traurige Tatsache, die viele Kinder zu Hause in enger Beziehung zu ihren Müttern und Vätern erleben: öde Langeweile und gesundheitsschädliche Einflüsse. Wer je mit einem Säugling viele Tage allein zu Hause verbracht hat, weiss, wie schwer es oft auch motivierten Eltern fällt, für eine anregende, fröhliche Atmosphäre zu sorgen. Rauchende Mütter vor dem Fernseher oder genervte Mütter in totaler Isolation sind sicherlich keine Alternative zur Betreuung in Krippe und Krabbelgruppe!

Tatsache ist jedenfalls: Kinder brauchen in den ersten Lebensjahren feste, liebevolle, unterstützende Bezugspersonen, die ihnen in einer gesunden Atmosphäre Anregungen und Rückzugsmöglichkeiten bieten. Überreizung durch ein Zuviel an Geräuschen und bewegten Bildern schaden nämlich genau so wie Langeweile und mangelnde Bewegungsanregungen.

Eltern sollten sich daher nach der Geburt ihres Kindes und den ersten Wochen des gegenseitigen Kennenlernens noch einmal gründlich fragen, wie sie die Kinderbetreuung in den ersten Jahren organisieren wollen bzw. können. Das hängt – abgesehen von den finanziellen Möglichkeiten – sowohl von ihnen selbst als auch von der Persönlichkeit des Kindes ab. Jede Mutter und jeder Vater sollten sich ehrlich fragen, ob sie sich vorstellen können, ihr Baby über Monate hin zu Hause alleine zu versorgen. Ich kenne viele kreative Menschen, die das genießen, und wenn ich heute noch einmal Kinder kriegen würde, wäre ich mit meinem Wissen von jetzt gern »Hausfrau und Mutter«. Ich würde richtig gute Fotos von meinem Kind machen, würde schreiben, malen, töpfern, nähen und natürlich kochen und backen.

Ich hatte aber keinen wohlhabenden Mann, der mir das hätte ermöglichen können, und ich kann versichern, dass meine inzwischen herangewachsenen vier Kinder trotz meiner Berufstätigkeit alle auf einem guten Weg und psychisch stabil sind. Ich gehörte jedoch zu den zweifellos Privilegierten, deren Mann vormittags später zur Arbeit musste, und ich kam selber schon mittags nach Hause. Außerdem konnte ich die Tagesmütter, die meine Kinder in den ersten Jahren stundenweise versorgten, gemeinsam mit einer Freundin auswählen und bezahlen. Weil wir auch gemeinsam wohnten, konnten unsere Kleinkinder auch nachmittags zusammen spielen. Das haben sie und wir sehr genossen!

Es gibt aber auch viele Frauen, die ihren Beruf lieben und sich nach einigen Monaten zu Hause sehnlichst an ihren Arbeitsplatz zurückwünschen. Sie fragen dann auch nicht lange, sondern suchen sich eine zuverlässige, liebevolle Kinderfrau, die den Mutterjob zeitweise für sie übernimmt. Und auch dagegen ist überhaupt nichts zu sagen! Das Baby wird das sogar genießen, genau wie die Königskinder, die einst von Ammen aufgezogen wurden. Natürlich können auch Männer Kinder betreuen. Es ist nur einfach eine Tatsache, dass sie diesen Job selten übernehmen. Schade für die Kinder, denn die könnten gerade von den Vätern sehr profitieren. In Familien, in denen sich beide Eltern um die Kinder kümmern, gedeihen diese nämlich besonders gut (vgl. Fthenakis u.a. S.168f.).

Also, was tun? Befragt euer Herz, Eltern! Geht nicht danach, was gerade modern ist und was Politiker mit Sparwahn oder antiquierten Rollenvorstellungen euch einreden wollen, sondern danach, was euch und eurer Situation entspricht. Genießt das Elternsein – rund um die Uhr oder stundenweise! Vor allem aber: Baut euch ein Netz an Beziehungen, spannt Freunde, Großeltern, Paten, Onkel und Tanten ein, damit ihr auch mal wieder durchatmen könnt! Fördert gemeinschaftliches Leben unter Eltern, denn das bringt wirklich Erleichterung. Fordert vom Staat eine angemessene Unterstützung für Familien, so dass alle Mütter oder Väter, die das möchten, zu Hause bei ihrem Kind bleiben können. Fordert aber auch flächendeckende »Elternschulen«, in denen Väter und Mütter erfahren, was Kinder wirklich brauchen und was ihnen von der Kinderzubehörindustrie überflüssigerweise lediglich suggeriert wird. Aber verlangt auch qualifizierte, liebevolle Betreuung für diejenigen Kinder, deren Mütter und Väter arbeiten wollen oder müssen.

Das Wohl kleiner Kinder geht alle an – und deshalb müssen auch alle dafür zahlen. Kuckucke legen Eier in fremde Nester und kümmern sich dann nie wieder darum. Wenn Eltern berufstätig sind, dann auch deshalb, weil sie ihre Kinder gesund ernähren, fördern und mit ihnen in Urlaub fahren wollen. Sie sind keine Kuckucke, sondern Eltern, die sich Mühe geben – und die leider von kaum jemand dafür Anerkennung erhalten!

Betreuungsmöglichkeiten

Verwandte, Freunde, Nachbarn

Diese Variante erscheint einerseits attraktiv, weil die Betreuungspersonen bereits bekannt und vertrauenswürdig sind, außerdem ist sie billig, weil z. B. Großeltern so etwas umsonst für ihre Enkel tun. Die meisten deutschen berufstätigen Eltern wählen diese Lösung, obwohl die Nachteile auf der Hand liegen:

Wenn meine Vorstellungen vom Leben mit Kindern mit denen der Freunde oder Verwandten nicht übereinstimmen, kann es Probleme geben, die ich dann aus Dankbarkeit möglicherweise noch nicht einmal aussprechen darf. Es schadet einem Kind nicht, wenn es weiß, dass Oma dies und jenes erlaubt, was Mama und Papa verbieten. Wenn Oma das Kind allerdings tagtäglich bei sich hat, können solche Unterschiede problematisch werden. Außerdem sind die Räumlichkeiten bei Verwandten oder Freunden nicht unbedingt kindgerecht eingerichtet und für notwendige Experimente, wie z. B. nackt mit Fingerfarben zu malen oder im Matsch zu spielen, völlig ungeeignet. Haben Oma, Tante oder Nachbarin auch Lust, mit dem Kind ins Freie zu gehen oder mehrere Stunden mit ihm zu spielen?

Zu bedenken ist auch, dass das Kind bei Oma isoliert auf-

wächst und kaum Kontakt zu anderen Kindern haben wird. Wer
schon einmal beobachtet hat, wie Kleinkinder miteinander spielen und wieviel Vergnügen sie aneinander finden, wird diese
Bedenken ernst nehmen.

Tagesmütter (oder -väter)

Tagesmütter sind Frauen, die bereit sind, in ihrer Wohnung neben den eigenen Kindern noch andere zu betreuen. Sie unterscheiden sich dadurch von Verwandten oder Nachbarn, dass sie
zum Teil von Jugendämtern bezahlt und eingesetzt sowie in der
Regel psychologisch und pädagogisch geschult werden.

Wenn Sie nähere Informationen wünschen oder Adressen
benötigen, wenden Sie sich an:

➲ Tagesmütter
Bundesverband für Kinderbetreuung in Tagespflege e.V.
Moerserstr. 25, 47798 Krefeld
Tel: (0 21 51) 15 41 59 0, Fax: (0 21 51) 15 41 59 1
Internet: ww.tagesmuetter-bundesverband.de
E-Mail: tagesmuetterbv@t-online.de

Natürlich können Sie sich auch privat eine Tagesmutter suchen,
die dann – auf Wunsch – eventuell sogar zu Ihnen nach Hause
kommt. Es gibt Tagesmütter, die mehrere Kleinkinder oder ältere Kinder betreuen, und andere, die nur ein Kind aufnehmen.

Es lohnt sich, gezielt und ruhig etwas länger nach einer qualifizierten und warmherzigen Tagesmutter zu suchen. Den besten
Einblick werden Sie erhalten, wenn Sie sich für mehrere Stunden
mit Ihrem Kind im Haushalt der Tagesmutter aufhalten und
deren Umgang, Ideen und persönliche Art vor Ort kennenlernen. Dann werden Sie und Ihr Kind sich bald entscheiden können.

Kriterien wären für mich:

➲ eine kindgerechte Einrichtung, z. B. Hängematte, Spiegel,

Möglichkeit für Wasserspiele und andere anregende Experimente;

➲ eine freundliche, gelassene Atmosphäre, keine Hektik und Nervosität;

➲ überschaubare, wenige Regeln;

➲ Anregungen und Ideen, die ich selber noch nicht hatte;

➲ wenige andere Kinder zur Gesellschaft.

Kinderkrippen

Kinderkrippen gibt es immer noch selten, die meisten in Hamburg und Berlin. Zu schlecht ist ihr Ruf, denn zu lange wurden Kinder dort eher aufbewahrt und hygienisch versorgt als liebevoll betreut und gefördert. Trotz allem glaube ich, dass es Kindern in der Krippe besser gehen kann als bei überforderten Eltern und dass Kinderkrippen im Prinzip eine gute Lösung sein könnten. Bedenken Sie, dass Kindesmisshandlungen fast immer in Familien stattfinden.

Die Kosten für qualifizierte und liebevolle, anregende Betreuung sind allerdings so hoch, dass weder Staat noch Kirchen oder andere Träger das Geld dafür aufbringen wollen. Der Betreuungsschlüssel müsste – wie sich Eltern von Kleinkindern leicht ausmalen können – bei 1:3 liegen, und das ist derzeit utopisch.

Modellversuche z. B. in Reggio/Emilia oder Berlin (Dokumente und Unterlagen darüber erhalten Sie bei FIPP, siehe Adressenverzeichnis) zeigen, wie gut es kleine Kinder miteinander haben und wieviel Anregung, Förderung und Freude sie in Gruppen erhalten können.

Vielen Kleinkindern würde es gut tun, für einige Stunden täglich ihrem engen und vielleicht auch einschränkenden Zuhause zu entkommen, um in extra für sie eingerichteten und fantasievoll entworfenen Räumen mit anderen Kindern zu toben, zu musizieren, zu malen, zu matschen, zu turnen und zu experimentieren. In solchen Einrichtungen gäbe es Gärten und Brunnen, helle Räume und dunkle Höhlen, Räume für Ruhe und Räume für lebendigen Lärm.

Von alledem sind wir leider weit entfernt.

Ich empfehle Ihnen, dass Sie sich schon während der Schwangerschaft um einen Krippenplatz bemühen, wenn Sie diese Lösung prüfen möchten. Krippen werden von staatlichen, kirchlichen und freien Trägern unterhalten. Erkundigen Sie sich bei der Arbeiterwohlfahrt, dem Diakonischen Werk, der Caritas oder dem Paritätischen Wohlfahrtsverband, dem Deutschen Roten Kreuz oder bei Ihrer Stadt- oder Gemeindeverwaltung nach Kinderkrippen in Ihrer Umgebung und schauen Sie sich diese an. Nur so können Sie sich selbst ein Bild machen.

Das Deutsche Jugendinstitut/Abteilung Kinder und Kinderbetreuung (Nockherstr. 2, 81541 München, Tel.: (0 89) 6 23 06-0, Fax: (0 89) 6 23 06–162) hat eine Broschüre mit dem Titel »Zahlenspiegel – Daten zu Tageseinrichtungen für Kinder. Kindertageseinrichtungen in Stadtteilen mit besonderem Entwicklungsbedarf« herausgegeben. Sie enthält vertiefende Informationen zu den gesetzlichen Bestimmungen, den finanziellen Regelungen, dem institutionellen Angebot u.a. und kann unter obiger Adresse kostenlos bezogen werden.

Babygruppen, Kinderläden und Kinderhäuser

Eltern oder Privatpersonen, die viel Kraft, Zeit und Initiative haben, versuchen immer wieder, den unübersehbaren Mängeln in der staatlichen Kinderbetreuung mit privaten Initiativen bzw. Einrichtungen zu begegnen.

Für manch eine/n ergibt sich hier auch ein selbst geschaffener, sinnvoller Arbeitsplatz.

Solche Babygruppen sind so gut wie die Menschen, die sie einrichten. Die Kosten für Eltern sind freilich sehr hoch – die

Ausstattung ist oft überzeugend, und die Ideen der MitarbeiterInnen sind häufig beeindruckend.

Vielleicht haben Sie Lust, selbst solch eine Gruppe zu gründen oder sich nach bestehenden Initiativen umzusehen.

Der Arbeitsplatz zu Hause ist kein Kindergarten

Zukünftig werden immer mehr Menschen ihren Arbeitsplatz zu Hause – z. B. am Computer – haben. Niemand sollte sich allerdings einbilden, die Kinderbetreuung sei dann »nebenbei« zu erledigen. Das geht ganz sicher schief, weil Kind und arbeitende Eltern bald frustriert sein werden: Entweder wird das Kind vernachlässigt oder die Arbeit. Vorstellbar sind allerdings flexible, individuelle Lösungen, indem man z. B. die Schlafzeiten des Kindes nutzt, ein Au-Pair-Mädchen hat oder jemanden, der stundenweise aushilft.

Auf keinen Fall kann man kleine Kinder sich selbst überlassen.

Haus- oder Wohngemeinschaft mit Kindern

Hierunter verstehe ich Gemeinschaften von Menschen, die sich auch wegen gegenseitiger Kinderbetreuung entschließen, zusammen zu leben. Dieses Zusammenleben kann enger oder weiter sein, in einem gemeinsamen Haus, in einer Wohnung oder einer dafür geeigneten Wohnanlage stattfinden. Im Umkreis einiger Städte sind inzwischen auch Ökodörfer entstanden, die sich u. a. dieses Ziel gesetzt haben. Es gibt aber auch besondere Wohnprojekte, z. B. in Kiel und Berlin, in denen »Alte und Junge« oder Familien mit Kindern zum Zweck der gegenseitigen Hilfe zusammen wohnen.

Für mich persönlich sind solche Wohnformen zukunftsweisend und überfällig, denn es ist nicht einzusehen, warum es so viele einsame Menschen gibt und so viele junge Familien, die dringend Hilfe brauchen, sich gegenseitig aber nicht finden.

Die Kleinfamilie ist ohne Zweifel eine Wohn- und Lebensform, die zukünftigen Bedürfnissen nicht mehr gerecht wird. Gemeinschaften müssen zumindest als Modelle entstehen, um Kindern neue Möglichkeiten und Zukunftsperspektiven zu weisen.

Natürlich läuft dieses mehr oder weniger gemeinsame Wohnen nicht konfliktfrei ab. Aber erstens kann jeder Mensch lernen, mit Konflikten konstruktiv umzugehen, und zweitens können sich Gruppen immer Hilfe holen, wenn sie das Gefühl haben, nicht mehr weiter zu kommen.

Ganz sicher bieten solche Gemeinschaften Kindern sehr viele Anregungen und Hilfen, und bei gutem Willen profitieren auch die Eltern von den Meinungsverschiedenheiten, die auftreten können: konstruktive Konfliktlösung ist im Privatleben und im Beruf auf jeden Fall von Nutzen.

Ich selber blicke sehr gern und sehr dankbar auf die fünf Jahre Wohngemeinschaft zurück, die wir mit Freunden in Berlin erleben konnten. Und auch unsere beiden inzwischen erwachsenen Söhne erinnern sich noch gern daran.

Tipps und Anregungen für berufstätige Eltern

Besprechen Sie rechtzeitig miteinander, wer wann und wie lange seine Berufstätigkeit einschränkt (Elternzeit, Teilzeitarbeit) und durch welche staatlichen oder privaten Maßnahmen Sie auftretende finanzielle Schwierigkeiten lösen können (Autoverkauf, Darlehen, Anträge bei Ämtern, Unterstützung durch Großeltern etc.).

Klären Sie möglichst genau und eventuell auch schrift-lich, wie die notwendige Hausarbeit (in Zukunft kommt noch ein Berg Wäsche dazu), die Kinderbetreuung und die Teilnahme am politischen und kulturellen Leben beiden Eltern in Zukunft ermöglicht werden kann. Vielleicht müssen Sie Schwerpunkte setzen – aber keiner sollte ein Monopol für bestimmte Tätigkeiten für sich beanspru-chen.

Suchen Sie frühzeitig nach »Paten« oder anderen ver-lässlichen Betreuungspersonen für Ihr Kind. Sie werden sie ganz sicher brauchen!

Überlegen Sie, ob es Möglichkeiten gemeinsamen Woh-nens oder der Nachbarschaftshilfe gibt. Kinder sind immer ein guter Grund, miteinander ins Gespräch zu kommen.

Geben Sie Ihren Anspruch auf Perfektion auf! Wenn man arbeitet und Kinder hat, kann man niemals perfekt sein. Sie können aber gut genug sein, wenn Sie Ihre An-sprüche zurückschrauben und Humor bewahren.

Mutterschutz – Vaterschaft – Elternzeit – Elterngeld

In den letzten Jahren haben sich die gesetzlichen und sozialen Bedingungen für Eltern immer wieder verändert und zum Teil auch verbessert. Während Mutterschutz und Elternzeit beim je-weiligen Arbeitgeber der werdenden Mutter beantragt werden, gibt es für Elterngeld, Kindergeld und Unterhaltszahlungen be-sondere Ämter bzw. Kassen – je nach Wohnort und Bundesland. Ihr zuständiges Sozial- oder Jugendamt kann Ihnen darüber Auskunft geben.

Fest steht, dass jede Mutter und jeder Vater das Recht haben, sich für mehrere Jahre von der Arbeit beurlauben zu lassen, um für ihr Kind zu sorgen. Der Arbeitsplatz muss dabei erhalten bleiben.

Fakt ist aber auch, dass dies mit erheblichen finanziellen Einbußen verbunden ist und dass es für Arbeitgeber genügend miese Tricks gibt, dennoch eine Abqualifizierung vorzunehmen oder eine Kündigung auszusprechen. Beides kann einem leicht auch ohne Elternzeit passieren!

Verglichen mit Österreich oder unseren skandinavischen Nachbarn sind deutsche Eltern noch immer schlecht dran. In Schweden zum Beispiel erhält Mutter oder Vater für ein Jahr 80% des vollen Gehaltes, wenn sie oder er bei dem Kind zu Hause bleibt.

Weil auch zukünftig viele Eltern arbeitslos sein werden, stellt sich das Problem der Kinderbetreuung oft nicht. Leider begreifen nur wenige Eltern diese Zeit als Chance, sich ganz bewusst um den Nachwuchs zu kümmern. Ich finde es aber durchaus überlegenswert, aus dem täglichen Hausmannsdasein (jedenfalls vorübergehend) einen Job zu machen und z. B. andere Kinder mit zu betreuen. Das könnte Spaß machen und neue Perspektiven eröffnen.

In Vätergruppen könnten sich Männer gegenseitig helfen, mit der neuen Situation zurechtzukommen und Kompetenz im Umgang mit kleinen Kindern zu erwerben. Auf diese Weise würden sie auch die Anerkennung erhalten, die Hausfrauen und Hausmännern so oft fehlt.

Weil in heutiger Zeit die Bedeutung des Stillens immer besser erforscht und allmählich auch propagiert wird, kann ich Müttern nicht empfehlen, im ersten Lebensjahr des Kindes berufstätig zu sein. In diesem bedeutenden Jahr gehören Mutter und Kind einfach zusammen. Natürlich gibt es immer Ausnahmen, und manchmal ist es sogar besser, Mutter und Kind voneinander zu entlasten, z. B. wenn es sich um ein ungewolltes Kind handelt oder wenn die Mutter – aus welchen Gründen auch immer – einfach keine emotionale Zuneigung spürt. Das kann jedoch weder Ziel noch Regel sein. Übrigens hat das Kind erst nach seinem ersten Geburtstag einen Entwicklungsstand erreicht, den andere Säugetiere schon bei der Geburt haben. Es kann laufen, selbstständig essen und sich auf einfache Art verständigen. Im ersten Lebensjahr benötigt das Kind ohne Zweifel einen ganz besonderen Schutz, dem ihm eine liebevolle Mutter – dabei selbstverständlich unterstützt von einem ebensolchen Vater – am besten gewähren kann. Hierzu gehören großes Verantwortungsbewusstsein und Hingabe.

Im zweiten Lebensjahr kann ein Kleinkind sehr gut von einem fürsorglichen, verantwortungsbewussten Vater oder in einer sehr kleinen Gruppe halbtags betreut werden. Ich glaube nicht, dass eine längere Abwesenheit der Mutter selbst und dem Kleinkind gut tut.

Im dritten Lebensjahr spielen Zweijährige schon sehr gut miteinander und gewöhnen sich auch in zunächst fremder Umgebung schnell ein. Sie können eine Menge selber sagen und deutlich machen, was sie wollen und was sie ablehnen. Ich finde allerdings, dass die Kinder auch jetzt in einem Alter sind, in dem man sie kaum länger vermissen möchte.

Die neuen Väter

Wenn die Parfüm-Industrie, wie ich kürzlich in einer Frauenzeitschrift las, Männerdüfte jetzt femininer gestaltet, weil Männer sich heutzutage am Familienleben beteiligen, dann muss ich nicht nur lachen, sondern kann mich auch wirklich freuen. Offenbar gibt es sie doch, die neuen Väter, obwohl man sie weder auf Elternabenden, Vorträgen über Kindererziehung, noch in Wartezimmern oder Elternschulen zu sehen bekommt. Na ja – ein bis zwei Prozent Väter sind manchmal schon dabei. Und es ist auch eine Tatsache, dass sich Väter heutzutage stärker engagieren als ihre eigenen Väter das taten. Und sie melden sich auch zu Wort. Die Bücher von Kester Schlenz zum Beispiel habe ich wirklich gern gelesen und empfehle sie unbedingt weiter! Ich weiß auch, dass das Ausmaß, in dem Väter ihre Rolle wahrnehmen, sich ganz entscheidend auf ihre eigene Zufriedenheit und die ihrer Partnerin auswirkt. Der Mann, der seine Beziehung retten will, sollte sich also unbedingt für sein Kind engagieren! Andererseits ist es eine Tatsache, dass viele Frauen ihre Kinder ganz gern ohne Vater aufziehen. Frau erspart sich dadurch eine Menge Streit und nervenaufreibenden Kampf. Gut ist das aber für die Kinder nicht! Väter sind nämlich nicht nur Samenspender, sondern auch als Bezugspersonen von großer Bedeutung. Jedes Kind ist zur Hälfte vom Vater – und daran wird sich auch zukünftig nichts ändern. Begleitet der Vater die Schwangerschaft, erkennt das Baby ihn bereits nach der Geburt an der Stimme. Es freut sich, neben der Mutter jemand zu haben, der ganz anders ist – und diesen anderen Umgang zu erleben, tut ihm gut. Zahlreiche Befunde belegen, dass väterliches Engagement sich positiv auf die kognitive und soziale Entwicklung des Kindes auswirkt. Das ist wissenschaftlich erwiesen und millionenfach auch erfahren worden. Fragen Sie einmal Menschen, die eine gute Beziehung zu ihrem Vater hatten, was er ihnen bedeutet hat!

Durch meine Beratungsarbeit weiß ich aber auch, wie schwierig es heute ist, Väter und Kinder zusammenzuhalten, und ich kann die große Wut vieler Mütter verstehen: Viele Väter machen sich auf und davon, wenn es schwierig wird, flüchten sich in Alkohol, Arbeit oder zu anderen Frauen.

Es wäre andererseits aber auch zu einfach, die Väter dafür zu verdammen. Erstens hatten sie keine Vorbilder, denn ihre Väter waren genau so und dazu oft auch brutal, und zweitens glauben viele Frauen, dass Väter nicht weiter wichtig seien und überhaupt ganz anders oder unbrauchbar. Vergessen sollte frau auch nicht,

dass die allermeisten Schwangerschaften ungeplant eintreten –
man schätzt 75% –, und das stellt den werdenden Vater oft vor
größere Probleme als die Mutter. Der Druck, jetzt Verantwortung
übernehmen zu müssen, ist für Männer größer als für Frauen, die
das oft von klein auf gewohnt sind. Außerdem stellt das Mehr an
Anforderungen, das engagierte berufstätige Väter erbringen, eine
erhebliche Belastung dar und ist »eine häufig kaum zu bewältigen-
de Aufgabe«. (Fthenakis) Engagiert sich der Vater nicht aus eigenem Wunsch, sondern lediglich aus moralischer Verpflichtung
und unter dem Druck seiner Frau, kommt es verständlicherwei-
se meistens zu einer Beziehungskrise.

Tatsache ist, dass Kinder beide Eltern lieben und brauchen.
Es ist deshalb erfreulich, dass in einer neueren Studie zur Elternschaft herausgefunden wurde, unter welchen Umständen Väter
sich aktiv für ihre Vaterschaft engagieren und was dafür getan
werden muss: Als erstes fällt auf, dass viele Väter, so die LBS-
Studie, zunächst den Wunsch haben, eine aktive Vaterrolle ein-
zunehmen, dieser dann jedoch nicht gerecht werden. Das wird
mit diffusen Vorstellungen, mangelnden Vorbildern, vor allem
jedoch damit begründet, »dass eine aktive und engagierte Aus-
übung der Vaterrolle wenig kompatibel ist mit dem derzeitigen
Ideal des beruflich engagierten, hoch mobilen und zeitlich flexi-
blen Arbeitnehmers.« (Fthenakis, S. 135) Väter, die beruflich viel
Stress haben, beschäftigen sich logischerweise seltener mit ihren
Kindern als solche, die weniger Wochenstunden arbeiten und
beruflich zufrieden sind. »Für abhängig Beschäftigte sind die
Gestaltungsmöglichkeiten jedoch beschränkt. Hier stehen die Arbeitgeber in der Verantwortung«, schreiben Fthenakis u.a. (S. 171)

In Haushalten, in denen beide Eltern berufstätig sind, leisten
die Väter mehr für die Betreuung und Versorgung der Kinder als
in solchen, wo sie die alleinigen Verdiener sind. Allerdings ist der
Einsatz des Vaters auch dann noch immer deutlich geringer als
der seiner berufstätigen Partnerin!

Bekannt ist auch, dass Väter, die sich in ihrer Rolle unsicher fühlen, sich leicht »drücken« und sich durch Kritik ihrer Partnerinnen entmutigen lassen, während die Väter, die sich in der Partnerschaft glücklich fühlen, sich auch am häufigsten für ihr Baby engagieren. (Fthenakis S. 140 f.) Dabei spielt das Verhalten der Mütter in diesem Prozess eine große Rolle. Nur wenn sie zulassen und wünschen, dass sich der Vater in die Versorgung des Neugeborenen einbindet, ihm eigene Bereiche und Kompetenzen zutrauen, wird er das auch tun und dadurch von Anfang an eine Bindung zu seinem Kind aufbauen und außerdem durch seinen Umgang mit ihm seine Kompetenz ständig erweitern! Es ist eine Illusion zu glauben, dass Väter, wenn die Kinder erst einmal »aus dem Gröbsten raus« sind, plötzlich aktiver werden. Ob Mütter die Väter in die Verantwortung für das Kind einbeziehen, hängt wiederum auch vom Zustand der Partnerschaft ab. Es ist eigentlich ganz logisch: Sind beide Partner glücklich in ihrer eigenen Beziehung und in der zu ihrem Kind, engagieren sie sich auch beide – und das wiederum festigt und erhöht eindeutig ihr gemeinsames Glück.

Allerdings wirkt auch das Verhalten des Babys geringfügig in die Beziehung hinein. Schreit es viel und wird als »schwierig« empfunden, engagieren sich die Väter zwar mehr, fühlen sich aber auch bald frustriert, hilflos und überfordert. Dennoch profitieren die Beziehung der Eltern und die Kinder eindeutig vom väterlichen Engagement. »Je mehr sich der Mann in den ersten Monaten nach der Geburt an der Sorge um das Baby beteiligt, desto weiter ist dessen Entwicklung nach Einschätzung beider Eltern vorangeschritten, wenn das Kind 18 Monate alt ist.« (Fthenakis S. 168) Besonders männliche Babys waren ihren Altersgenossen in Bezug auf Grobmotorik und Selbständigkeitsentwicklung voraus, wenn sich ihre Väter viel mit ihnen beschäftigten. (Fthenakis, S. 168)

Zusammenfassend stellen Fthenakis und andere fest, dass die Art, in der Männer ihre Vaterrolle ausüben, weniger durch kulturelle Normen vorbestimmt ist als die Mutterrolle. »Wie Väter ihre Verantwortung für Familie und Kind wahrnehmen, ist in starkem Maß abhängig von individuellen Faktoren wie der Einstellung zur Elternschaft und von äußeren Rahmenbedingungen. Diese Unterschiede zwischen Müttern und Vätern sind zunächst einmal anzuerkennen. *Die Vorstellung, Väter könnten das Verhalten von Müttern einfach kopieren, ist unangemessen* (Hervorhebung durch die Verfasserin). Folglich werden Versuche zur Steigerung des väterlichen Engagements, die die Eigenheiten der Vaterrolle nicht beachten, leicht scheitern. Letztlich wird es darauf ankommen, Männer zu einer aktiven Ausgestaltung ihrer Vaterrolle zu motivieren. Dies gelingt leichter, wenn neben den Anforderungen und Erwartungen auch die Chancen einer aktiv ausgeübten Vaterschaft herausgestellt und positive Modelle von Vaterschaft vermittelt werden.« (Fthenakis, S. 172)

Das alles ist nicht einfach. Deshalb möchte ich jungen Eltern auch sagen: Ideale Väter sind gut, aber es gibt sie selten. Genauso wie wir als Mütter auch nicht perfekt sein können und müssen. Kinder haben nun einmal die Eltern, die sie haben – und in aller Regel kommen sie gut damit zurecht. Lieben tun sie ihre Eltern immer!

Wieviel Spielzeug braucht ein Kind?

Im 13. Jahrhundert, als der Adel ein Luxusleben auf Kosten der Bevölkerung genoss, existierte z. B. in Deutschland noch gar kein spezielles Kinderspielzeug: Es gab allerdings Puppen und Schmuck, Luxusgegenstände einer Oberschicht, die man adeligen Kindern und Frauen schenkte. Auch Tiere wie Hündchen, Hermeline, Wiesel, Eichhörnchen oder Vögel wurden häufig an Erwachsene wie Kinder als Spielgefährten verschenkt. Die Lebensform dieser Erwachsenen war identisch mit Spiel: Sie arbeiteten nicht und spielten Blindekuh, Räuber und Gendarm, Murmeln und Mein-rechter-Platz-ist-leer, meist im Freien. Natürliche

Gegenstände wie Gras, Steine, Blumen und Eier waren ihr »Spielzeug«. Die Kinder der abhängigen Bevölkerung dagegen, die weder den Acht-Stunden-Tag noch ein freies Wochenende kannte, arbeiteten mit ihren Eltern oder spielten in deren Nähe, mit den Abfällen der Produktion.

Dass inzwischen nahezu alle Eltern Spielzeug für ihre Kinder kaufen – wobei die Wahl verschieden ausfällt –, ist das Ergebnis einer bestimmten geschichtlichen Entwicklung und keineswegs so selbstverständlich, wie es heute, wo die Auslagen von Spielzeugangeboten überquellen, erscheinen mag.

Seit Kinder »Kinder« sind – und nicht mehr kleine Erwachsene, die selbstverständlich mit ihren Eltern zusammen spielen oder arbeiten –, gibt es spezielles Spielzeug für sie, d. h. zunächst für die Kinder des aufsteigenden Bürgertums, das sich gegen den Adel durchzusetzen begann. Diese Kinder mussten spielen und lernen, um ihre Existenz behaupten zu können, während die Kinder der entstehenden Arbeiterklasse bis zum Umfallen in Manufakturen und Fabriken schufteten.

Die Arbeiterkinder wurden erst mit der Kinderschutzgesetzgebung zu Kindern, die spielen können. Ihren Eltern gehörten die Produkte ihrer Arbeit nicht mehr, der Arbeitsprozess selber wurde immer komplizierter und weniger durchschaubar. In diesem Prozess der Entfremdung werden auch die Kinder immer mehr von den Erfahrungen und Handlungen der Erwachsenen ausgeschlossen. Wenn Kinder später an diesem Arbeitsprozess teilnehmen sollen, brauchen sie Gegenstände, die sie darauf vorbereiten, Gegenstände, an denen sie Erfahrungen machen können. Gegenstände, die ihr Denken herausfordern, Aktionen ermöglichen und ihre Kreativität anregen. Aber auch Gegenstände, an denen sie ihre Gefühle ausleben dürfen, die sie trösten und ihnen Lust spenden.

Kinder brauchen Spielzeug, sie brauchen aber nicht die Überfülle des heutigen Angebots, die Absurdität der vorweihnachtlichen Auslagen. Nach eigenen Erfahrungen mit vier Kindern

kann ich Eltern nur raten, Maßnahmen zur Eindämmung der
Spielzeugflut zu ergreifen, bzw. zu prüfen, inwieweit ständige
Schuldgefühle verhindern, auch beim Spielzeugkauf Vernunft
walten zu lassen. Gerade Billigspielzeug aus Plastik ist nur noch
unter dem Aspekt der Umweltverschmutzung zu betrachten: Es
begeistert für wenige Stunden und landet danach auf dem Müll,
wo es Kinder und Kindeskinder heutiger Kids belasten wird. Nun
ist Kinderspielzeug sicherlich nicht der richtige Ansatzpunkt zur
Müllvermeidung. Aber es ist auch einer. Ich bin davon überzeugt,
dass es sinnvoll ist, bei sich selbst anzufangen und für sich zu
prüfen: Kann ich das verantworten oder nicht?

Es muss nicht alles aus Holz oder Naturmaterial sein.

Ich halte auch haltbares, formschönes und ungiftiges Plastikspielzeug für sinnvoll. Es überdauert Generationen und kann weitergegeben werden. Und genau darum geht es mir: Spielzeug kann man vererben, ausleihen, tauschen und auch ertrödeln. Viel kann man auch selber machen, wenn man sich Zeit dafür nimmt. Auch wenn man berufstätig ist und wenig Zeit hat, kann man Kindern Gelegenheit geben, selbst etwas zu gestalten. Kinder sind geradezu wild nach leeren Räumen, die neugierig machen, zur Aktivität und Gestaltung anregen.

Kinder im Alter von 0-3 mögen genau die Dinge, die ihre Eltern benutzen: Löffel, Hammer, Messer, Auto, Kind (Puppe), Tier, Haus ... und die sie in ihrer Umgebung vorfinden: Gras, Steine, Wasser, Erde, Feuer, Luft. Diese Dinge gibt es überall, in jedem Haushalt. Was Kinder aber genauso brauchen, sind Menschen, die sie anregen, die mitspielen, herausfordern, motivieren. Kein noch so gutes Spielzeug kann dem kleinen Kind den lebendigen Menschen ersetzen. Dass man mit Bausteinen Türme, Häuser, Tunnel, Straßen und Zäune bauen kann, muss ein Kind erst lernen. Kinder brauchen vor allem Erwachsene, die ihnen Aufmerksamkeit schenken, sie beobachten und ihnen neue Möglichkeiten vormachen.

Wenn ich trotzdem einige Anregungen zum Kauf von Spielzeug gebe, dann deshalb, um eine vernünftige Auswahl zu erleichtern, um sich mit Freunden und Verwandten abzusprechen und rechtzeitig für bestimmte Dinge zu sparen. Holzbausteine, die aufeinander abgestimmt sind und vielfältige Konstruktionen ermöglichen (z. B. Uhl-Bausteine), bleiben bis ins Grundschulalter interessant. Sie sind unverwüstlich, machen keinen Müll und regen Kreativität und Intelligenz gleichermaßen an. Sportgeräte wie Sprossenwand, Rutsche, Pedalo u. a. sind teuer, aber sinnvoll bis ins Jugendalter.

Gerade Menschen mit geringem Einkommen müssen leider oft auf billiges Spielzeug zurückgreifen, das schnell kaputt geht und letztendlich nicht viel Freude bereitet. Dies lässt sich vermeiden, wenn Absprachen getroffen werden (statt zehn verschiede-

Was man sich wünschen kann

- ⮑ Physioball (Sportgeschäft)
- ⮑ Werkbank
- ⮑ Spieluhren
- ⮑ Orff-Instrumente aus dem Musikalienhandel
- ⮑ Murmeln und Murmelbahn
- ⮑ Verschiedenste Bausteine (Lego oder Holzbausteine, die in den Maßen aufeinander abgestimmt sind, z. B. Uhl-Bausteine)
- ⮑ Schaukel, Ringe, Trapez
- ⮑ Reckstange
- ⮑ Sprossenwand
- ⮑ Eine Rutsche für die Sprossenwand
- ⮑ Große Bilder (mit Tieren, Straßenverkehr u. ä.)
- ⮑ Bilderbücher
- ⮑ Eine Magnettafel (verschiedene Materialien, die darauf haften)
- ⮑ Luftballons
- ⮑ Malpapier, Wachskreiden, Buntstifte, Filzstifte
- ⮑ Fingerfarben
- ⮑ Einen Tuschkasten
- ⮑ Einen einfachen Wecker, der auseinandernehmbar ist
- ⮑ Mundharmonika

ner Plastikrasseln nur eine einzelne, die das Kind später noch an sein eigenes Kind vererben kann. Oder zwei befreundete Familien beschließen, dass eine von ihnen eine Sprossenwand, die andere einen Physioball und Judomatten anschafft – die Kinder besuchen sich gegenseitig regelmäßig) und Spielzeug getauscht wird, das im Moment langweilig geworden ist.

Eine Puppenstube oder eine Holzeisenbahn, die von Geburtstag zu Geburtstag ergänzt werden, bleiben für 50 Jahre und länger schön und können mehrere Generationen von Kindern glücklich machen. Vielleicht hat solches Spielzeug sogar bald Seltenheitswert, denn mit dem ›Verschwinden der Kindheit‹, das allseits zu beobachten ist, sitzen immer mehr Kinder hauptsächlich vor elektronischen Medien. Tatsächlich können manche Kinder kaum noch spielen. »Das Gesetz der fertigen Welt lässt dem Spiel keinen Raum« heißt es so treffend in Reinhard Kahls Video-Film über die »List des Spiels«, den ich Eltern nur empfehlen kann. Der Autor weist darauf hin, wie unersetzbar das Spielen für die Entwicklung des Kindes und des Erwachsenen ist. (Der Film »Lob des Fehlers«, dessen vierter Teil »Die List des Spiels« ist, ist erhältlich über den Verlag für pädagogische Medien, Unnastr. 19, 20253 Hamburg, Tel.: (0 40) 4 91 02 18).

Außerdem sei auf einen Ratgeber hingewiesen, in dem wichtige Spielsachen von der Babyrassel bis zum elektronischen Spielzeug vorgestellt werden – mit Altersempfehlungen, Hinweisen zum Spielwert, zu Material, Sicherheit und Umweltverträglichkeit:

⊃ Arbeitsausschuss Kinderspiel und Spielzeug e. V.
   Vom Spielzeug und vom Spielen
   256 S., 147 Fotos
⊃ Arbeitsausschuss Kinderspiel und Spielzeug e. V.
   Das Spielzeugbuch
   304 S., 87 Fotos

Zu beziehen bei:
⊃ Spiel gut, Arbeitsausschuss Kinderspiel und Spielzeug e. V.
   Neue Straße 77, 89073 Ulm
   Tel.: (07 31) 6 56 53, Fax: (07 31) 656 28
   Internet: www.spielgut.de
   E-Mail: kontakt@spielgut.de

Das erste Vierteljahr (1.-3. Monat)

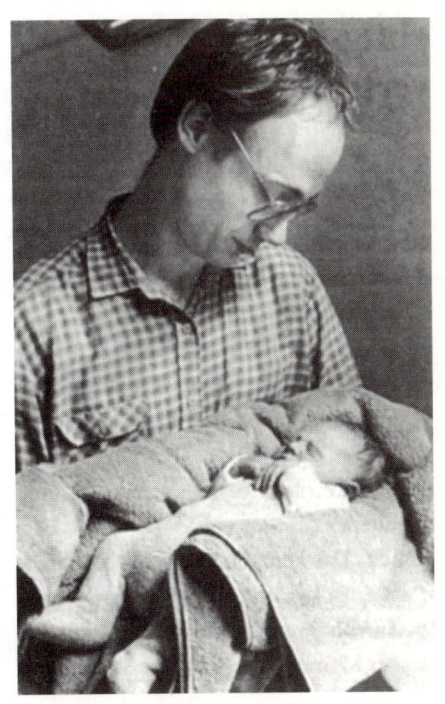

In den ersten drei Monaten entwickelt sich das Baby von einem ganz auf Trinken, Schlaf und Verdauung konzentrierten Wesen zu einem aufmerksamen Beobachter seiner Umwelt. Es lernt zu lächeln, mit seinen Fingern und anderen Körperteilen zu spielen und sich an Dingen, die man ihm zeigt, zu freuen. Es lernt verschiedene Laute auszustoßen und fängt an zu spielen.

➲ Das erste Vierteljahr ist oft so schwierig, weil sich die Eltern sorgen und auf ihre neue Situation, mit einem Kind zu leben, erst einstellen. Die Unsicherheit im Verhalten zum Kind führt manchmal zu Streitigkeiten zwischen Mutter und Vater. Gereiztheit überträgt sich leider auf das Kind.

➲ Beobachten Sie Ihr Baby so oft wie möglich und versuchen Sie, seine Bedürfnisse zu erkennen. Trotzdem wird es schreien. Helfen Sie dem Baby in Ruhe. Auf Ihre Gelassenheit reagiert auch das Kind gelassener.

➲ Betrachten Sie Ihr Baby einmal ganz in Ruhe. Wer ist da eigentlich angekommen? Ist es Zufall und reine Biologie, dass gerade dieser kleine Mensch zu Ihnen kam? Völker, die an Wiedergeburt glauben, betrachten ihre Kinder natürlicherweise mit großem Respekt: Es ist eine Seele, die sich aus unterschiedlichen Gründen entschlossen haben kann, genau bei Ihnen geboren zu werden.

Aber auch wenn Sie diesem Gedankengang nicht folgen mögen: Ein Wunder ist dieser kleine Mensch in jedem Fall. Die Weisheit, die aus dem Gesicht eines Neugeborenen spricht, ist immer wieder faszinierend. Und wenn im Alltag unter einem Berg Wäsche, Chaos und Babygeschrei dieses Wunder verloren geht, sollten Sie sich einen Moment Zeit nehmen, gerade jetzt innehalten und sich an diese Augenblicke erinnern.

➲ Fotografieren Sie Ihr Kind nicht nur, versuchen Sie auch, ein Tagebuch zu führen. Hausmänner oder Frauen, die sich manchmal fragen, mit was eigentlich der Tag vergangen ist, sollten ihre Arbeit mal protokollieren. Stillende Mütter können die Mahlzeiten eintragen und sich nach drei Monaten wundern, wie sie diese stresshafte Zeit ausgehalten haben.

⮑ Nehmen Sie die ersten Laute Ihres Kindes auf Tonband auf. Können Sie verschiedene Schreie unterscheiden? Welche zufriedenen Tönchen gibt es von sich?

⮑ Versuchen Sie, die Kontakte zu Freunden, die selber keine Kinder haben, nicht abreißen zu lassen. Sprechen Sie über Ihre Probleme; oft können einem gerade solche »neutralen« Menschen Antworten geben. Vielleicht haben diese Freunde sogar Lust, sich ab und zu verantwortlich um Ihr Kind zu kümmern.

⮑ Ein Baby kann man fast überallhin mitnehmen. Fast alle anstehenden Arbeiten kann man mit dem Kind auf dem Arm erledigen. Besser als jedes »Intelligenztraining« ist die normale Teilnahme des Kindes am Alltag und an Ihrer Arbeit. Tragen Sie Ihr Kind, so oft Sie mögen. Es fühlt sich nirgends wohler als am Körper eines Menschen. Sie können dabei einen Brief schreiben oder lesen, Kartoffeln schälen oder Besuch empfangen. Es ist wirklich einfacher, als es aussieht – versuchen Sie es mal.

Gute Ratschläge von allen Seiten

Mit der Entlassung aus dem Krankenhaus – von den meisten Frauen sehnlichst erwartet – beginnen oft schon die Sorgen. Zwar ist endlich der Klinik-Stress mit Wiegen, Aufschreiben, vorgeschriebenen Wickelmethoden, Fieber- und Pulsmessen vorbei: endlich zurück in die vertrauten vier Wände und das Kind ganz für sich haben. Aber jetzt trägt man plötzlich auch die Verantwortung ganz allein, bekommt kein Essen mehr ans Bett gebracht und keine Baby-Wäsche gewaschen.

Wer, wie üblich, am fünften Tage entlassen wird, fühlt sich ganz sicher noch ziemlich erschöpft und wackelig auf den Beinen.

Am besten das Nachthemd gleich wieder anziehen und der
Umwelt klarmachen, dass man noch nicht wieder voll einsatzfä-
hig ist! Unsere Mütter blieben, sofern sie ins Krankenhaus gingen, zehn Tage dort. Wer früher entlassen wird, hat Anspruch auf
die Pflege durch eine Hebamme bis zum 10. Tag, die Kosten trägt
die Krankenkasse. Weil es aber noch immer zu wenige frei prak-
tizierende Hebammen gibt bzw. diese keine Niederlassungserlaub-
nis erhalten, kann man von diesem Recht kaum Gebrauch machen. Berufstätige Väter sollten sich nach Sonderurlaub erkundigen. Unter bestimmten Bedingungen, z. B. wenn weitere Kinder unter 8 Jahren im Haushalt leben, zahlt die Krankenkasse
Vater-Urlaub.

In vielen Familien warten zu Hause die Mutter oder Schwie-
germutter, Besuch sagt sich an, alle wollen das Baby sehen. Es
versteht sich eigentlich von selbst, dass Umfang und Art dieser
Besuche allein von den Eltern bestimmt werden sollen. Für
Selbstgebackenes oder große Essen werden Sie in den ersten
Wochen wohl kaum den Nerv haben.

Das Kind ist also zu Hause, Besuch trifft ein. Nicht nur Freunde und Verwandte kommen, sondern auch Vertreter diverser
Firmen. Von der Lebensversicherung bis zur Windeldesinfekti-
on wird »die junge Mutter« mit Vorschlägen, Ratschlägen, Kost-
proben und düsteren Zukunftsprognosen bombardiert, die deutlich machen sollen, wie lebensnotwendig der Kauf eines bestimmten Produkts, der Abschluss eines Zeitschriftenabonnements
oder einer Lebensversicherung ist. Da werden imaginäre Kurven
hervorgeholt, die zeigen sollen, welche schrecklichen Infektionen
das Baby befallen, wenn seine Flaschen nicht mit XY desinfiziert
werden, und der Hinweis, man stille doch selber, reicht keineswegs aus, um den Redefluss zu unterbrechen. Das Baby ist, das
wird der Mutter bald klar, in dieser Gesellschaft zunächst einmal
Konsument. Es gehören schon ziemlich gute Nerven dazu, den
Vertretern dieses Systems die Tür zu weisen. Besonders dann,
wenn sie so tun, als leisteten sie echte Aufklärung. Da werden

massenhaft Broschüren und Heftchen verteilt: das »große Baby-Buch«, das »Müttermagazin« und wie sie alle heißen, und eingebettet zwischen nützlichen und unnützen Hinweisen findet sich die Werbung für bestimmte Produkte.

Dazu kommen die Ratschläge von Schwiegermüttern, erfahrenen Freunden, Verwandten...

So unsicher die Eltern in der ersten Zeit auch sein mögen und so prüfenswert jeder Ratschlag ist, sie selber sind für die Erziehung verantwortlich, und sie selber müssen die Konsequenzen aus ihrem bestimmten Erziehungsverhalten tragen. Deshalb sollte sich keiner von Oma, Tante oder Alete-Vertretern verrückt machen lassen, sondern das tun, was er für richtig hält. Nicht, weil es irgend jemand behauptet, sondern weil man sein Kind beobachtet und sieht, dass es ihm gut geht.

Ja, beobachten Sie Ihr Kind. Wenn es vor Hunger schreit, was unschwer an den suchenden Mundbewegungen zu erkennen ist, werden Sie feststellen, dass die Ratgeber irren, die da behaupten, ein Baby hätte alle vier Stunden Hunger.

Schlimm ist auch folgende, wie ich meine, alltägliche Situation: Ihr Baby schreit. Sie versuchen es mit Tee, weil Sie Bauchschmerzen vermuten. Ihr Mann/Ihre Frau meint aber, man solle es lieber schlafen legen, und ein dritter, gerade anwesender Besucher plädiert für unverzügliches Wechseln der Windeln. Sie verlieren allmählich die Nerven, weil das Kind, unabhängig von allen Ratschlägen, weiter schreit.

Man sollte vereinbaren, dass derjenige, der das Kind gerade betreut, auch entscheidet, was zu tun ist. Ihm oder ihr wird prinzipiell nicht reingeredet, es sei denn, er/sie fragte um Rat.

Kein Baby gleicht dem anderen: Schon das unterschiedliche Körpergewicht, die unterschiedliche Anzahl der im Bauch verbrachten Wochen prägen sein Verhalten entscheidend. Der Verlauf von Schwangerschaft und Geburt spielt ebenfalls eine erhebliche Rolle. Ein Kind, das achtpfündig und in der 41. Schwangerschaftswoche geboren wird, ist sicherlich weniger oft hungrig als ein sechspfündiges, denn es kann schon viel größere Mengen auf einmal trinken. Dafür wird es wahrscheinlich bald anfangen, sich in seinem Bett zu langweilen, möchte getragen werden und etwas von der Welt sehen. Das Kind wird verwöhnt!, schreien jetzt die einen. Es lernt was, meinen die anderen.

Tatsächlich wollen Kinder, die auf dem Arm getragen werden, auch in Zukunft wieder auf den Arm: Da ist es warm, da hört man interessante Stimmen, sieht aufregende Dinge. Ist dieses Kind, das gelernt hat, dass es auf dem Arm schön ist, nun verwöhnt? Oder haben die recht, die sagen: Hauptsache, es lernt etwas und ist zufrieden? Oder schlimmer noch: Soll sich das eigene Leben jetzt nur noch um das Kind drehen? Oder haben die Eltern auch noch Rechte?

Versuchen Sie, diese Fragen in Ruhe mit Ihrer Familie, Ihren Bekannten und Freunden zu klären, also nicht gerade dann, wenn Sie ziemlich entnervt sind.

Für ein Kind, so winzig es auch ist, ist es ein völlig legitimes Bedürfnis, wenn es wach ist, nicht allein in seinem Bett zu liegen, sondern teilzunehmen – und sei es auch nur durch Zugucken – am Leben der Personen, die es betreuen. Es soll und muss ja später an diesem Leben selbstständig teilnehmen und kann daher gar nicht früh genug daran gewöhnt werden. Jean Liedhoff geht sogar so weit, zu behaupten, dass fast alle Nöte, die zivilisierte Kinder zum Schreien bringen, darauf zurückzuführen sind, dass sie als Säuglinge nicht getragen wurden.

Die Yequana, deren Babys tatsächlich so gut wie nie schreien, tragen ihre Säuglinge tatsächlich immer – sogar nachts, wenn sie nur kurz aufstehen, um Holz ins Feuer nachzulegen. Obwohl ich weiß, dass nicht wenige von Bauchschmerzen gequälte Babys sich auch auf dem Arm nicht beruhigen und Tragen allein noch keine glückliche Kindheit produziert, bin ich doch der Überzeugung, dass dieses Gefühl des Getragenseins schon bei Neugeborenen Geborgenheit und Vertrauen vermittelt, was Voraussetzung für Glücklichsein ist. Bewiesen ist auch, dass bestimmte Formen des

Tragens die körperliche und damit die Intelligenzentwicklung schon von Neugeborenen fördern.

Nehmen Sie es also auf den Arm, so oft Sie können. Wenn das aber bedeutet, dass sich Ihr alltägliches Einerlei nur noch um das Baby dreht, dann müssen sie etwas verändern: Sie wollen doch Ihrem Kind Partner sein – und nicht Untertan. Und es ist doch nicht nur für Sie persönlich wichtig, dass bestimmte Aufgaben erledigt werden, sondern auch für Ihr Kind!

Wir haben gute Erfahrungen damit gemacht, das Baby zu tragen und dabei viele Dinge zu erledigen. Arbeiten, die nicht mit einem Baby ausgeführt werden können, und das sind wirklich nicht viele, haben wir uns vorher so zurechtgelegt, dass wir damit beginnen konnten, sobald es schlief. Eine gute Hilfe sind auch Tragetuch, Känguruhsitz oder Baby-Stühlchen, von denen aus das Kind weit mehr sehen kann als von seinem Bett aus. Letztere sind allerdings mit größter Vorsicht zu genießen, weil sie das Kind ermuntern, sich nicht zu bewegen. Kann sich das Kind erst einmal in Bauchlage richtig abstützen und den Kopf heben, legt man es lieber auf eine Matratze. So kann es sehen, muss sich aber gleichzeitig anstrengen und lernt, sich zu bewegen.

Dabei halte ich noch etwas für wichtig: Tragen Sie das Kind nicht allein, sondern wagen Sie es, andere um Gefallen zu bitten und Ihnen mal zu helfen. Das können auch größere Kinder aus Ihrem Haus sein. Wenn Sie den Eindruck haben, sich für Ihr Kind aufzuopfern, dann ist schon etwas falsch gelaufen, und es wird Zeit, dass Sie Ihre Monopolstellung dem Kind gegenüber aufgeben – und sei es nur für 30 Minuten.

Vom Stillen

Wenn man neugeborene Katzen mit Kuhmilch füttert, sterben sie. Katzenmilch ist nun mal anders als Kuhmilch. Dass kleine Menschen mit einer Mischung aus Kuhmilchpulver aufgezogen

werden sollen, ist unverständlich und auch nicht praktisch. Weil es hohe Ansprüche an die Hygiene stellt, Milchfläschchen herzustellen, sterben in den Ländern der dritten Welt viele Kinder an Darminfektionen. So genannte Berater haben Müttern eingeredet, dieses Pulver sei besser als die in ihren Brüsten erzeugte Milch. Inzwischen ist es lange her, dass jemand behauptet hat, Stillen sei nicht gesund und außerdem unpraktisch. Nach dem Säuglingsnahrungswerbegesetz ist es sogar verboten, Müttern in Krankenhäusern Proben von Babynahrung mitzugeben, wie es vor 20 Jahren noch üblich war. Es ist daher besonders schade, wenn heutige Mütter ihre Kinder nicht stillen, denn die Hilfe, die sie von Hebammen und Stillberaterinnen und aus einer Menge Literatur bekommen können, ist besser denn je.

Vielen Problemen wie Brustentzündung oder Schmerzen können diese Expertinnen mit naturheilkundlichen Mitteln vorbeugen oder kompetent beheben.

Mütter, die sich auf das Stillen einlassen, werden es als eine Art Meditation erfahren, in der sie sich ganz auf ihr Kind einstimmen. Stillen schafft eine Beziehung ganz besonderer Art. Sie ist durch nichts zu ersetzen.

Außerdem können stillende Mütter ihre Kinder kostenlos ernähren und ihnen durch das Stillen Geborgenheit und Schutz geben: Sämtliche Immunstoffe der Mutter gehen auf das Kind über; deshalb werden gestillte Kinder in der Regel in den ersten Monaten überhaupt nicht krank. Stillen ist die gesündeste Nahrung und der beste Schutz vor Allergien, Verdauungsproblemen und Infektionskrankheiten aller Art.

Die Brust ist für das Baby nicht nur Nahrungsquelle, sondern auch Spielzeug, Lustobjekt und Gegenstand ersten Lernens. Stillen ist nicht nur für Gesundheit, Ernährung und Entwicklung des Sicherheitsbedürfnisses des Kindes wichtig, es fördert auch die Entwicklung des Gehirns und die Lernbereitschaft. Besondere Fettsäuren in der Milch führen zu höherem Intelligenzquotienten und besserem Sehen. Außerdem erkranken gestillte Babys seltener an Mittelohrentzündung, die bei vielen Kindern zu einer Beeinträchtigung des Hörens führt.

Nicht umsonst gibt es Väter, die eifersüchtig sind, obwohl sie wissen, wie schlecht der Ersatz durch eine Milchflasche ist. Frauen, die stillen, machen die einmalige Erfahrung, dass ihre Brust ein nützliches Organ ist, funktionsgerecht und mit der Präzision eines Computers arbeitend. Man stelle sich vor, dass sich die Muttermilchzusammensetzung den jeweiligen Altersphasen des Säuglings genau anpasst. In einer hoch zivilisierten Umwelt staunt man, dass es so etwas noch gibt: Muttermilch, weil die meisten Menschen Busen nur von Illustriertentiteln oder Pornomagazinen und Milch nur aus der Tüte kennen.

Es stimmt zwar, dass sich stillende Mütter nachts nicht durch den Vater ablösen lassen können. Andererseits ist das nächtliche Stillen kein Problem, wenn man das Baby bei sich hat und es fast im Schlaf stillen kann, wie das bei allen Naturvölkern (und allen Säugetieren) üblich ist.

Fakt ist auch, dass alle Schadstoffe, die die Mutter zu sich nimmt, in die Muttermilch eingehen. Stillende Mütter sollten sich daher gezielt aus kontrolliert biologischem Anbau und mit wenig Fleisch ernähren, aufs Rauchen verzichten und keinen Alkohol trinken. Bei Babys, die für Koliken anfällig sind, sollte man in den ersten Monaten keine blähenden Speisen wie Blumenkohl oder Zwiebeln zu sich nehmen. Obwohl diese Einschränkungen manchen Frauen vielleicht schwer fallen, lohnt sich diese »Investition« in jedem Fall: Kranke Kinder verursachen sehr viel Stress und oft auch hohe Kosten.

Viele Mütter haben nach einiger Zeit eine so genannte »Stillkrise«: Irgend etwas geht schief, und sie haben keine Nerven mehr, fühlen sich schlecht und buchstäblich ausgesaugt. Gerade jetzt sollten sie um Hilfe bitten und sich beraten lassen, denn solche Krisen sind überwindbar. Sie bieten die Chance für eine ganz neue Lernerfahrung und eine bewusste Körperwahrnehmung.

Überlegenswert ist auch, was es bedeutet, wenn Mütter nicht mehr bereit sind, Kinder auf natürlichem Weg – durch Stillen – aufwachsen zu lassen, und sich von ihrem eigenen Körper und seinen Funktionen distanzieren. Diese Haltung erinnert an den Irrglauben, die Natur beherrschen und »überlisten« zu können. Tatsächlich sind wir Teil der Natur, und mit ihrer Zerstörung werden wir uns selbst zerstören.

Man muss sich auch fragen, warum eine Gesellschaft diese erste wichtige Phase der Mutter-Kind-Bindung nicht durch sehr viele Maßnahmen schützt.

Natürlich hat jede Frau individuelle Entscheidungsfreiheit. Gesellschaftlich stößt jedoch eine stillende Mutter überall auf Hindernisse.

Im Grunde ist es auch verrückt, dass es besonderer Ernährung bedarf, damit die Muttermilch schadstoffarm ist. Hat nicht jeder Mensch solche Nahrung verdient?

Interessant ist, dass stillende Mütter – wenn sie auf schadstoffarme Ernährung achten – oft genau auf das Appetit haben, was auch dem Baby gut tut. Dasselbe sagen Kinderärzte von Kleinkindern: Sie sollten nicht zum Essen bestimmter Nahrungsmittel gezwungen werden.

Es ist an der Zeit, dass wir wieder lernen, unserem Körper zu vertrauen und ihn mit Achtung und Stolz zu behandeln.

In diesem Zusammenhang möchte ich auch an die Väter appellieren, ihre Frauen und Babys beim Stillen zu unterstützen. In dieser Phase brauchen Mutter und Kind sehr viel Zuneigung und Achtung. Eine befreundete Hebamme erzählte mir einmal, dass sie in einer Stillgruppe die Väter gebeten hat, sich bei ihren Frauen für Schwangerschaft und Geburt und für das Stillen zu bedanken. Tatsächlich hatten viele noch gar nicht daran gedacht. Wenn wir wieder dahin kommen, uns selbst und unsere Partner mit Würde zu behandeln, lassen sich viele Probleme lösen.

Manche Mütter haben auch Angst, nicht genug Milch zu haben. Dies ist fast immer unbegründet, denn der Körper liefert so viel Milch nach, wie das Baby braucht. Stress und Angst dagegen können die Milch leicht zum Versiegen bringen. Deshalb ist die Unterstützung durch andere Frauen und den Kindesvater auch so wichtig. Entspannen Sie sich! Sie müssen jetzt nicht zwanzig Gäste bewirten oder Ihr Haus auf Hochglanz bringen.

Manchmal muss man ein Baby auch öfter anlegen, damit die Milchbildung stimuliert wird. Milchbildungstees gibt es in Bioläden, Apotheken und Reformhäusern. Sie wirken Wunder! Außerdem helfen Hefeflocken (Vitamin B) und ein Tee aus Kamillenblüten und Hopfen gegen Erschöpfung und Anspannung. In den Büchern von Susun S. Weed, »Naturheilkunde für schwangere Frauen und Säuglinge« (Orlanda Frauenverlag, Berlin) und von Ingeborg Stadelmann, »Die Hebammensprechstunde« (Stadelmann, Ermengest) stehen viele weitere Tipps und Rezepte für Mutter und Kind.

Ganz kostenlos können Sie sich von örtlichen Hebammen oder in einer Stillgruppe beraten lassen. Eine solche Gruppe ist auch für viele andere Alltagsprobleme sehr empfehlenswert – und sie hilft, neue Kontakte zu knüpfen.

Wenn Sie später, z. B. nach sechs Monaten, dennoch zufüttern wollen, ist Karottenbrei vom Löffel viel geeigneter als Kuhmilch.

Unsinn ist auch, dass Frauen einen speziellen Stillbüstenhalter tragen müssen und eine Milchpumpe benötigen. Nachdem ich vier Kinder mehrere Jahre gestillt habe, kann ich Ihnen versichern: es geht auch ohne solche Dinger.

Und wer Angst um seinen schönen Busen hat: Dieser wird nach dem Abstillen fast wieder so, wie er vorher war!

Wenn Sie Fragen oder Probleme haben, können Sie sich wenden an:

➲ Arbeitsgemeinschaft Freier Stillgruppen – Geschäftsstelle
Bornheimer Str. 100, 53119 Bonn
Hotline: 0 1805-STILLEN (7845536), Fax: (02 28) 3 50 38 72
Internet: www.afs-stillen.de
E-Mail: info@afs-stillen.de

⮕ La Leche Liga – Deutschland e.V.
  Dannenkamp 25, 32479 Hille
  Tel.: (05 71) 4 89 46, Fax: (05 71) 4 04 94 80
  Ansagedienst Kontaktaddressen: (0 68 51) 25 24
  Internet: www.lalecheliga.de
  E-Mail: mail@lalecheliga.de
⮕ BDL – Berufsverband Deutscher Laktationsberaterinnen
  IBCLC e.V.
  Hildesheimer Str. 124e, 30880 Laatzen
  Tel.: (05 11) 87 64 98 60, Fax: (05 11) 87 64 98 68
  Internet: www.bdl-stillen.de
  E-Mail: bdl-sekretariat@t-online.de

Aus zwei wird drei – Veränderte Partnerschaft

Ich habe von Vätern gehört, für die die Geburt ihres Kindes die Erfüllung ihres Lebens bedeutet. Es soll Männer geben, die eine Beziehung vor allem deshalb eingehen, weil sie Kinder möchten. Ich habe von Frauen gehört, die nach der Geburt absolut nichts empfanden. Jedenfalls kein Mutterglück. Das hat sich erst viel später – oder gar nicht – eingestellt.

Bei uns war es so: Ich war verwirrt über die Heftigkeit meiner positiven Gefühle dem Säugling gegenüber. Ich war mir in den Augenblicken nach der Geburt ganz sicher, dass ich dieses Kind liebe, egal wie hässlich, entstellt oder krank es wäre. Mein Mann war eher hilflos als euphorisch. Wir beide sahen den Sinn unseres Lebens nicht im Kinderkriegen. Wir arbeiteten beide und fanden unsere Arbeit sinnvoll.

Unser erstes neugeborenes Kind, von uns beiden gewünscht, war zunächst ein nicht geringer Störfaktor unserer Zweisamkeit, unseres Alltags. Es war auch eine Belastungsprobe unserer Beziehung. Wir zankten uns öfter über die Richtigkeit irgendwelcher

Maßnahmen, die angesichts des schreienden Sohnes zu treffen waren, wir waren entsetzlich unausgeschlafen und nervös, ich heulte öfter gemeinsam mit dem Kind, wir litten unter dem Mangel an Zeit und Zärtlichkeit füreinander.

Kurz: Es war in den ersten drei Monaten ziemlich schlimm – und es ist gar nicht so leicht, das zuzugeben. Denn obgleich die Scheidungsrate steigt und die Zahl der Kindesmisshandlungen wächst – ein Kind krönt die Ehe, und die Familie hat glücklich zu sein.

Tatsächlich ist es schon in den letzten Schwangerschaftsmonaten schwierig, ein für beide Partner befriedigendes Sexualleben aufrechtzuerhalten. Ist das Kind erst da, werden die Schwierigkeiten noch größer: Verhütungsmittel kommen in den ersten Monaten zumindest für stillende Frauen nicht infrage – es sei denn, man nimmt Kondome. Außerdem ist man total abgeschlafft und übermüdet. Und hat man endlich wieder Lust und Zeit –, dann schreit garantiert das Kind dazwischen.

»Elterndasein tritt, zumindest partiell, an die Stelle eines sorgenlosen und auch sorgenreichen, jedenfalls sich selbst genügenden Liebeslebens. Ruth drängelt sich zwischen euch. Nicht nur morgens im Bett, auch in euren Fantasien, Hoffnungen und Ängsten. Sie schneidet aus der Zeit, die ihr füreinander hattet, das größte Stück für sich heraus. Sie nimmt euch die Nächte weg. Sie stiehlt euch die Augenblicke der Lautlosigkeit zwischen Nacht und Morgen, zwischen Abend und Nacht. Sie macht aus eurem gemeinsamen Essen ein Happening mit Scherben. Ihre Existenz raut euer Leben auf: wo Ruths Vater früher deine verborgenen Wünsche erriet und erfüllte, tut er jetzt viel für dich, wenn er einmal mehr nachts aufsteht. Und wo du ihm Gedichte vorlasest, reichts jetzt nur noch für ›Schlaf, Kindchen, schlaf‹.« (Barbara Sichtermann, Vorsicht Kind, S. 178 f.)

Kürzlich erzählte mir eine allein stehende Mutter, dass ein Drittel aller Väter ihre Frauen verlassen, bevor ihr Kind ein Jahr alt ist. Ich weiß nicht, ob das stimmt. Für uns war diese Zeit jedenfalls schwer, aber wir haben in ihrer Überwindung viel gelernt – in vielen vergeblichen Versuchen und langen Aussprachen. Wir haben für uns das Wort Zärtlichkeit neu entdeckt und erkannt, dass wir mit unseren Problemen nicht allein sind. So kann sich durch ein Kind auch die Chance ergeben, sich näherzukommen, als man sich je war.

Es gibt außerdem einige Regeln, die sich bewährt haben, wenn die Liebesbeziehung der Eltern erhalten bleiben soll:

1. Der Vater nimmt sich gerade in den ersten Wochen und Monaten bewusst Zeit für sein Kind. Er trägt es herum, wickelt und badet es und kann später auch mit ihm spielen. Solange er sich mit dem Kind beschäftigt und es umsorgt, gibt die Mutter keine Kommentare ab – es sei denn, sie wird um Rat gefragt.

2. Die Eltern bemühen sich von Anfang an um den Erhalt ihrer Zweierbeziehung. Sie nehmen sich täglich Zeit füreinander, um Gefühle und Gedanken auszutauschen. Dabei spricht jeder von sich selbst. Vorwürfe sind in jedem Fall zu vermeiden.

Wer den Eindruck hat, dass die Probleme anfangen, über den Kopf zu wachsen, sollte es wagen, sich familientherapeutisch beraten zu lassen. Oft genügen zwei bis vier Gespräche mit einem Menschen, dem man vertraut, um eine Krise zu überwinden.

Eine gute Beratungsstelle findet man am besten über Mundpropaganda. Wenn es die nicht gibt, kann man im Branchenbuch unter Psychotherapie nachschlagen und nach Familientherapeuten suchen. Wichtig ist, den Therapeuten zu wechseln, wenn man sich nicht gut aufgehoben fühlt.

Kein Mensch wird dumm geboren

Ein neugeborenes Kind ist zwar hilflos, aber dennoch mit einer Reihe von Reflexen ausgestattet, die zeigen, dass es sich um ein wohlorganisiertes Wesen handelt: Neugeborene versuchen zu kriechen, wenn man sie bäuchlings auf eine feste Fläche legt, sie ergreifen Gegenstände, die man ihnen in die Handflächen legt, sie fangen an zu saugen, wenn man ihre beiden Handflächen rhythmisch drückt, sie strecken und beugen die Arme, wenn man sie an der Daumenbasis streichelt, und sie greifen mit den Zehen, wenn wir unsere Fingerkuppen daran legen. Berührt man das Kind seitlich vom Mund an der Wange, wendet es den Kopf in Richtung des Reizes – so findet es auch den »Weg« zur Brust. Neugeborene Kinder können schon für kurze Zeit aufmerksam sein, Anblicke, Geräusche und Gerüche wahrnehmen. Sie können schreien, niesen, schlucken, lutschen und – im Schlaf – lächeln.

Wie lange ein neugeborenes Kind wach ist, hängt zunächst von seinem Zustand ab. Manche Babys bleiben unmittelbar nach der Geburt schon 1/2 Stunden wach, andere schlafen nach 15 Minuten ein und wachen erst nach drei Tagen richtig auf. Bekannt ist auch, dass Babys, die man an die Schulter hält, wacher sind als solche, die auf dem Rücken liegen. Auch Wärme, gedämpftes Licht und zu strammes Wickeln macht Babys schläfrig.

Will man feststellen, wie das Kind auf seine Außenwelt reagiert, muss man ihm Reize darbieten, die seine Aufmerksamkeit erregen. Auf ein blinkendes Licht z. B. reagieren schon wenige Tage alte Kinder, indem sie den Kopf danach drehen. Am liebsten sehen alle Babys ein menschliches Gesicht – nach zwei Wochen können sie das Gesicht ihrer Mutter von dem anderer Frauen unterscheiden, zumindest betrachten sie das ihnen bekannte Gesicht wesentlich länger als das fremde. Neugeborene Babys können auch hören, drehen den Kopf nach ihnen bekannten Stimmen und erschrecken bei heftigen Geräuschen.

Das alles zeigt, dass Neugeborene bereit sind zu lernen. Was und wieviel, das hängt von ihrer Umwelt, also zunächst von den Eltern ab. Während unseren Eltern noch weisgemacht wurde, dass ein Kind hauptsächlich Ruhe brauche und nur alle vier Stunden zu den Mahlzeiten »aufgenommen« werden dürfe, haben vielfältige Forschungen inzwischen ergeben, dass ein Baby nicht still im Bett vor sich hin reift, sondern angeregt werden muss, damit es sich entwickelt und lernt.

Dabei kann als gesichert angesehen werden, dass das Kind von der Geburt bis zum 3. Lebensjahr die Hälfte seiner intellektuellen Entwicklung durchmacht. Bewusste Eltern werden deshalb die Intelligenz ihres Kindes nicht dem Zufall überlassen, sondern – wenn irgend möglich – täglich bestimmte Tätigkeiten mit ihren Kindern üben, Spiele spielen und Aufgaben stellen (Anregungen dazu am Schluss jedes Kapitels), ohne dabei deren natürliches Bedürfnis nach Ruhe und zärtlicher Geborgenheit zu vernachlässigen.

So notwendig diese »Turnübungen für den Verstand« auch sind, – sie werden problematisch, wenn sie zu einem Zwangsprogramm ausarten, das absolviert werden muss. Wenn Eltern dann noch Enttäuschung zeigen, weil das Kind bestimmten Anforderungen nicht gerecht wird, oder es gar beleidigen (du Dummerchen!), verderben sie allerdings weit mehr, als sie nützen. Auf diese Art kann man schon Kleinkinder so unter Druck setzen, dass sie, zu Vorschulkindern herangewachsen, weinen, wenn sie glauben, eine Aufgabe nicht lösen oder eine Frage nicht beantworten zu können. Lernen kann keiner unter Druck und Zwang. Es muss Spaß machen und auch schon kleinen Kindern als sinnvoll erscheinen.

Viele Eltern wollen die Intelligenz ihres Kindes fördern, vergessen aber vielleicht, dass jeder Mensch aus Körper, Geist und Seele besteht. Gerade Neugeborene haben oft Probleme, sich mit den neuen Bedingungen des Daseins anzufreunden. Im Mutterleib war es dämmrig oder dunkel, es gab keine Ernährungs- und Verdauungsprobleme und niemals das Gefühl, allein und verlassen zu sein. Neugeborene brauchen daher nicht nur Anregungen, sondern auch Schutz und vor allem Geborgenheit. Eine Umgebung mit laufendem Fernseher, Computer, Mixer, Staubsauger und anderen lauten Geräuschen ist für kleine Kinder (und andere

Menschen) ganz sicher schädlich. Man kann diese Geräte ja betätigen, wenn das Kind z. B. auf dem Balkon schläft oder sich
zumindest in einem anderen Zimmer befindet. Babys brauchen
Ruhe, gedämpfte Geräusche, vielleicht leise Musik und das Gefühl des Getragenseins.

In den ersten Monaten fällt das Kind sozusagen aus dem
Paradies in den harten irdischen Lebenskampf, und Eltern sollten möglichst viel dafür tun, diesen Übergang so sanft wie möglich zu gestalten.

Wenn wir unser Kind achtsam beobachten, werden wir spü-
ren, ob es gerade neugierig ist oder genug hat von den Reizen der
Welt und lieber in den Schlaf geschaukelt werden will – wie es
Menschen übrigens in aller Welt ganz von selbst tun. Eine Hängematte z. B. ist gut geeignet, das Kind tagsüber für ein paar Stunden zu schaukeln, und in einem Tragetuch fühlt es sich ebenfalls
geschützt und geborgen. Dieses Gefühl tiefen Vertrauens bildet
später die Grundlage für die emotionale Intelligenz, deren Förderung viele Jahre lang vernachlässigt wurde, allmählich jedoch wieder mehr ins Bewusstsein von Eltern tritt.

Es schreit

Was tun, wenn das Baby schreit? Es kann auch eine ausgeglichene Mutter zur Verzweiflung bringen, wenn das geliebte Kind mit
soviel Unlust auf diese Welt reagiert. Dass überarbeitete, nervö-
se und belastete Eltern aggressiv werden, wenn ihr Baby schreit,
kann man nachvollziehen – so schrecklich es ist. Nicht wenige
Kinder in der BRD mussten ihr Geschrei schon mit dem Leben
bezahlen.

Nach mehreren Kindestötungen haben Kinderärzte in letzter
Zeit gefordert, Sprechstunden für so genannte Schreibabys rund
um die Uhr einzurichten. In diesem Zusammenhang war auch
von »Folter« die Rede: das nächtliche Dauergeschrei sei damit

vergleichbar. Fest steht, dass junge Eltern individuelle Hilfe brauchen, wenn sie mit dem Geschrei allein nicht fertig werden.

Ich bitte Sie, unbedingt zu beachten, dass schreiende Babys Probleme haben und Liebe und Trost brauchen, die sie einzig und allein am Körper der Eltern und durch deren Unterstützung finden können.

Hinweis

Hebammen kennen sich sehr gut mit Neugeborenen aus. Über den Bund freiberuflicher Hebammen Deutschlands (BfHD) erhalten Sie die Adresse einer Hebamme in Ihrer Nähe und können sich dort zu allen Fragen beraten lassen.: BfHD e.V., Kasseler Str. 1a, 60486 Frankfurt; Tel.: (069) 70 53 49 71, Fax: (069) 70 53 49 72; Internet: www.bfhd.de, E-mail: geschaeftsstelle@bfhd.de.

Zwei wichtige Bücher zum Thema sind:
- ⮑ Aletha J. Solter: Warum Babys weinen. Die Gefühle von Kleinkindern, München: Kösel Verlag (Taschenbuchausgabe bei dtv)
- ⮑ Sheila Kitzinger: Wenn mein Baby weint. Praktische Hilfen und Informationen für Eltern, München: Kösel Verlag

Dass bisweilen sogar heute noch die Ansicht vertreten wird, das Schreien schade einem Baby, und je weniger die Eltern hierauf reagierten, desto weniger schreie das Kind, finde ich erschreckend. Hier wird so getan, als schrien diejenigen Babys am meisten, die von ihren Eltern häufig aufgenommen werden. Das ist schlichtweg falsch. Über Jahrmillionen wurden Kinder von Eltern getragen, und auch heute zeigt sich, dass Kinder der so genannten Naturvölker äußerst selten schreien.

Kinder unserer hoch zivilisierten Welt verhalten sich sehr unterschiedlich. Während ruhige Kinder fast nie schreien, sollen es lebhafte auf bis zu sechs Stunden täglich bringen, auch wenn sich die Eltern um Abhilfe bemühen.

Beobachtet man neugeborene Kinder, stellt man fest, dass sie verschiedene Stadien von Wachheit durchleben:
➲ fester Schlaf (täglich nicht mehr als 12 Stunden);
➲ leichter Schlaf (unruhige Atmung, mit Bewegungen);
➲ friedliche Munterkeit (aufmerksam, ruhig, munter);
➲ aktives Wachsein (bewegt Arme und Beine); Schreien.
Durch sein Schreien steht dem Baby ein äußerst wirksames Signal zur Verfügung, ein Meldeapparat, mit dem es Einfluss auf seine Umwelt nehmen kann. Genau so – nämlich als Meldung – sollte man das Schreien seines Kindes auch aufnehmen: nicht mit Verzweiflung und Schuldgefühlen und auch nicht mit Aggression und Weghören.

Während ältere Kinder ihr Schreien bewusst einsetzen können, um bestimmte Effekte hervorzurufen oder Ziele zu erreichen, schreit das Neugeborene als Reaktion auf bestimmte Reize (lautes Geräusch, leerer Magen, grelles Licht u. a.). Erwachsene hören das Schreien und versuchen, die »Botschaft« zu entschlüsseln. Hörer, denen Bandaufnahmen (mit Geburtsschrei, Schreien vor Hunger und Schreien vor Schmerz) vorgespielt wurden, konnten das jeweilige Schreien sehr genau identifizieren. Am besten gelang das Hebammen, Kinderpflegerinnen und Müttern.

Es gibt allerdings noch weit mehr Ursachen von Unbehagen – und nicht alle kann man heraushören. Jedenfalls schreien Babys nie grundlos oder »um zu sehen, was sie erreichen«, wie häufig gesagt wird.

Das Baby schreit, weil es Hunger hat und trinken möchte – auch nachts. Bevor es sich in ein anhaltendes, lautes Schreien hineinsteigert, führt es mit dem Kopf bzw. Mund Suchbewegungen aus und lutscht, falls es sie schon findet, heftig an Fingern oder Faust.

Ein vierstündiger Rhythmus kann nicht von allen Kindern eingehalten werden. Insbesondere gestillte Kinder haben oft alle zwei bis drei Stunden das Bedürfnis zu trinken, weil die Muttermilch sehr schnell verdaut ist und die getrunkene Menge nicht so leicht kontrolliert werden kann. Vor Überfütterung braucht man

beim Stillen keine Angst zu haben: Satte Kinder nehmen die Brust nicht. Das nächtliche Durchschlafen stellt sich nach allen Erfahrungen ganz von selbst ein.

Ein Baby schreit:

- weil es Luft im Bauch hat und noch einmal aufstoßen muss. Das Kind ist gefüttert, wird hingelegt und schreit: Dann nimmt man es noch einmal senkrecht in den Arm über die Schulter. Es ist normal, wenn dabei mit der Luft ein bisschen oder mehr Milch herauskommt.

- weil es noch einmal kurz an der Brust saugen will, bevor es schlafen kann. Manche Babys geben sich auch mit einem Schnuller zufrieden.

- weil es friert oder schwitzt – erkennbar, indem man das Kind anfasst. Zu dick angezogene, schwitzende Kinder erkälten sich mindestens ebenso häufig wie frierende. Zum Einschlafen sollte allerdings jedes Baby so angezogen sein, dass es keine kalten Hände und Füße hat.

- weil es Schmerzen hat und von Koliken geplagt wird. Im zweiten und dritten Monat (manchmal schon eher) schreien viele Babys lange und sind schwer zu beruhigen. Das liegt an Problemen, die die Umstellung von der Nabelschnurernährung auf Milch mit sich bringt.

Übrigens tritt dieses Schreien häufig abends auf, ohne dass man genau wüsste, warum. Jedenfalls scheiden Verhät-

schelung oder Verwöhntsein als Ursachen aus, denn Kinderärzte haben dieses Phänomen auch bei sehr vielen Kindern im
Krankenhaus festgestellt. Tee und Tropfen helfen wenig. Dagegen gibt es für fast jedes Kind eine bestimmte Position, in
der getragen zu werden ihm Linderung verschafft: z. B. im
Känguruhsitz vor dem Bauch, oder bäuchlings auf beiden
Armen bzw. einem Arm liegend. Auch Bauchreiben und ein
warmes Bad helfen manchmal.

- weil es falsch liegt und einfach umgedreht oder auf die Seite
  gelegt werden möchte.
- weil es müde ist, überreizt und endlich einschlafen können
  will. Da hilft ein Schnuller oder die Brust bzw. der eigene Daumen oder einfach Ruhe.
- weil es sich langweilt und angeregt werden will, z. B. indem
  man ihm etwas Neues übers Bett hängt oder es auf den Arm
  nimmt, damit es mehr sehen kann. (Mit etwas Geschick kann
  man dabei fast alle anfallenden Arbeiten erledigen).
- weil es nass ist und gewickelt werden muss. Dabei macht es
  fast allen Babys Spaß, noch eine Weile nackt zu strampeln.

In ihrem ausgezeichneten Buch »Warum Babys weinen« (Kösel-
Verlag) beschreibt Aletha Solter, dass Babys auch weinen, um
Spannungen abzubauen, und dass man ihnen dieses Recht auf
negative Gefühle geben sollte, indem man sie dabei liebevoll hält
und sie ermuntert, den Kummer »abzuweinen«.

Beruhigung

So verschieden Kinder aufwachsen, so ähnlich sind doch in der ganzen Welt die Methoden, Babys zu beruhigen: aufnehmen, wiegen, kuscheln, tätscheln, wickeln, Brust oder Schnuller geben; allen Methoden sind ein bestimmter Rhythmus und eine Einschränkung der auf das Kind einwirkenden Reize gemeinsam. D.h. die einfachen Methoden, die wahrscheinlich seit der Steinzeit angewandt werden, um kleine Kinder zu trösten, haben nichts an Aktualität verloren. Kinder mögen es, auf dem Arm getragen und gewiegt zu werden, viele Babys hören gern Musik und ganz besonders die, die sie schon während der Schwangerschaft durch die Bauchdecke hindurch hören konnten. Sie legen keinen Wert auf Perfektion, und das Lied, das ihre Mutter oder ihr Vater singt, ist genauso schön wie eine Symphonie. Sehr unruhigen Babys sollte man probeweise Entspannungsmusik vorspielen, z. B. Kitaro oder die Gruppe Djamilla.

Für Eltern, die es genau nehmen, sei noch die Schaukelmaschine von Anthony Ambrose erwähnt: Alle Babys, die mit 60 Schaukelbewegungen pro Minute und 7 cm Bewegungsausschlag geschaukelt wurden, hörten unweigerlich auf zu schreien.

Eine Studie aus den USA von Brackbill zeigt, dass konstante Stimulation durch Geräusche, Licht, Wickeln oder Temperatur – die Zeiten, die das Baby in ruhigem Schlaf verbrachte, verlän-

gerte, ohne dass dadurch die Zeitspanne, die das Baby in Schläf-
rigkeit oder friedlichem Wachsein verbrachte, verkürzt wurde.
Allen Vertretern eines »harten Kurses« zum Trotz wäre damit erwiesen, dass durch Einwirken auf das Kind bzw. verschiedene Be-
ruhigungsmethoden das Schreien des Kindes, nicht aber sein
Wachsein in friedlichem Zustand verkürzt wird.

Endlich sollte sich durchsetzen, was eigentlich selbstverständlich ist: »Vermeiden Sie alles, was Ihr Kind erschrecken oder
aufregen könnte. Dazu gehört natürlich in erster Linie, dass Sie
es nicht längere Zeit schreien lassen. Ihr Kind schreit nur, wenn
es mit einer Situation allein nicht fertig wird, wenn es Hilfe von
Ihnen erwartet. Enttäuschen Sie es nicht. Will es frisch gewickelt
werden? Hat es Hunger? Braucht es Abwechslung? Tut ihm der
Bauch weh? Oder sehnt es sich nur nach Ihrer Anwesenheit? Alle
diese Wünsche sollten Sie unbedingt erfüllen. Und lassen Sie sich
bloß von niemandem einreden, dass Sie ihr Kind damit verwöhnen würden. Später lernt es durch die vielen Spiele, die Sie ihm
beibringen, mit seiner Langeweile selbst fertig zu werden. Aber
wenn es erst mal schreit, ist ihm schon viel zu unwohl, als dass es
sich noch etwas Lustiges ausdenken könnte. Wenn es nach einer
Welle wieder still wird, dann höchstens aus Resignation.« (Ulrich
Diekmeyer, Das Elternhandbuch 1, Reinbek: rororo)

Kann man ein Kind allein lassen?

Ein Kind, das immer durchschläft, gibt es nicht. Träume, plötzlich auftretende Krankheiten oder Geräusche können es aufwek-
ken: Es fängt an zu schreien und steigert sich in Panik, wenn
niemand kommt, der ihm hilft. Jemandem zu raten, sein Kind
allein zu lassen, wenn es schläft, ist grausam und außerdem gefährlich. Das heißt nicht, dass die Eltern ständig zu Hause bleiben müssten. Man kann das Kind mitnehmen, einen Babysitter
bestellen oder sich eine kabellose Wechselsprechanlage kaufen,

mit der Nachbarn das Kinderzimmer überwachen können, was
in diesem Alter noch völlig unproblematisch ist. Babys, die jün-
ger als sieben Monate sind, lassen sich gern auch von Personen,
die sie nicht täglich sehen, vorübergehend betreuen. Es kommt
lediglich darauf an, den Nachbarn, Freunden oder Bekannten zu
zeigen, wie sie sich dem Kind gegenüber verhalten sollen, was

im Fall seines Aufwachens zu unternehmen ist. Günstig ist natürlich, ggf. eine Telefonnummer zu hinterlegen, unter der die Eltern zu erreichen sind.

Kinder haben kann nicht heißen, dass Eltern nicht mehr ohne Kinder weggehen dürfen. Eltern haben Interessen, Aufgaben und Ziele, die sie vertreten müssen. Das liegt auch im Interesse des Kindes: denn unzufriedene Eltern machen unzufriedene Kinder. Darüber hinaus ist es auch im langfristigen Interesse des Kindes, wenn sich seine Eltern für seine Belange engagieren.

Die berechtigten Interessen der Eltern muss man jedoch in Übereinstimmung mit der Tatsache bringen, dass Kinder, die aufwachen und schreien, Hilfe brauchen. Ich meine: Eltern sind ersetzbar, und sie sollten sich auch ersetzen lassen – in ihrer Abwesenheit durch jemanden, dem sie und ihr Kind vertrauen und der mit einem Baby umgehen kann (das ist natürlich erlernbar!).

Ganz allein lassen darf man ein Kind erst, wenn es telefonieren, die Tür öffnen und verschließen, beim Nachbarn klingeln kann und psychisch dazu bereit bzw. in der Lage ist.

Sauberkeitserziehung und Sexualität

Allein schon der Begriff Sauberkeitserziehung ist eine Provokation. Jedes Kind kommt sauber zur Welt, es ist umgeben von einer schützenden feuchten Schicht, die seiner Haut gut tut, ist heil und ganz und in keiner Beziehung schmutzig. Wie auch alle kleinen Tiere müssen Kinder eines Tages lernen, ihre Exkremente außerhalb des »Nestes« zu erledigen, und jeder, der schon mal ein Kätzchen oder einen jungen Hund erzogen hat, weiß, dass Liebe, Zärtlichkeit und Konsequenz schnell zum Ziel führen.

»Eigentlich sollte über dieses Thema erst gesprochen werden, wenn das Kind schon eineinhalb bis zwei Jahre alt ist«, sagen die einen. »Sauberkeitserziehung fängt bei der Geburt an«, meinen die anderen.

Die meisten denken beim Stichwort Sauberkeitserziehung an einen Topf, vielleicht sogar an daran festgebundene Kinder – immerhin Realität vor gar nicht so langer Zeit, manchmal heute noch. Seit einige der Erkenntnisse Sigmund Freuds populär geworden sind und man von der »analen Phase« spricht, die jedes Kind ausleben müsse, gilt Sauberkeitserziehung bei vielen aufgeschlossenen Eltern als Tabu: »Die häufigsten Folgen eines strengen Sauberkeitsdrills: schwere Rückfälle wie Bettnässen und Einkoten, Ess- und Schlafstörungen, Aggressivität, Unsicherheit und Unselbstständigkeit«. (Das Baby. Ein Leitfaden für junge Eltern, hrsg. von der Bundeszentrale für gesundheitliche Aufklärung, Köln o.J., S. 52 f.) Von den vielen Zwangsneurotikern ganz zu schweigen. Dass Generationen von Kindern durch die Quälerei, längere Zeit auf dem Topf sitzen zu müssen, und andere rigide Erziehungsmethoden wie »Hygiene über alles«, Onanieverbot, Schreienlassen und Füttern nach Zeit in ihrer Persönlichkeit verstümmelt worden sind, steht außer Zweifel.

Es zeigt gleichzeitig den engen Zusammenhang von kindlicher Sexualität und Sauberkeitserziehung. Die richtige Einstellung zur Sauberkeitserziehung erfordert ein Bejahen und Unterstützen der kindlichen Sexualität. Kinder, die frei von sexuellen Tabus aufwachsen, durchleben keine »anale Phase« – allerdings gab es solche Kinder zu Freuds Lebzeiten wohl kaum.

Sauberkeitserziehung beginnt tatsächlich mit der Geburt. Sie äußert sich in unserer Haltung zum Körper des Kindes, zu seinen Bedürfnissen nach Zärtlichkeit und sprachlicher Zuwendung. In den ersten Wochen empfindet das Kind seine Bedürfnisse durch Haut und Mund. Saugen und Berührtwerden verschaffen ihm höchste Befriedigung. Hier erlebt es Zuverlässigkeit, Zärtlichkeit, Vertrauen und Sicherheit, die ausschlaggebend für seine künftigen sozialen Beziehungen sind. Sowie es dem Kind gelingt, sich gezielt zu bewegen, kann es sich die Lust auch selbst verschaffen, es lernt, an seinen Fingern zu lutschen, und später, Gegenstände in den Mund zu stecken, die es dadurch erfährt.

Das Kind fängt an, seinen Körper zu erforschen, neben dem Mund werden Empfindungen der Haut und Muskulatur zur wichtigsten Lustquelle. Gerade beim Wickeln wird es Gelegenheit haben, die Berührung seiner Geschlechtsorgane als besonders angenehm zu empfinden. Beim Baden, Einkremen, Streicheln und Schmusen erfährt das Kind Reize, die es wiederholen will. Babymassage oder einfaches Streicheln des ganzen Körpers verschaffen dem Kind Lust und Wohlbehagen, die Teil der kindlichen Sexualität sind. Diese bezieht sich auf den ganzen Körper. Es ist schön, wenn Kinder ihren Körper erfahren dürfen, und die meisten genießen es, regelmäßig nackt zu sein. Niemals sollte etwas, das mit dem Körper eines Kindes in Zusammenhang steht,

als schmutzig oder gar eklig bezeichnet werden. Wie verwirrend muss es für ein Kind sein, wenn es später dafür gelobt wird, dass es seine Wurst ins Klo gemacht hat, wenn ihm zuvor klargemacht wurde, dass dies etwas Ekliges sei.

Tatsächlich kann man Kinder sehr früh dazu bringen, sauber zu sein, ohne dass sie dadurch körperlich oder seelisch geschädigt werden. Das Ärzte-Ehepaar Martin und Rachel de Vriess hat in den 70er Jahren die Erziehungspraktiken der Digo an der Küste Ostafrikas erforscht und Folgendes herausgefunden: »Die Mutter setzt sich mit leicht gespreizten Beinen auf die Erde. Das Kind wird mit dem Rücken zur Mutter auf die flach gestreckten Oberschenkel gesetzt und vom Körper der Mutter gestützt. Die Mutter macht dann Zischgeräusche, die das Kind bald mit der Betätigung der Blase in Verbindung bringt. Dieser Vorgang wiederholt sich häufig sowohl tags als auch in der Nacht. Wenn das Kind auf die Zischlaute mit Wasserlassen reagiert, wird es durch Leckerbissen oder Liebkosungen belohnt.« (Nach: Müttermagazin 10/78, S. 11)

Diese Methoden der Herausbildung bedingter Reflexe sind sicherlich erfolgreich, nur wird es den meisten Eltern im Zeitalter der Wegwerfwindeln an Zeit, Geduld und Konsequenz fehlen, sie erfolgreich anzuwenden. Allerdings muss man sich darüber klar sein, dass das ständige Windeltragen die kindliche Sexualität erheblich einschränkt. Die meisten werden ruhig abwarten, bis das Kind bereit ist, bewusst zu lernen, sauber zu sein. Dabei handelt es sich genaugenommen um ein Umlernen: Gerade wenn das Kind sich daran gewöhnt hat, dass seine Ausscheidungen von einer Windel aufgefangen werden, soll es sich auf Topf oder Toilette setzen.

Wer seinem Kind Gelegenheit gibt (bzw. geben kann), häufig nackt zu sein, wird es sicherlich leichter haben mit der so genannten Sauberkeitserziehung. »Sauber« sein bedeutet dann, dass das Kind seinen Körper bewusst erlebt und kennenlernt und in gewissem Umfang beherrscht. Es bedeutet, dass das Kind auch auf diesem Gebiet von passiver zu aktiver Teilnahme übergeht, vom Versorgtwerden zum selbstständigen Befriedigen der eigenen Bedürfnisse. Dass man diese Art bewussten Lernens frühestens von anderthalbjährigen Kindern erwarten kann, versteht sich von selbst. Auf den Topf setzen kann man ein Kind also erst, wenn es das selber möchte, wenn ihm das Gefühl, ohne Windel laufen zu können, Spaß macht. Dabei kommt dem Lernen durch Nachmachen eine hervorragende Rolle zu. Was »man« auf der Toilette macht, sollte dem Kind von Anfang an bekannt sein, ohne dass aus diesem normalen Vorgang eine Haupt- und Staatsaktion wird, wie man das häufig bei Eltern erlebt, die meinen, jetzt sei der Zeitpunkt der Sauberkeitserziehung gekommen.

Jede Art von Druck – auch innerer Druck eines Elternteils, der meint, jetzt müsse es aber endlich so weit sein – verzögert die natürliche Entwicklung zur Kontrolle der Körperfunktionen. Weil Kleinkinder gerade in diesem Alter entdecken, wie fantastisch es ist, einen eigenen Willen zu haben, kann das Auf-den-Topf-Gehen oder nicht dann leicht zu einem unnützen Machtkampf werden. Machen Sie Ihrem Kind stattdessen klar, dass zwar größere Kinder schon den Topf oder auch das richtige Klo benutzen – dass es jedoch selber und ganz allein bestimmen wird, wann es das tun will.

Entwicklungsschritte sollte man Kindern unbedingt zutrauen – in der absoluten Gewissheit, dass sie den richtigen Zeitpunkt selber finden. Tatsächlich bewirkt dieses Vertrauen in kindliche Fähigkeiten mehr als jedes Trainingsprogramm.

Entwickelt sich mein Kind richtig?

Viele Eltern machen sich Sorgen, ob die Entwicklung ihres Kindes normal verläuft, ob es wirklich gesund ist und keine Schäden hat. Besonders wenn man sein Kind mit anderen vergleicht (und das tut ja jeder mehr oder weniger ängstlich), macht man sich Gedanken: Warum lächelt es noch nicht? Wann greift es endlich? Wieso schläft es nachts noch nicht durch? Wie haben es die Eltern nur geschafft, dass sich ihr Baby jetzt schon ständig hochstemmt?

Die meisten Sorgen dieser Art sind unberechtigt. Gerade für Menschen, die wissen, welche Bedeutung die Umwelt für die Entwicklung des Kindes hat, ist es immer wieder verblüffend, festzustellen, wie verschieden Babys von Geburt an sind. Auch bezüglich ihrer Entwicklungsfortschritte.

Anstatt sich von anderen Eltern oder Besserwissern verrückt machen zu lassen, sollte man im Zweifelsfall seinen Kinderarzt um Rat fragen. Vor allem unbedingt die kostenlosen Vorsorgeuntersuchungen durchführen lassen. Leider sind nicht alle Kinderärzte so, wie man sie sich wünscht: ruhig, freundlich, kinderlieb, sachlich, auskunftsfreudig und hilfsbereit. Damit man nicht – nach langer Wartezeit im hektischen Vorzimmer – alle Fragen wieder vergisst, die man stellen wollte, empfiehlt sich eine zu Hause angefertigte Liste mit Fragen (vielleicht auch der Erzieherin aus der Krippe) und Nachfragen.

Falls Ihr Kind tatsächlich behindert, geschädigt oder in seiner Entwicklung zurück ist, kann bei rechtzeitiger Erkennung in fast allen Fällen geholfen werden. Spastische Kinder z. B. können zu Krüppeln, wenn sie zu Hause versteckt, jedoch zu normalen Schulkindern werden, wenn sie rechtzeitig und durch gezielte Übungen behandelt werden. Obwohl hier nicht so getan werden soll, als ob alle Krankheiten aus der Welt zu schaffen seien, ist es doch eine Tatsache, dass jedes Kind über enorme Entwicklungspotenzen verfügt und dass Eltern hier vor einer großen und großartigen Aufgabe stehen.

Der amerikanische Kinderarzt T. Berry Brazelton beschreibt in seinem Taschenbuch sehr anschaulich die Entwicklung dreier ganz unterschiedlicher Babys und gibt Eltern eine Menge Anregung, Aufklärung und Hoffnung: T. Berry Brazelton, Babys erstes Lebensjahr. München: Deutscher Taschenbuch Verlag

Babyschwimmen

In allen größeren Städten werden heute Schwimmkurse für Babys angeboten. Wo sie in privaten Schwimmschulen stattfinden, werden die Eltern mächtig zur Kasse gebeten. Billiger sind Kurse in staatlichen Bädern. Wo es keine Kurse gibt, kann eine Elterngruppe mit einigem Druck erreichen, dass welche eingerichtet werden.

Durch Illustrierte gehen begeisternde Fotos von schwimmenden Babys. Die Realität sieht schlichter aus. Was in so einem Kurs gelernt wird, ist einfach der angstfreie Umgang mit dem Element Wasser. Was die Kurse so teuer macht, ist die Menge warmen Wassers, die zur Verfügung gestellt werden muss. Der Schwimmlehrer hat hauptsächlich die Aufgabe, den Vätern und Müttern die beiden Griffe beizubringen, mit denen das Kind im Wasser gehalten wird.

➲ Rückenlage: Eine Hand stützt den Nacken.

➲ Bauchlage: Das Kind wird unter den Achseln gehalten.

Außerdem werden die Eltern ermutigt, ihr Kind im Wasser loszulassen: Es geht dann unter, paddelt mit Armen und Beinen, schließt automatisch den Mund und kommt nach kurzer Zeit

wieder an die Wasseroberfläche, wo man es aufnehmen und ihm das Wasser aus der Nase streichen soll. Kinder, die so trainiert wurden, springen später ohne Angst ins Becken, paddeln an Land und wiederholen diese Übung vergnügt.

Sinnvoll ist die Teilnahme an einem solchen Kurs durchaus. Doch sollte man nicht warten, bis das Kind ein halbes Jahr alt ist, weil es dann oft schon ängstlich reagiert. Zwei oder drei Monate alte Babys zeigen dagegen keinerlei Angst. Für sie ist ein Schwimmkurs auch deshalb so gut, weil sie sich im Wasser völlig frei bewegen können, viele Muskeln betätigen müssen, und die Atmosphäre der Schwimmhalle bietet ihnen viele neue Anregungen.

Nach Angaben der Internationalen Amateur-Schwimm-Föderation können heute 7-8 Mio. Säuglinge auf der Welt schwimmen. In der Sowjetunion hatte man am Schwarzen Meer Neugeborene gemeinsam mit ihren Müttern und Delphinen völlig angstfrei schwimmen lassen, sodass man dort sogar überlegte, Erfahrungen mit Unterwassergeburten zu sammeln.

Mit wieviel Ängsten dieses Thema für Sie auch besetzt sein mag und welche Bademöglichkeiten außerhalb Ihrer Wohnung Sie auch immer haben – auf jeden Fall sollten Sie als Vater mit Ihrem Baby in einer großen Wanne ohne Seife oder Schaum baden und beobachten, wie sich das Kleine in dem Element fühlt, dem es ja gerade erst entschlüpft ist. Wer sich schon während der Schwangerschaft mit Babyschwimmen auseinandersetzen möchte, sollte sich nach der inzwischen vorhandenen Fachliteratur umschauen und Kontakt zu anderen Eltern suchen.

Wer sich keinen Schwimmkurs leisten kann, sollte das Baby so früh wie möglich mit in die große, volle Badewanne nehmen (ohne Schaum). Die beschriebenen Übungen lassen sich auch dort – vielleicht nicht so vollkommen – durchfuhren. Außerdem gibt es inzwischen in fast allen städtischen Bädern Warmbadetage oder besonders warme Babybecken, die immer mehr Familien mit kleinen Kindern nutzen, um ihrem Nachwuchs das Vergnügen zu ermöglichen, sich im Wasser angstfrei bewegen zu können.

Bewegungsspiele
Von Melanie Hartlaub

Bewegung fördert die körperliche und geistige Entwicklung des Kindes. Es lernt dabei seinen Körper kennen und seine Körperteile bewusst zu gebrauchen. Wenn wir das Baby spielerisch zu Bewegungen anregen, beeinflussen wir das Erkennen, das Denken, Fühlen und Wollen. Kinder, die sich früh und selbst bewegen, können früh Selbstbewusstsein und Selbstvertrauen entwickeln.

Schon das kleinste Baby kann viele Dinge selber machen, wenn wir es zulassen und ihm kleine Anregungen geben. Bei unseren Spielen kommt es darauf an, dass das Kind sich selbst bewegt und nicht bewegt wird. Beispiel: Wir halten einen aufgeblasenen Wasserball an seine Füße, bald fängt es an zu strampeln und tritt gegen den Wasserball. Das ist angemessener, als die Füße zu packen und das Baby hin- und herzustrampeln.

Eltern lernen, genau zu erkennen, was ihr Baby schon kann und will, indem sie es beobachten. Jedes Baby hat sein eigenes Entwicklungstempo und ein Recht darauf, dass dies berücksichtigt wird. Wenn Eltern wissen, in welchem Entwicklungsabschnitt ihr Baby gerade steckt, können sie ihm mit den Bewegungsspielen gezielte Anregungen geben, damit es mit möglichst geringer Hilfe den nächsten Schritt selbst lernt. Beispiel: Ein auf dem Rücken liegendes Kind hebt den Bauch hoch. Es signalisiert damit: ich will meine Lage verändern, ich will mich drehen. Wir bieten ihm mit dem Zeigefinger ein wenig Hilfe an, damit es sich selbst drehen lernt (vgl. Bewegungsspiele für das zweite Vierteljahr).

Die Bewegungsspiele können bereits mit zwei Wochen alten

Säuglingen begonnen werden. Wenn man berücksichtigt, was
»dran ist« bei seinem Kind. Zwar sind für jedes Alter neue Spiele angegeben, doch können Sie die ersten ruhig so lange weiter-
machen, wie sie Ihrem Kind Spaß machen.

Babys haben den größten Spaß an Bewegungen, wenn sie ganz
nackt sind. Wir brauchen einen warmen Raum und eine warme
Unterlage, am besten auf dem Boden. Solange das Kind nicht krabbelt, kann man eine Liegelindunterlage nehmen und ein paar Stoff-
windeln zum Trockenwischen bereit halten. Die Spiele sollten nur
in den Wachphasen des Kindes stattfinden. Sie können so oft und
solange mit Ihrem Kind spielen, wie Ihr Kind und Sie Spaß daran
haben. Am Anfang wird dies nur ein paar Minuten sein. Zeigt Ihr
Kind, dass es nicht mehr will, weil es vielleicht Hunger hat oder
müde ist, beenden Sie das Spielen.

Bei manchen Spielen brauchen Sie ein bisschen Geduld, bis
Ihr Baby mitspielt. Manche Babys zeigen aber auch, dass sie einzelne Spiele nicht mögen. Dann spielen Sie einfach ein anderes
Spiel und probieren Sie es an einem anderen Tag noch einmal.
Machen Sie sich immer wieder klar, es handelt sich um Spiele und
nicht um ein Trainingsprogramm. Ziel ist es nicht, dass Ihr Kind
sich schon möglichst früh drehen und setzen oder krabbeln und
laufen kann. Wichtiger ist, eine vielseitige Entwicklung zu fördern und dabei von seinem Kind auszugehen. jedes Kind hat
seine eigenen Entwicklungsschwerpunkte. Manche »faulen« Kinder sind beispielsweise sehr weit in der Lautentwicklung.

Ein Baby, das zu eigenen Bewegungen angeregt wird, hat
Spaß an seiner eigenen »Leistung« und will dafür gelobt werden.
Wie stolz ist ein Baby, das sich selbst hoch zieht! Und wie können
sich die Eltern daran freuen, dass ihr Kind das selbst geschafft hat!
Zwischen den einzelnen Spielen lassen wir das Kind ausruhen
und streicheln es am ganzen Körper.

In diesem Abschnitt behandeln wir nur Spiele, die die Grobmotorik betreffen. Zur Entwicklung der Feinmotorik findet man
viele Ideen im Abschnitt »Tätigkeit, Spiele, Spielzeug«.

Die hier beschriebenen Bewegungsspiele werden in vielen Städten an Familienbildungsstätten oder Volkshochschulen in ähnlicher Form unter dem Namen Prager-Eltern-Kinder-Programm (PEKIP) angeboten. PEKIP ist in Prag von Dr. Jaroslav Koch für Säuglinge im ersten Lebensjahr entwickelt worden. Hier werden die Spiele in kleinen Gruppen gezeigt, die für Eltern und für die Babys soziale Kontaktmöglichkeiten bieten. Diese Kursangebote sind nicht mit der herkömmlichen Säuglingsgymnastik zu verwechseln.

Bewegungsspiele für die ersten drei Monate

Mit den Augen

Das Baby liegt auf dem Rücken (später auch auf dem Bauch). Wir bewegen einen farbigen Gegenstand langsam hin und her, hoch und runter – so weit das Baby mit seinen Augen (später mit seinem Kopf) mitgeht. Wir können dazu auch unser Gesicht nehmen.

Mit den Fingern, Händen und Armen

Alle Babys ballen zuerst ihre Hände zu Fäustchen. Wir streicheln die Fäustchen von vorne und hinten, bis sich die Hände öffnen. Dann legen wir einen Finger, einen Gegenstand oder ein Stück Stoff hinein. Es kommt darauf an, dass das Kind die Faust selbst auf- und zumacht. Wenn das Kind Ihren Zeigefinger fest greift, können Sie es in der Rückenlage an beiden Händen leicht hin und her bewegen. Soweit das Kind selbst festhält.

Das erste Greifen ist ein zufälliges Berühren. Wir halten über das Kind einen Wasserball (oder einen festen Luftballon) von 30-40 cm Durchmesser. Zuerst schlägt es zufällig dagegen, später

ergreift es ihn mit beiden Händen. Weitere Anregungen für Greif-
spiele sind im nächsten Abschnitt.

Mit den Füßen und Beinen

Das Baby kann mit den Füßen genauso greifen wie mit den Händen. Wir legen ein Streichholz in seine Fußzehen. Wir streicheln
die Sohle auf und ab, die Zehen greifen und öffnen sich.

Mit unserem Zeigefinger oder einem Gegenstand drücken wir
leicht gegen die Fußsohlen. Das Kind beginnt, die Beine zu strek-
ken und zu beugen.

Über das auf dem Rücken liegende Kind halten wir einen
Wasserball, sodass er die Füße berührt. Am Anfang schieben wir
zur Unterstützung eine Hand unter den Po. Wenn wir etwas
Geduld haben, beginnt das Kind bald zu strampeln und gegen
den Ball zu treten. Später kann man den Ball auch im Zimmer
aufhängen und das Kind darunter auf den Boden legen.

Auf dem Bauch

Von Anfang an sollten wir versuchen, das Kind oft auf den
Bauch zu legen. In der Bauchlage ist das Kind am aktivsten. Es
lernt, seinen Kopf zu heben, es stärkt seine Rückenmuskulatur.
Dabei kann man die Bauchlage attraktiv machen: durch Spielzeug, das Kind muss etwas sehen können. Am besten, man legt
sich selbst davor und spielt mit dem Kind.

Tragen

Es gibt viele Möglichkeiten, sein Kind zu tragen. Meist trägt man
es an der Schulter und immer an derselben. Wechseln Sie öfter

die Schulter, von der gewohnten zur ungewohnten. Dadurch bekommen beide Seiten des Kindes Körperkontakt und beide Seiten werden gleich gefordert. Wenn wir mit der Hand leicht die Schulterblätter des Kindes abstützen, lernt es bald, seinen Kopf selbst zu halten. Wir können das Kind aber auch auf unseren rechten oder linken Unterarm mit dem Gesicht nach vorne setzen und mit der Hand leicht gegen unsere Brust drücken. Dabei sieht das Kind alles aus der gleichen Perspektive wie wir. Wir können uns dabei mit dem Kind hin und herwiegen, es auf verschiedene Sachen oder Geräusche aufmerksam machen (eine Uhr, einen Wasserhahn usw.).

Tätigkeiten, Spiele, Spielzeug

Unter dieser Überschrift sollen die Personen, die sich mit dem Kind beschäftigen, Anregungen erhalten, wie sie die sicherlich knappe Zeit, in der sie sich direkt und intensiv mit dem Kind auseinandersetzen, sinnvoll nutzen, wie sie es fordern und fördern können.

Die aufgelisteten Möglichkeiten sind weder vollständig noch originell. Auf vieles sind Sie schon selbst gekommen, vieles fällt Ihnen noch zusätzlich ein. Alles wurde mit unseren eigenen und anderen Kindern erprobt und hat Spaß gemacht.

Die aufgeführten Tätigkeiten, die Spiele und das Spielzeug verstehen sich als Angebot, das Sie dem Kind machen, nicht als Programm. Sie sollen also keinen Stundenplan einhalten, sondern immer dann mit Ihrem Kind spielen, wenn es wach und aufmerksam ist und Sie gerade Zeit haben. (Später, wenn das Kind größer ist und aufgrund Ihrer Berufstätigkeit in eine Krippe oder Kindergruppe geht, wird das Angebot um solche Beschäftigungen ergänzt, die Sie auch mit einem müden Kind noch durchführen können. Vgl. hierzu spätere Kapitel).

Weil Zwang und Druck jedes Lernen verhindern, sollten Sie

das Spiel sofort abbrechen, wenn Ihr Kind keinen Spaß daran hat. Wenn es gerade aufmerksam beschäftigt ist, dürfen Sie es prinzipiell nicht unterbrechen – es sei denn wegen wirklich dringender Angelegenheiten.

Die Angebote sind so gehalten, dass sie das Kind fordern, d. h. alles, was Sie zum ersten Mal mit ihm spielen, wird es zunächst noch gar nicht können (das gilt natürlich besonders für die nächsten Kapitel). Sie dürfen vormachen und helfen, aber nicht vorsagen, nie für das Kind selbst handeln. Diese Regel sollten Sie – bei aller Ungeduld – beherzigen.

Die Angebote sollten so lange gemacht werden, bis das Kind den Spaß daran verliert – also nicht unbedingt nur im beschriebenen Zeitraum. (Fingerspiele haben schon sechs Monate alte Kinder gern, und Dreijährige lieben sie auch noch.) Genauso ist es mit dem Spielzeug. Mit einigen Dingen wird das Kind bis ins dritte Lebensjahr und länger spielen (Bausteine, Autos), über andere (Rasseln, Baubecher) wird es nach einiger Zeit hinauswachsen. Wenn bestimmte Spielsachen uninteressant geworden sind, sollten Sie sie wegstellen oder an andere Familien weitergeben.

Erster bis dritter Monat

Den ersten Kontakt zur Umwelt nimmt das Neugeborene über die Haut auf. Über die Haut erfährt es die ersten wichtigen Eindrücke: Wärme und Kälte, Weichheit und Härte. Jeder neue Reiz, den das Neugeborene über seine reizaufnehmenden (rezeptorischen) Nerven empfängt und zum Zentralnervensystem weiterleitet, erweitert seinen Erfahrungsschatz. Auf diesen ersten Erfahrungen kann es später aufbauen.

Das Neugeborene kann schon sehen, hören, riechen, schmecken und tasten. Wenn es lernen soll, muss man seine Sinne ansprechen. Wenn man ihm im Abstand von ca. 20 cm auffällige Gegenstände zeigt, richtet es seinen Blick darauf. Um sich zu vergewissern, dass das Kind den Gegenstand wirklich fixiert, kann man ihn sehr langsam von einer Seite zur anderen bewegen: Das Baby verfolgt ihn mit den Augen. (Versuchen Sie es mehrmals, es klappt wirklich!) Das Baby reagiert außerdem deutlich sichtbar auf starke Außenreize wie Lichteinwirkung und Geräusche.

Entsprechend konzentrieren sich die ersten Spiele mit dem Kind auf das Sehen, das Hören und den Hautkontakt. Dazu gehört auch das Auslösen der Reflexe, die dem Kind nicht unangenehm sind. Sie ermöglichen besonders auch den Vätern, schon in den ersten Wochen intensiven Kontakt zu ihrem Kind herzustellen (Eine ausführliche und leicht verständliche Beschreibung verschiedener Reflexe befindet sich in Brazelton, Babys erstes Lebensjahr, S. 38 ff.).

Im zweiten und dritten Monat, wenn das Kind lernt, seinen Kopf längere Zeit allein zu halten, und die Hände öffnet, kann man ihm gezielt weitere Erfahrungen vermitteln: Es kann mehr sehen, länger und interessierter Gegenstände und Menschen betrachten, es beginnt, bei Geräuschen zu lauschen (anstatt nur zusammenzuzucken). Dinge, die man dem Kind in die Hand gibt, lernt es für kurze Zeit festzuhalten und interessiert anzufühlen.

1. Monat

- Massieren, den ganzen Körper streicheln, einzelne Finger und Zehen berühren
- Reflexe erproben
- Vom Bauch auf den Rücken und zurück drehen
- Baden (möglichst in einer großen, vollen Badewanne)
- Das Baby auf dem Arm herumtragen
- Nackt strampeln lassen (Zeitdauer langsam steigern, mit einer Minute beginnen)
- Spazierenfahren
- Vorsingen und vorsprechen
- Auffällige Gegenstände zeigen (z. B. Luftballon, brennende Taschenlampe)
- Einer Spieluhr oder anderer Musik zuhören

2. und 3. Monat

(wie oben und)

- Die eigenen Hände zeigen (sie werden bald das erste Spielzeug sein)
- Spielzeug und leichte Rassel zeigen
- Verschiedene geometrische Muster zeigen (z. B. gestreifte Bettwäsche)
- Ein Glöckchen ans Bein binden (das klingelt, wenn es strampelt)
- Verschiedene Dinge anfühlen lassen (Waschlappen, Taschentuch, Papier, Bauklotz)

Spielzeug

- Spieluhr
- Mobile
- Verschiedene Rasseln (Holz, Plastik)

- Greiflinge an einem Band (s. Foto)
- Strampelkugeln (s. unten)
- Bilder an der Wand und ein Plastikbilderbuch im Bett

Das kann man selber machen

Mobile

Aus buntem Papier oder Filz einfache Formen (z. B. Fisch, Ente, Schnecke) ausschneiden, an einen dünnen Faden hängen und an Mobilestäben (erhältlich in Bastel- und Handarbeitsläden) befestigen

Greiflinge (s. Foto)

Längliche Formen aus sehr verschiedenen Stoffen (Kord, Seide, Filz) zuschneiden, nähen und mit Watte füllen.

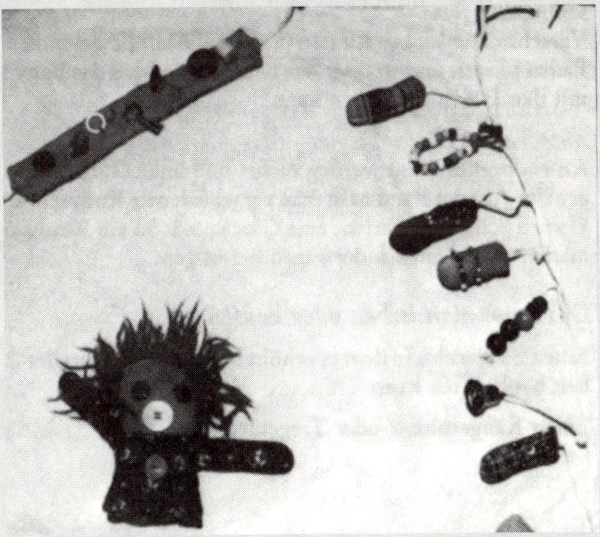

Perlen und eine Glocke an je einem Faden befestigen. Die einzelnen »Würste«, Perlen und Glocke an einer Kordel festmachen und so über das Bett hängen, dass das Baby sie sehen bzw. anfassen kann.

Strampelkugeln

Verschiedene leichte Kugeln an Fäden binden und so über das Bett hängen, dass das Baby sie mit den Füßen wegtreten kann.

Knopfband (s. Foto)

An ein breites Band werden rechts und links Gummibänder genäht. Auf das Band näht man verschiedenste Knöpfe, einen kleinen Schlüssel, Perlen, eine Glocke u. ä. So ein Band kann man auch gut am Kinderwagen befestigen.

Das kann man leihen oder kaufen

➲ Einen Babystuhl, in dem das Kind erhöht liegt und einen bei der Arbeit beobachten kann.

➲ Einen Kängurusitz oder ein Tragetuch

Das zweite Vierteljahr (4.-6. Monat)

Das zweite Vierteljahr ist die Zeit der ersten Spiele. Das Kind ist jetzt länger wach und abends oft so müde, dass es früh einschläft und durchschläft.

Das Kind lernt, laut zu lachen, und beherrscht eine Fülle von Lauten.

⮑ Geben Sie dem Kind möglichst viele verschiedene Dinge nacheinander, nicht gleichzeitig, die es erforschen und begreifen kann. Diese Gegenstände sollen aus verschiedenem Material sein, unterschiedliche Formen, Farben und Größen haben.

⮑ Lenken Sie ihr Kind nie von einer Sache ab, mit der es gerade beschäftigt ist. Schauen Sie stattdessen auf die Uhr und freuen Sie sich, wie lange sich Ihr Kind schon konzentrieren kann.

⮑ Spätestens jetzt sollten Sie Kontakt zu anderen Eltern aufnehmen. Ihr Kind sollte sich unbedingt regelmäßig, am besten täglich für einige Stunden, mit anderen Kindern treffen. Die Kinder lernen voneinander und miteinander – auch wenn es noch gar nicht danach aussieht.

⮑ Wer wieder arbeiten will, muss sich jetzt unbedingt nach einem Krippenplatz, einer Tagesmutter oder einer anderen Betreuungsmöglichkeit für sein Kind umsehen.

⮑ Vermutlich liegt Ihr Kind jetzt nicht mehr gern im Kinderwagen, weil es mehr sehen möchte. Klappen Sie daher so oft wie möglich das Verdeck herunter, damit es Bäume, Flugzeuge und Wolken beobachten kann. Befestigen Sie ein Spielzeug so, dass es danach greifen kann (z. B. ein Knopfband). Die Nikitins haben in diesem Alter schon eine Reckstange am Kinderwagen befestigt – uns ist das allerdings nicht gelungen.

⮑ Möglicherweise bekommt Ihr Kind demnächst den ersten Zahn. Vielleicht ist es deshalb manchmal quengelig, sabbert viel und hat ständig seine Finger im Mund. Helfen Sie ihm, diese ersten Zähne gesund zu halten, indem Sie auf gesunde (zuckerarme und vollkornartige) Nahrung achten!

Der Mensch braucht Menschen: Kontakt zu anderen Kindern und Erwachsenen

»Sie sollten Ihr Kind nicht zu häufig mit fremden Menschen in Berührung bringen – schon deshalb nicht, weil es sich dabei infizieren könnte. Aber drei bis vier Personen, sie selbst als Eltern eingeschlossen, sollte Ihr Kind schon im ersten Halbjahr kennenlernen, bis zum Ende des ersten Lebensjahres dann vielleicht drei bis fünf weitere.« So hieß es dereinst.

Würde man diesen Grundsatz befolgen, dürfte das Baby gerade seine Großeltern und sonst niemanden kennenlernen. Das wäre doch sehr traurig! Kinderreiche Familien müssten ihre Ba-

bys dann völlig isolieren und ihnen erst nach einem Jahr die komplette Familie vorstellen. Babygruppen wären undenkbar.

Aber ist es nicht so, dass häufig wechselnde Bezugspersonen das Baby verunsichern, ja krank machen?

Zweifellos. Wenn ein Kind gerade die Stimme eines bestimmten Menschen kennengelernt, sein Gesicht studiert hat, und dieser jemand verschwindet nach kurzer Zeit wieder, ein neuer Mensch taucht auf, ist nach einer Welle ebenfalls nicht mehr da, und so weiter –, dann wird das kein Kind auf Dauer schadlos überstehen.

Dass ein Kind trotzdem Kontakt zu mehreren Erwachsenen haben soll, heißt etwas ganz anderes: Entweder wächst es mit mehreren Erwachsenen zusammen auf wie in Großfamilien oder Wohngemeinschaften, oder es lebt allein bei seinen Eltern, die jedoch häufig Besuch bekommen, der sich zum Teil auch regelmäßig mit dem Baby beschäftigt.

Dass Kinder, die mit mehreren festen Bezugspersonen aufwachsen, weder gestört noch labil sind und sogar bestimmte psychische Erkrankungen nicht kennen, hat der Psychiater Erich Wulff am Beispiel vietnamesischer Kinder aufgezeigt. Warum ist es nicht gut, wenn Kinder isoliert bei ihren Eltern aufwachsen? Erstens lernen sie zu wenig, denn der Einfallsreichtum und Erfahrungsschatz von zwei Personen ist begrenzter als der von mehreren. Allein schon die Möglichkeit, andere Erwachsene zu betrachten, zu hören und zu beobachten, regt ein Kind an. Zweitens lernen die Kinder so auch anderen Menschen zu trauen, werden kontaktfreudig und weniger ängstlich – vorausgesetzt allerdings, dass sie mit diesen anderen Menschen keine schlechten Erfahrungen machen. Darauf gehen wir später noch ein.

Wenn das Kind auch andere Personen mag, können die Eltern es vorübergehend weggeben und verstärkt ihre eigenen Interessen (die in Übereinstimmung mit dem Kind stehen) wahrnehmen. Die Eltern werden dadurch zufriedener und entspannter, was sich ganz sicher auch positiv auf das Familienleben auswirkt.

Eltern, die mit ihrem Kind allein leben, bekommen früher oder später Aggressionen gegen dieses kleine Wesen, das ihr Leben so erheblich einschränkt. Weil sie sich diese Aggressionen jedoch nicht eingestehen dürfen – schließlich lieben sie ihr Kind –, plagt sie das schlechte Gewissen: So kommt es zu unangemessenen Reaktionen. Wenn es den Eltern nicht gelingt, sich diesen fatalen Kreislauf bewusst zu machen und ihn aufzubrechen, indem sie sich mit ihrem Kind nicht länger in eine Privatsphäre zurückziehen, in die keiner eindringen darf, können Grundlagen für psychische Krankheiten entstehen.

Natürlich soll man sein Baby nicht unvorbereitet bei fremden Personen lassen, wenn es Angst davor hat. Dieser Angst kann man aber sehr früh dadurch begegnen, dass man das Kind möglichst oft zu anderen Menschen mitnimmt. Wie erfolgreich solche Lernprozesse sind, zeigt sich immer wieder, wenn man Kinder beobachtet, die ältere Geschwister haben: Sie verhalten sich Fremden gegenüber meist völlig angstfrei und fühlen sich auch ohne ihre Eltern wohl. Je ängstlicher Sie selbst dieser Trennung gegenüberstehen und je stolzer Sie darauf sind, dass Ihr Kind so an Ihnen hängt, desto schwerer wird eine Trennung auch Ihrem Kind fallen.

Wieviele Menschen soll ein Kind denn nun kennenlernen?

Hierauf kann man unmöglich mit einer Zahl antworten. Tatsächlich scheint es dabei unabhängig von der Umgebung große individuelle Unterschiede zu geben: Jedenfalls kenne ich Kinder

von Hausfrauen, die ungehemmt zu Freunden gehen, und Krippenkinder berufstätiger Mütter, die ausgesprochen scheu sind. Individuelle Erfahrungen spielen eine große Rolle (z. B. unangenehme ärztliche Untersuchungen, Krankenhausaufenthalte, Krankheiten). Solange das Kind dabei fröhlich ist, kann es so viele Menschen kennenlernen, wie Sie und es selber möchten. Es kann sich bei diesen Personen auch entsprechend lange aufhalten oder von ihnen ausgefahren werden. Sollten aber Schlafstörungen oder ähnliche Alarmzeichen auftreten, müssen Sie zurückhaltender werden.

Prinzipiell gilt, dass man ein Kind nicht zu Dingen zwingen darf, die es nicht verkraftet: Wenn Ihr Kind ängstlich ist, ist das weder ein Grund für Gewissensbisse noch für gewaltsame Aktionen: Trennung – jetzt erst recht! Überlegen Sie, wie Sie schrittweise vorgehen können. Wählen Sie also Menschen, die Ihr Kind mag und lassen Sie es zunächst kurz, dann länger mit ihnen allein.

Besonders wichtig ist der Kontakt zu anderen Kindern. Selbst ängstliche Babys begegnen Kindern – auch unbekannten – ohne Furcht und freuen sich an ihnen. Sie lernen von Älteren und beobachten Gleichaltrige beim Spiel, ahmen sie nach, greifen nach ihnen. Das scheint zunächst nicht sehr viel zu sein. »Sie können noch nichts miteinander anfangen«, mag sich der naive Beobachter denken. Wenn sich aber Kinder regelmäßig treffen, sieht man das Resultat deutlicher: Diese Kinder spielen im Alter von einem Jahr »richtig« zusammen; sie füttern sich gegenseitig, machen Späße, helfen sich, küssen sich. Nur wer nie beobachtet hat, wie herrlich Kinder in diesem Alter zusammen spielen können, wenn sie sich lange kennen, kann schreiben: »Etwa ab eineinhalb Jahren können Sie Ihr Kind ab und zu mit einem oder zwei anderen Kindern spielen lassen«, und »Erst während der ersten Schuljahre stabilisiert sich die Einstellung gegenüber anderen Menschen«.

Mit einem Säugling muss man vom ersten Tag an sprechen, damit er im Alter von zwei Jahren selber sprechen kann. Ebenso helfen stabile und regelmäßige Kontakte zu anderen Kindern, ihn an kooperatives Verhalten zu gewöhnen. Gerade in einer Zeit, in der viele Eltern beschließen, nur ein Kind zu bekommen, bilden Baby- und Kleinkindgruppen eine wichtige Ergänzung zum Leben in der Kleinfamilie.

Die Zähne

Im Manuskript zur ersten Auflage hatte ich ein Kapitel über Zähne vorgesehen. Ich habe es weggelassen, weil ich mit diesem Thema schon zu oft angeeckt bin. Von der Schwiegermutter bis zu guten Freunden gucken mich alle entgeistert an:

Meine Kinder sollen ohne Süßigkeiten groß werden – wegen der Zähne.

Nicht nur, dass mir diese Haltung als elitär und kinderfeindlich ausgelegt wird, – ich schneide mir ja auch ins eigene Fleisch: Lutscher helfen einem doch aus den verfahrensten Situationen heraus, und nur wenige Kinder haben so viel Charakter, angesichts einer Tafel Schokolade weiterzuschreien. Und überhaupt ist das denn wirklich so schädlich? Kinder brauchen doch Zukker! Und sieh mal, dieses Kind hat niemals Süßigkeiten bekommen und regelmäßig die Zähne geputzt – und trotzdem: Stammkunde beim Zahnarzt!

Ich habe meinen Kindern auch keine Instant-Zucker-Tees gegeben, die noch bis vor nicht allzulanger Zeit überall angepriesen wurden. Bis dann in der Zeitung stand, dass sämtlicher Kindertee mit Zucker aus dem Verkehr gezogen wird und dass sich ein Verein von Eltern gegründet hat, deren Kinder ein für immer zerstörtes Gebiss haben, nur weil sie mit Teefläschchen großgezogen worden sind – seitdem erging es mir in Diskussionen etwas besser.

Jetzt bin ich gänzlich mutig geworden, weil ich nicht nur gehört habe, dass Zahnärzte zu den Spitzenverdienern bei uns zäh-

len, sondern auch deshalb, weil mir ein Fachmann erzählt hat,
dass es nicht genügt, keine Süßigkeiten zu essen und schon die
allerersten Zähne zu putzen.

Was die Zähne zerstört, ist nicht nur der Zucker in Süßigkeiten und Nahrung, sondern auch das Mehl vom Typ 405, das
übrigens bei Ratten, zum ausschließlichen Verzehr vorgesetzt,
tödlich wirkt. Denn Zucker und Mehl in der bei uns handelsüb-
lichen Form sind Gift: Sie greifen die Zähne von innen an, indem
sie dem Körper wertvolle Mineralien, Enzyme und Vitamine
entziehen. Was Eltern von Babys vor allem tun müssen, ist, auf
zuckerarme Ernährung zu achten und weißes Mehl durch natur-
belassenes, frisch gemahlenes Korn zu ersetzen. Das ist gar nicht
so schwer, wenn man mehr Honig statt Raffinadezucker, mehr
Vollkornbrot statt Brötchen isst. Und warum Eltern ihre Kleinen
schon mit Butterkeksen vollstopfen, bevor sie diese von selbst
verlangen – das ist wirklich nicht einzusehen. Die meisten zahn-
enden Kinder beißen gern auf Brotkanten herum. Was mich
betrifft, habe ich zum letzten Mal über »Körnerfresser« gelacht.
Es ist unserer Ignoranz zuzuschreiben, dass sich die Verbraucher-
zentralen dieses Themas noch zu selten annehmen, dass gesunde Nahrung noch immer zu schwer erhältlich und zu teuer ist.
Wir haben allerdings ausgerechnet, dass sich der Aufpreis für
diese Dinge durch verringerten Fleisch- und Aufschnittkonsum
ausgleichen lässt.

Empfehlen würde ich allen Eltern, ihre Verwandtschaft rechtzeitig aufzuklären und sich auch nicht zu scheuen, gesundheits-
schädigende Geschenke zurückzuweisen. Denn weder Oma noch
der Kaufmann an der Ecke kommen dann in drei Jahren mit zum
Zahnarzt – das müssen Sie und Ihr Kind allein aushalten.

Wir haben inzwischen sehr gute Erfahrungen mit Vollwerter-
nährung gemacht, die sich nicht nur auf die Gesundheit der Zähne auswirkt. Unser jüngster Sohn ist schon mit Ökokost großge-
worden und ein richtiger »freak«, während seine großen Brüder
durchaus mäkeln, aber auch viele gesunde vollwertige Lieblings-

speisen haben. Gewöhnung – ohne jeden Zwang – spielt also auch schon bei Säuglingen eine große Rolle.

Mit 1 bis 2 Jahren sollte das Kind seine erste eigene Zahnbürste bekommen. In diesem Alter kann es sich die Zähne zwar noch nicht richtig allein putzen, das Lernen durch Nachahmen ist aber sehr wichtig, und die meisten Kinder sind stolz auf ihre eigene Zahnbürste. Außerdem bildet sich so die feste Gewohnheit heraus, nach den Mahlzeiten, vor allem jedoch vor dem Schlafengehen die Zähne zu putzen.

Ganz wichtig ist, Babys und Kleinkinder allmählich dahin zu bringen, dass sie zum Einschlafen nur noch Wasserflaschen bekommen. Der heiße Hochsommer ist eine günstige Zeit, Babys an Wasser zu gewöhnen.

Spätestens mit drei Jahren sollten Sie Ihr Kind einem Zahnarzt zur ersten Kontrolluntersuchung vorstellen – es lohnt sich, wählerisch zu sein, bis man einen freundlichen, im Umgang mit Kindern geübten und fachlich versierten Menschen gefunden hat.

Sie fangen bald wieder an zu arbeiten – was ist jetzt zu beachten?

Über die verschiedenen Möglichkeiten, sein Kind während der Arbeitszeit betreuen zu lassen, wurde schon im ersten Kapitel gesprochen. Am Beispiel Tagesmutter und Krippe – stellvertretend für die Betreuung bei einzelnen Personen bzw. in einer Kindergruppe – wollen wir sehen, welche Probleme auftreten können und was zu beachten ist.

Tagesmütter

Wie findet man eine Tagesmutter? Eigentlich müsste Ihr zuständiges Jugendamt eine Liste mit Adressen von Tagesmüttern haben, unter denen Sie wählen können. Sie sollten dort nachfragen oder sich direkt wenden an:

⮑ Tagesmütter – Bundesverband für Kinderbetreuung in Tagespflege e.V.
   Moerserstr. 25, 47798 Krefeld
   Tel.: (0 21 51) 15 41 59–0, Fax: (0 21 51) 15 41 59–1
   Internet: www.tagesmuetter-bundesverband.de
   E-Mail: tagesmuetterbv@t-online.de

Wenn Sie auf diese Weise niemanden finden, sollten Sie eine Anzeige aufgeben. Es ist besser, die eigenen Vorstellungen und Angebote ziemlich genau in den Text zu legen und sich bei der Formulierung etwas Mühe zu geben, als einfach nur »suche Tagesmutter ... « zu schreiben.

Übrigens können viele Kinderlose mit diesem Begriff gar nichts anfangen. Suchen Sie also lieber einen »zuverlässigen, fröhlichen und aufgeschlossenen Menschen« und formulieren Sie auch, was der mit den Kindern machen soll: »Spazieren gehen, spielen, lernen, turnen, wickeln.«

Wie entscheidet man sich für die richtige Tagesmutter? Natürlich kann man sich nach einem ersten Besuch kein umfassendes Urteil über eine Tagesmutter erlauben. Man sollte sich jedoch einige Kriterien überlegen, die unbedingt, andere, die möglichst erfüllt sein sollten. Ihre Entscheidung müssen Sie selbst treffen, ich möchte nur einige Anhaltspunkte geben:

Wie würden Sie den Erziehungsstil der Tagesmutter einschätzen? Vergleichen Sie ihn mit Ihrem eigenen!

Was geht Ihnen selbst, was geht der Tagesmutter vor: Sauberkeit und Hygiene oder Lernen und Entdecken? Hat die Tagesmutter Erfahrungen mit Kindern dieses Alters? Kann sie sich vorstellen, dass man auch Babys schon sinnvoll beschäftigen kann? Ist sie bereit, sich weiterzubilden und Erfahrungen auszutauschen? Hat sie Kontakt zu anderen Tagesmüttern? (Das wäre gut!)

Welche Vorstellungen hat die Tagesmutter zur Sauberkeits-

und Sexualerziehung? Wie steht sie zum Problem Füttern nach Zeit oder nach Bedarf? Ist sie für gesunde Ernährung oder bereit, auf Ihre Anregungen zu diesem Punkt einzugehen? Welche Tischsitten verlangt die Tagesmutter von ihren eigenen Kindern? Können Sie die akzeptieren?

Ich meine, dass Sie in möglichst vielen Punkten mit Ihrer Tagesmutter übereinstimmen sollten, damit Ihr Kind einheitlich erzogen wird. Sie sollten allerdings nicht den Anspruch haben, dass die Tagesmutter genauso zu sein hat, wie Sie selber sind. Im Gegenteil! Vielleicht hat die Tagesmutter gerade den Humor, der Ihnen selber fehlt, vielleicht hat sie gerade den Realitätssinn, den Sie bei sich so vermissen, vielleicht ist sie sehr sportlich oder kann gut singen ... . Eine Tagesmutter kann lernen. Aber es wäre wohl zuviel verlangt, wenn sie, um Ihrem Kind angemessen begegnen zu können, eine neue Person werden müsste.

Und noch etwas: Es gibt Menschen, die meinen, dass es gerade gut ist, wenn das Kind durch die Tagesmutter einen anderen Erziehungsstil kennenlernt. Schließlich komme es ja auch irgendwann mal in die Schule und da gehe es ja auch anders zu als zu Hause.

Ich finde dieses Argument in Bezug auf Tagesmütter nicht richtig: deswegen nicht, weil das Kind noch zu klein ist, um solche Unterschiede offen mit seinen Eltern besprechen zu können, und weil es sich hier um eine Erziehung handelt, die der der Eltern sehr ähnelt (Familiensituation). Wenn die Erzieherin in der Krippe einen anderen Erziehungsstil hat, wird dieser immer noch durch die Kindergruppe, die ja miterzieht, beeinflusst.

Ihr Kind soll eine andere Person kennenlernen und lieb gewinnen, aber nicht durch ungewohntes Verhalten dieser Person verunsichert werden.

Wo soll die Betreuung stattfinden? Tagesmütter sind nicht mit Kindermädchen zu verwechseln. Jedenfalls ist das Modell so gedacht, dass die Pflegekinder in die Wohnung der Tagesmutter gebracht werden. Sie soll dort wie eine Mutter mit den Kindern leben, d. h. auch ihrer Hausarbeit nachgehen. Daraus ergibt sich für Ihr Kind der Vorteil, nicht nur einen neuen Menschen, sondern eine neue Atmosphäre kennenzulernen. Nachteile können darin liegen, dass die Tagesmutter in einem verkehrsreichen Stadtteil lebt (keine nahe Grünanlage), eine schlechte Wohnung hat oder verkehrsmäßig schwer zu erreichen ist.

Kommt die Tagesmutter zu Ihnen, ist das zwar für Sie zeitsparend und insofern bequem, als Sie nicht bei Wind und Wetter und in Hauptverkehrszeiten mit einem Baby herumfahren müssen, Sie brauchen Ihr Kind morgens auch nicht zu wecken und an- und auszuziehen. Andererseits isolieren Sie aber Ihr Kind und seine Tagesmutter so auch stärker.

In den Bundesländern, in denen Tagesmütter finanziert werden, muss das Kind in der Wohnung der Tagesmutter betreut werden, wenn diese von staatlicher Seite bezahlt werden soll.

Krippen

Es wurde schon darauf hingewiesen, dass Krippen ein idealer Aufenthaltsort für Kleinkinder sein könnten, wenn sie großzügig gebaut, gut ausgestattet und mit ausreichendem Personal besetzt wären. Nirgends sonst kann gewährleistet werden, dass Kinder in einer Gruppe von eigens dafür qualifizierten Menschen betreut werden, sich in Räumen aufhalten, die ihrem Bedürfnis nach Bewegung und Entdeckung gerecht werden. Nicht mehr als sechs Kinder in der Liegekrippe, jede Gruppe mit zwei ErzieherInnen und einer Vertretungskraft, die Vor- und Nachbereitungszeiten dienstplanmäßig abgesichert, mehr und größere Gruppenräume und genügend Spielmaterial für die Kinder – für solche Forderungen haben gewerkschaftlich organisierte Erzieher und Erzieherinnen dereinst einmal gestreikt. Wann werden sie wohl erfüllt sein?

Daran sollten Sie denken, wenn Sie sich auf die Suche nach

einer geeigneten Kindergruppe machen. Ideale Krippen gibt es derzeit nicht. Um so mehr kommt es darauf an, dass sich Eltern mit den Forderungen der Erzieher solidarisieren: Wenn es auch keine idealen Krippen gibt, so gibt es doch vielerorts engagierte und mutige ErzieherInnen und ElternvertreterInnen, die sich nicht alles bieten lassen.

Vielleicht sind Sie erst einmal froh, dass Sie überhaupt einen Krippenplatz gefunden haben. Wenn Sie aber mit vielen Dingen in dieser Krippe nicht einverstanden sind, dann sollten Sie sich jetzt schon überlegen, was Sie dagegen tun können: beim ersten Elternabend, beim nächsten Gespräch mit der Erzieherin.

Sie sollten sich also schon jetzt in Ihrer zukünftigen Krippe melden, die Bedingungen und die zukünftige Bezugsperson Ihres Kindes kennenlernen. Vielleicht gelingt es Ihnen auch, mit Eltern über die Situation in der Krippe zu sprechen und darüber, wie man die Verhältnisse mitbestimmen und verändern kann.

Erkundigen Sie sich auch nach Möglichkeiten der Eingewöhnung. Ich halte es für richtig, eine Woche vor Ablauf des verlängerten Mutterschutzurlaubs mit dem Kind in die Krippe zu gehen, um es zunächst kurz, dann aber auch für einige Stunden allein dazulassen.

Sie sollten sich auch informieren, welches Angebot den Babys der Liegekrippe gemacht wird. Wenn Sie wissen wollen, was auf dem Gebiet der Kleinkindererziehung möglich und wünschenswert ist, schauen Sie sich gemeinsam mit anderen Eltern die Bilder von den oben erwähnten Modellversuchen aus Reggio/Emilia an (vgl. hierzu S. 33). Dabei müssen Sie allerdings immer bedenken, dass ein solches Konzept nicht von den ErzieherInnen allein durchgesetzt werden kann, sondern auf die Unterstützung durch die zuständigen Politiker angewiesen ist. Gute Krippen sind nicht nur eine Frage der Fantasie und der wissenschaftlichen Erkenntnisse, sondern auch des Geldes und der Unterstützung durch alle Beteiligten. Wichtig zu wissen wäre auch, wann und wie die Babys gefüttert werden, wie die Schlafenszeiten sind und

ob es Platz für die Berücksichtigung individueller kindlicher
Bedürfnisse gibt.

Spracherwerb

Sprechen lernt ein Kind vom ersten Tag an: indem es auf die
Geräusche, besonders die Stimmen seiner Umgebung horcht
und sich selbst äußert. Zunächst durch Schreien: Während
Hunger- und Schmerzensschreie heftig klingen und nicht nach-
lassen, hört sich das Weinen vor Müdigkeit gedehnter und kla-
gender an. Bei Zufriedenheit stößt schon das nur wenige Tage
alte Kind zufriedene Grunzlaute aus, sagt a, ä, hä oder ähä. Um
sein Kind in der sprachlichen Entwicklung anzuregen, sollte
man viel mit ihm sprechen und es überallhin mitnehmen, wo
gesprochen wird. Mit drei Monaten unterscheiden sich Kinder
aus anregungsarmer Umgebung schon deutlicher von solchen,
mit denen viel gesprochen wird. Normal entwickelte Kinder rollen am Ende des ersten Vierteljahres r-Laute, was sich wie Gur-
ren oder Gurgeln anhört. Sie äußern auch Kehllaute wie e-che
oder ek-che, wenn sie zufrieden sind. Manchmal kann man auch
schon Silbenkombinationen wie ej-ej, ö-we, o.ä. hören.

Im vierten Monat lacht das Kind laut. Typisch werden jetzt so
genannte »Blasreibelaute«: Das Baby presst die Luft zwischen den
geschlossenen Lippen: w, f, s (genau: das englische th).

Im 6. Monat werden Silben rhythmisch aneinander gereiht:
gegege, dadada, mememem.

Das Kind entwickelt diese Fähigkeiten durch Nachahmung.
Positive Reaktionen der Umwelt spornen sein Geplapper an, z.
B. wenn Kinder oder Erwachsene sein Geplapper nachmachen.
Kinder tauber Eltern z. B. schränken ihre Stimmübungen bald
ein. »Ohne eine entsprechende Ermutigung schien das Baby das
Interesse an den Stimmübungen zu verlieren. Ein paar Monate
später nahm es einen neuen Anlauf, und jetzt imitierte es die

monotonen Nasallaute, in denen die tauben Eltern sprachen. Unter normalen Bedingungen imitieren die Eltern das Baby, das Baby merkt es, ahmt sich selbst nach, die Wiederholung macht ihm Spaß, und der Lernkreis verstärkt sich.« (Brazelton, Babys erstes Lebensjahr, S. 154)

Einzelkind oder Geschwister?

Vielleicht haben Sie schon immer genaue Vorstellungen davon gehabt, wie viele Kinder Sie sich wünschen. Vielleicht sind Ihre Vorstellungen inzwischen umgestoßen, weil das Leben mit einem Kind für Sie so anstrengend ist, dass Sie sich schon auf die Zeit freuen, wenn Sie keine Windeln mehr wechseln müssen und sich endlich mit Ihrem Kind auch unterhalten können. Vielleicht wollten Sie auch nur ein Kind, haben aber so angenehme Erfahrungen gemacht, dass Sie an mehr Kinder denken.

Einzelkinder sind – so wird vielfach behauptet – verzogen, unfähig, sich sozial zu verhalten, unselbstständig. Aber auch: besonders intelligent, verständig, »anständig«. Warum? Einzelkinder haben ihre Eltern, ihre Spielsachen, ihren Platz, ihre Ruhe – ganz für sich allein. Kann man es ihnen da übelnehmen, wenn sie Schwierigkeiten mit der Trennung von den Eltern, mit dem Abgeben und Teilen haben?

In Schulklassen lerne ich aber immer wieder auch andere Einzelkinder kennen: Sie geben ab, sie petzen nicht, sie können gut mit anderen Kindern zusammenarbeiten. Wie sich Einzelkinder verhalten, ist offenbar eine Frage der Erziehung.

Die Gründe, sich für nur ein Kind zu entscheiden, liegen auf der Hand: Kinder sind teuer, sie brauchen Platz und intensive Zuwendung. Ich halte es für demagogisch, wenn führende Politiker die geringe Geburtenrate beklagen und dies auf die Bequemlichkeit der Eltern abschieben, die sich nur ein Kind wünschen. Wenn es billige, große Wohnungen gäbe, wenn Eltern mit meh-

reren Kindern entscheidende Vergünstigungen hätten, wenn
berufstätige Mütter ihre Kinder besser versorgt wüssten – dann
würden ganz sicher auch mehr Eltern mehrere Kinder bekommen.

Weil es aber nicht so ist, sind grundsätzliche Überlegungen
angebracht: Wer meint, nicht mehr als ein Kind verkraften zu
können, der sollte sich davon nicht abbringen lassen, nur weil ein
Einzelkind eventuell »egoistisch« oder einsam werden könnte.
Eltern von Einzelkindern müssen sich aber dessen bewusst sein,
dass sie nicht die einzigen Partner ihres Kindes bleiben dürfen.
Deshalb sollten Sie Ihr Kind auf jeden Fall in eine Kindergruppe
geben – möglichst nicht zu einer Tagesmutter, die keine weiteren
Kinder hat.

In der Gruppe kann das Kind lernen, sich nicht nur mit Erwachsenen, sondern auch mit Kindern auseinanderzusetzen. Das
ist schwer, denn Kinder sind nicht so vernünftig wie Erwachsene, sie argumentieren nicht, sie handeln. Und diese Handlungen
sind für ein anderes Kind oft nicht gleich zu begreifen, fremd,
gemein. Andere Kinder korrigieren aber auch nicht, man kann
sich leicht an ihnen messen, ist nicht ständig der kleine Unterle-
gene.

Ideal wäre, wenn mehrere Einzelkindereltern in engen Kontakt träten, sich z. B. die Kinder am Wochenende mal abnehmen
oder zusammen verreisen würden. Denn was nützt die beste
Kindergruppe am Wochenende und in den Ferien?

Zu mehreren Kindern sollte man sich also nicht überreden
lassen. Wenn ich trotzdem entschieden für mehrere Kinder bin,
dann allein aufgrund meiner guten Erfahrungen – die sich ganz
sicher nicht übertragen lassen. Ich bin selber mit fünf Geschwi-
stern aufgewachsen und möchte weder meine aufregenden Kind-
heitserinnerungen noch die Geborgenheit, die mir meine Geschwister noch heute vermitteln (obwohl wir uns selten sehen),
missen.

Als mein ältester Sohn noch sehr klein war, mochte ich gar
nicht an ein zweites Baby denken, weil ich mich voll ausgelastet

fühlte mit Beruf und Kind. Von anderen Verpflichtungen und Interessen ganz zu schweigen. Als er aber selbstständig wurde, laufen und sprechen lernte, hatte ich das Bedürfnis, Erfahrungen neu anzuwenden, Erlebnisse noch einmal zu erleben, kurz: ein sehr emotionales Bedürfnis nach noch einem Kind. Das Leben mit zwei Kindern ist anstrengender, aber auch viel schöner. Je dichter der Altersabstand ist, desto anstrengender sind die ersten Jahre: zwei Kinder wickeln, zwei Kinder anziehen (z. B. bei Frost!), zwei Kinder weinen hören – womöglich zwei Kinder, die nachts nicht durchschlafen –, das nervt. Andererseits gibt es bei einem nicht so großen Altersabstand mehr Möglichkeiten für gemeinsame Spiele, gemeinsame Unternehmungen.

Das zweite Kind kann man außerdem ganz anders genießen: Man hat weniger Sorgen und steht negativen Erfahrungen viel gelassener gegenüber, weil man ihre Begrenztheit schon kennt. Wenn man mit dem älteren Kind spielt, macht das viel mehr Spaß, weil das kleinere schon zugucken kann, sich mitfreut und lernt.

Bald fängt auch das ältere Kind an, mit dem Baby zu spielen und bei seiner Versorgung mitzuhelfen. Es entwickeln sich ein Zusammengehörigkeitsgefühl und die Möglichkeit der Sorge umeinander. Dafür braucht man bei der Erziehung in Kindergruppen manchmal Jahre.

Bewegungsspiele für das zweite Vierteljahr

Auf dem Wasserball rollen

Wir legen das Kind auf einen Wasserball so, dass es den Ball mit dem Brustkorb berührt und mit dem Kopf über den Ball hinaussieht. Die Arme sollten sich nach vorne strecken. Die Füße stemmen sich gegen die Unterlage. Wir halten das Kind mit beiden Händen von hinten um den Leib und bewegen es etwas hin und her, vor und zurück. Vor das Kind legen wir ein Spielzeug. Das Kind beginnt bald, sich abzustoßen, auf dem Ball zu rollen und nach dem Spielzeug zu greifen.

Drehen

Wenn das Kind auf dem Rücken liegt und seinen Bauch hochschiebt, ist es so weit, dass es sich drehen will. Dabei helfen wir ihm ein wenig, indem wir ihm den Zeigefinger in seine Hand legen und es in die Seitenlage ziehen. Wenn das Kind sich selbst festhält, locken wir es mit einem Spielzeug soweit, dass es sich in die Bauchlage dreht. Dabei führen wir seine Hand über seinen Kopf nach vorne. Wenn das Kind auf dem Bauch liegt, müssen wir anfangs oft den anderen Arm befreien. Auf diese Weise lernt das Kind, sich nach den Seiten zu drehen.

Auf dem Bauch

Jetzt kann das Baby schon viel mehr auf dem Bauch machen. Es hebt den Kopf höher und stützt sich besser ab. Wir spielen das Nachguckspiel in der Bauchlage und vergrößern den Weg des Spielzeugs nach beiden Seiten und nach oben. Wenn das Baby nach einem Gegenstand greifen kann, bieten wir ihm ein Spielzeug in der Bauchlage an, indem wir dies etwas hoch halten. Dabei muss das Kind einen Arm heben und mit dem anderen sein Gewicht halten.

Sich hochziehen

Wir geben wieder in jede Hand einen Zeigefinger und versuchen vorsichtig, das Kind zur Sitzhaltung hochzuziehen. Aber

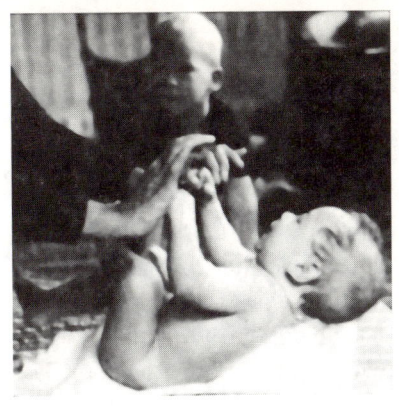

nur so weit, wie das Kind aktiv mitmacht. Unser Daumen greift nicht die Hand des Kindes und zieht nicht mit. Am Anfang halten wir unsere Daumen bereit, falls das Kind loslässt. Nur wenn das Kind aktiv mitmacht, selbst greift und seinen Kopf mithält, ist es für dieses Spiel reif. Wenn das Kind sich hoch gezogen hat, legen wir es sofort wieder hin. Entscheidend ist das aktive Hochziehen des Kindes, schädlich jedes zu frühe Sitzen.

Dieses Spiel können Sie etwa im dritten Monat beginnen. Es

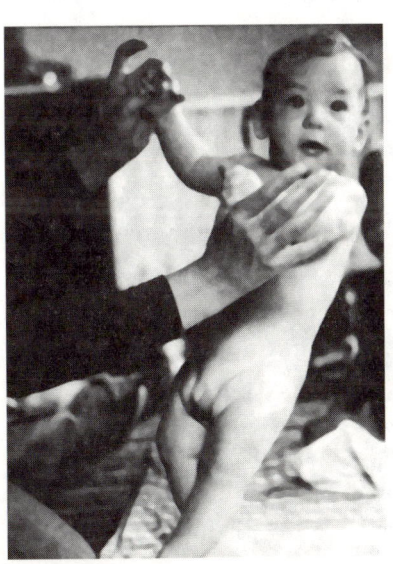

ist ganz normal, wenn zwischen dem dritten und vierten Monat, manchmal auch etwas später, das feste Zugreifen nachlässt (der angeborene Greifreflex hört auf). Dann bieten Sie ihre Zeigefinger trotzdem immer wieder an und ziehen nur so weit, wie das Kind mitmacht. Bald wird das Kind wieder aktiv greifen und sich selbst hochziehen.

Wenn wir merken,

dass sich das Kind mit den Beinen dabei abstemmt, kann es sich zum Stehen hochziehen. Danach legen wir es gleich wieder hin. Wichtig ist das sich-selbst-Hochziehen – ungesund das Stehen!

Heben

Fassen Sie Ihr Kind mit beiden Händen fest um den Leib (nicht direkt unter den Achseln) und heben Sie es vor sich in die Luft, sodass Ihr Baby Sie ansehen kann. Heben Sie es hoch und runter (Flieger), drehen Sie es nach beiden Seiten, nach vorne und nach hinten. Es gibt viele Möglichkeiten, die Sie ausprobieren können. Wichtig ist, dass Sie alle Bewegungen möglichst langsam machen, damit Ihr Kind sein Gleichgewicht in den verschiedenen Lagen gut ausbalancieren kann. Sie können immer so weit drehen und beugen, wie Ihr Kind mitmacht und sich dabei im ganzen Rücken durchstreckt. Lässt Ihr Kind sich hängen, verringern Sie den Beugungsgrad etwas.

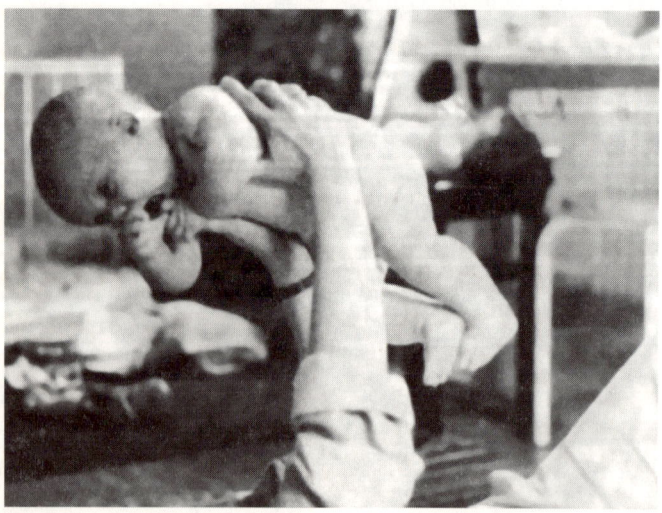

Tragen

Beim Herumtragen hält das Kind jetzt schon ganz sicher seinen Kopf, und man kann alle möglichen Tragehaltungen ausprobieren, die für beide bequem sind. Alles Tragen am Körper der Eltern ist für das Kind eine aktive Bewegung, da es die Bewegung der Eltern mitmachen und ausgleichen muss. Gut ist das Tragetuch, man muss es nur fest binden. Darin kann man ein Kind viel länger tragen als in Känguruhsitzen, Easy Rider usw. Im Tragetuch verteilt sich das Gewicht zwischen Hüfte und Schulter, man kann dabei einkaufen, Hausarbeit machen oder, wenn das Kind einschlafen will, auch ein Buch lesen. Eine weitere aktive Tragehaltung: Das Kind liegt auf dem Bauch auf unserem Arm. Wir tragen es wie eine Teppichrolle zwischen Arm und Hüfte. Die Hand stützt den Brustkorb. Dabei kann das Kind gut nach unten und nach vorne sehen und streckt sich ganz durch.

Tätigkeiten, Spiele, Spielzeug

In diesen Wochen lernt das Kind – zuerst ungeschickt langsam, dann immer zielsicherer – mit der ganzen Handfläche nach Gegenständen zu greifen, die es interessieren. Auf dieses Interesse, Dinge anzufassen, lange zu betrachten, zu drehen, zu wenden und in den Mund zu stecken, muss daher immer eingegangen werden. Wichtig ist, dass sich das Kind für alles interessiert: für Zeitungspapier und Joghurtbecher genauso wie für einzelne Bausteine oder Gummitiere. In der Liste unten habe ich nur solche Gegenstände aufgeführt, auf die vielleicht nicht jeder sofort kommt – sie ließen sich durch tausend andere ergänzen.

Die Haut spielt für die Wahrnehmung jetzt nicht mehr die Hauptrolle: Das Baby kann sich schon viele Minuten lang auf optische und akustische Reize konzentrieren. Sein Wohlbefinden drückt es durch Vor-sich-hin-Plappern und Juchzen aus. Deshalb sollte man viel mit ihm sprechen, seine Artikulation ernst nehmen und es durch Späße zum Lachen bringen. Bis zu seinem ersten Geburtstag wird es so häufig lachen wie später nie mehr in seinem Leben. Das sollten Sie nutzen!

Tätigkeiten

- ➲ Mit Erbsen, Linsen o. ä. gefüllte Säckchen anfühlen lassen
- ➲ Gefüllte und ungefüllte Plastiktüten (durchsichtig) anfühlen lassen
- ➲ Farbiges Wasser (mit Lebensmittelfarbe gefärbt) in Fläschchen geben und dem Kind zum Schütteln geben
- ➲ In Gläser und Schachteln gefüllte Dinge klappern lassen (Geräuschdosen)
- ➲ Verschiedene Materialien (Papiersorten, Metall, Watte, Sand u. a.) anfühlen
- ➲ Auf Gegenstände schlagen (z. B. mit einem Klöppel auf einen klingenden Stab – zunächst mit Ihrer Hilfe)
- ➲ Mit den eigenen Füßen spielen
- ➲ Einen weichen Ball auf das Kind zurollen
- ➲ Seifenblasen beobachten
- ➲ In der Hopsschaukel hüpfen (ab 6. Monat)

Spiele

- ➲ Fingerspiele, die das Kind zum Lachen bringen (ausprobieren)
- ➲ Lustige Silbenkombinationen vorsprechen
- ➲ Spiellieder vorsingen (ausprobieren, welche ihm Spaß machen)

Spielzeug, das man kaufen kann

- ⊃ Bälle
- ⊃ Luftballons (mit Perlen, Glöckchen oder Wasser füllen!)
- ⊃ Stoffpuppe
- ⊃ Ein Tier aus Plüsch
- ⊃ Klingende Stäbe (Orff-Instrumente)
- ⊃ Perlen (große Holzperlen in verschiedenen Formen)
- ⊃ Bausteine
- ⊃ Hopsschaukel
- ⊃ Taschenlampe
- ⊃ Turnstange über dem Bett befestigen
- ⊃ Glöckchen, die man an verschiedene Fäden hängt
- ⊃ Ein Stehaufmännchen mit Musik
- ⊃ Spiegel
- ⊃ Holzgreiflinge
- ⊃ Löffel

Spielzeug, das man selber machen kann

Geräuschdosen

Beliebige, aber für das Kind in einer Hand zu haltende Dosen mit verschiedenem Material füllen, das klingt: Erbsen, Linsen, Reiskörner, Glöckchen u. ä. Beim Basteln können ältere Kinder mithelfen. Geeignet sind z. B. Klorollen, die man unten und oben mit Butterbrotpapier straff zuklebt (wie eine Membran). Vorher die Bohnen etc. einfüllen. Außenrum Geschenk- oder Schrankpapier kleben.

Farbwasserfläschchen

Kleine, handliche Fläschchen mit farbigem Wasser und ggf. mit Nagellack oder Klebstoff ganz fest verschließen.

Gefüllte Säckchen

Säckchen aus dünnem Stoff nähen und mit verschiedenem Material (Erbsen, Watte, Sand) füllen.

Knopfpuppe

Eine Puppe oder einfach eine ovale Form aus Stoff nähen, mit verschiedenen Knöpfen (als Augen, Nase etc.) besetzen und mit Zauberwatte (die ist waschbar, erhältlich in Bettenabteilungen von Kaufhäusern) ausstopfen.

Bänderspiel

Aus Draht oder Holz einen Reifen anfertigen (es kann auch ein Plastikarmreif sein). An diesen lauter verschiedene Bänder knoten (Wäscheleine aus Plastik, Geschenkband, Bindfaden, Samtband). Den Reifen so aufhängen, dass das Baby die Bänder anfassen und in den Mund stecken kann (auf Farbechtheit achten!)

Das zweite Halbjahr (7.-12. Monat)

Jetzt macht sich das Kind selbstständig, indem es robben und krabbeln lernt. Es erlebt, dass es die Dinge erreichen kann, die es untersuchen möchte, und macht ausgiebig Gebrauch davon. Es erforscht die Gegenstände nicht nur durch Anfassen und In-den-Mund-Stecken, sondern schlägt auch darauf, dreht und wendet sie, steckt die Finger in kleine Öffnungen. Zwischen dem 10. und 18. Monat können Kinder ungeheuer viel lernen, wenn sie ihre Umgebung ungehindert erforschen dürfen. Untersuchungen haben ergeben, dass Kinder, die durch Laufställe, zu viele Verbote oder Überängstlichkeit der Eltern an Entdeckungsreisen gehindert werden, in ihrer geistigen Entwicklung zurückbleiben, d. h. zwischen dem 10. und 18. Lebensmonat treten schon erhebliche umweltbedingte Entwicklungsunterschiede auf. Nutzen Sie diese entscheidende Zeit, indem Sie in Ihrer Wohnung eine Atmosphäre der Entdeckerfreude schaffen!

⮑ Stellen Sie Bilderbücher, Schautafeln, Sportgeräte, Werkzeug, Baumaterial u. ä. bereit, damit das Kind diese Dinge, wenn es beginnt, sich dafür zu interessieren, schon vorfindet.

⮑ Geben Sie Ihrem Kind Kartons, Kisten oder Schubläden, die es öffnen darf, um darin zu wühlen und sie auszuräumen. Legen Sie lauter verschiedene Dinge hinein: weiche, harte, eckige, spitze – auch verschiedene Sorten Papier. Während das Kind mit Kisten und Kasten befasst ist, können Sie mal wieder in Ruhe lesen.

⮑ Das Kind spricht jetzt in Silben und aneinander gereihten Silben. Am Ende dieses Halbjahres kann es wahrscheinlich schon einige einfache Worte sagen und viele Worte verstehen.

⮑ Geben Sie Ihrem Kind alle Möglichkeit, seinen Forscherdrang zu befriedigen. Beteiligen Sie es an allem, was Sie selber erledigen.

⮑ Haben Sie nicht zuviel Angst vor Schmutz, mit dem das Kind unvermeidlich in Berührung gerät. Viel schlimmer wäre, wenn es vor lauter Verboten seinen Wissensdurst abstumpfen würde.

⮐ Schnallen Sie Ihr Kind nicht fest, sondern zeigen Sie ihm, wo es hinunterfallen und sich weh tun kann. Bringen Sie ihm bei, immer rückwärts mit den Beinen zuerst von einem Stuhl, Sofa o. ä. herunterzuklettern. Lassen Sie es kontrollierte Erfahrungen machen, die z. T. schmerzhaft sein werden, und daraus lernen – anstatt zu verbieten.

Hilfe – Gefahr

Irgendwann zwischen dem achten und zehnten Monat fangen fast alle Kinder an, sich selbstständig zu machen: Sie robben, krabbeln oder laufen sogar schon. Auch wer noch nicht laufen kann, fängt an sich aufzurichten. Die Zeit des Schränkeausräumens beginnt. Hinzu kommt, dass nach wie vor alles von der Hand in den Mund wandert, denn das Kind benötigt auch den Mund, um Erfahrungen über die Beschaffenheit von Gegenständen einzuholen. »Eine schreckliche Zeit«, stöhnen die einen, »wahrer Forschergeist«, freuen sich die anderen.

Wenn man ältere Kinder sieht, die »artig« dasitzen und nichts mit sich anzufangen wissen, dann fragt man sich, wann ihnen die Neugier ausgetrieben wurde, wann sie gezwungen wurden, ihre natürlichen Entdeckerfreuden aufzugeben. Sieben Monate alte Kinder wollen alles genau wissen: Sie halten Gegenstände nicht einfach in der Hand, sondern drehen und wenden sie, schlagen darauf, wechseln von einer Hand in die andere. Sie interessieren sich für alles, was sie bekommen – und was sie nicht bekommen, nehmen sie sich, sobald sie es erreichen können. Das kann gefährlich werden.

Auf die Tatsache reagieren die Eltern unterschiedlich: Die einen räumen jetzt die Wohnung um, alles Gefährliche und Zerbrechliche wird außer Reichweite gestellt. Andere verbieten alles, was gefährlich werden oder zerbrechen könnte, schlimmstenfalls sogar mit Schlägen auf die Finger. Und dann gibt es noch den

Laufstall. Obwohl niemand ernsthaft glauben kann, dass es pädagogisch sinnvoll sei, ein Kind stundenlang darin einzusperren,
geschieht das in der Praxis doch sehr häufig. Viele finden den
Laufstall mindestens für Notfälle gut, wenn man z. B. mal schnell
zur Tür muss oder gerade keine Zeit hat; das Kind könne darin
auch gut üben, sich hochzuziehen. Ich bin trotzdem entschieden
gegen Laufställe, auch als Notlösung. Mir ist es ehrlich gesagt
lieber, mein Kind klemmt sich den Finger oder zerbricht einen
Teller, als dass es eingesperrt wird auf einen Quadratmeter Fläche. Es ist übrigens sehr unwahrscheinlich, dass es sich gerade
dann klemmt, wenn ich zur Tür muss. Außerdem kann ich es ja
leicht mitnehmen. Aber bei dem Klemmen lernt es noch etwas.

Und nun zur Wohnung. Umräumen ist sicherlich besser als
schlagen – aber ich meine, dass es dazwischen noch einen Weg
gibt: Räumen Sie nur unwiederbringlich wertvolle und sehr ge-

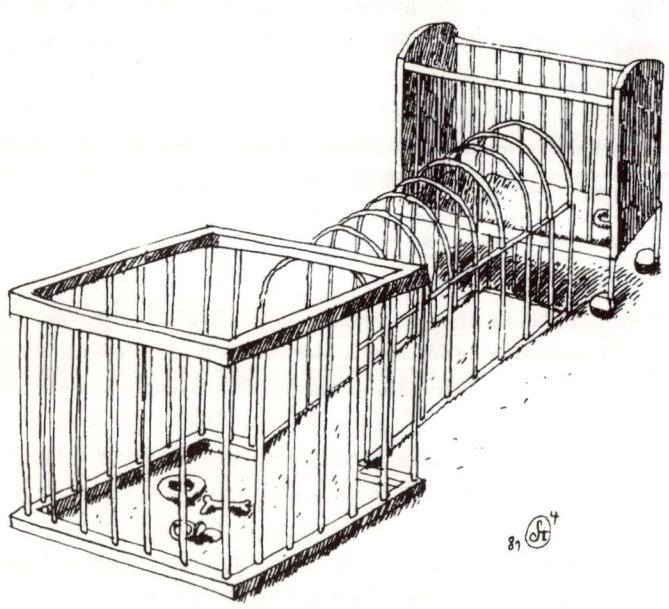

fährliche, d. h. Krankheit oder Tod verursachende Gegenstände weg. Normale Blumenvasen, Geschirr, Bücher, Schallplatten können ruhig auf ihrem Platz stehen bleiben. Wenn sich das Kind nun auf die Entdeckungsreise begibt, beobachten Sie es. Angenommen, es stürzt sich wirklich auf Ihr Bücherregal und es gelingt ihm, einen Band herauszuziehen (was nur geht, wenn die Bücher locker stehen), erklären Sie ihm: »Das ist ein Buch, darin liest man«. Machen Sie vor, wie man liest, und gehen Sie dabei betont vorsichtig mit den Seiten um. Ich weiß nicht, wozu Ihr Kind jetzt Lust hat: Es ist jedenfalls nicht naturgegeben, dass es sich nun daran macht, die Seiten zu zerfetzen. Sollte es dennoch einen Ansatz dazu machen, nehmen Sie ihm das Buch mit einem entschiedenen »nein« weg. »Bücher darf man nicht zerreißen. Die liest man.« Sollte Ihr Kind auch darauf nicht reagieren (was nicht anzunehmen ist), nehmen Sie seine Hand vom Buch weg und sagen ihm: »Nein, du kannst noch nicht damit umgehen!« Jetzt darf es keine Bücher mehr nehmen und muss vom Regal weggetragen werden. Es darf eine Zeitung zerreißen oder ein Bilderbuch aus Pappe angucken.

Wenn es am nächsten Tag wieder damit anfängt, müssen Sie alles noch einmal erklären. Ein langwieriger Prozess? Ja – aber wie lernt das Kind sonst, mit einem Buch richtig umzugehen? Nach unseren Erfahrungen lernen Kinder so sehr schnell – zumal Bücher auch nicht so interessant sind, wenn sie keine Bilder haben.

Und was ist mit Schallplatten? Die sind so empfindlich, dass Kinder dieses Alters sie besser nicht anfassen. Sagen Sie dem Kind also: »Nein, nicht anfassen!« Sie können sich mit dem Kind vor die Plattensammlung setzen und ihm augenfällig demonstrieren, wie pfleglich man mit Schallplatten umgeht, indem Sie gleich zusammen eine hören. Später, wenn das Kind Ihre Worte schon genau versteht, können Sie ihm in einem feierlichen Akt mal erlauben, eine Schallplatte herauszuziehen, also auszusuchen, und die dann gemeinsam hören.

Porzellan, wenn es nicht gerade echt Meißner ist, geht, wenn
Sie einen Teppichboden haben, nicht so schnell kaputt. Zeigen Sie
dem Kind, wie vorsichtig man Teller übereinanderstellt, und lassen Sie es das ruhig nachmachen. Sollte es wider Erwarten sehr
grob damit sein, müssen Sie ihm wieder erklären: »Nein, das
kannst du noch nicht!«, und seine Hand zurücknehmen.

Ich finde es wichtig, dass Kinder dieses Alters schon mal einen zerbrechlichen Teller und ein Buch in der Hand hatten, aber
Sie sollten in Ihre Regale auch einige interessante Gegenstände
stellen: eine leere Bierflasche mit einer Perle drin, eine Packung
Taschentücher, ein paar Steine vom letzten Urlaub, Obst, Löffel,
Gabeln, Garnrollen, Pinsel in einem Holzbecher... Schallplatten
sind langweilig dagegen.

Bei gefährlichen Dingen ist es besser und langfristig sicherer,
mit dem Kind gemeinsam Gefahren kennen zu lernen, es erfahren zu lassen, wie bestimmte Dinge wirken, auch, wenn das mit
leichtem, vorübergehendem Schmerz verbunden ist. Wer so ver-
fährt, kann sicher sein, dass sein Kind auch in seiner Abwesenheit kein Waschpulver isst, Vasen zertrümmert oder Nadeln verschluckt.

Zeigen Sie Ihrem Kind Ihre Steck- oder Nähnadeln, am besten, wenn Sie sie gerade benutzen. Sagen Sie ihm, dass die Nadel pikt, und beweisen Sie das, indem Sie es ein bisschen in den
Finger piken. Wenn es die Nadel in den Mund stecken will, sagen
Sie: »Nein, die pikt«, halten sie fest und stechen Sie ein wenig in
den Mund, wo sie tatsächlich ein bisschen pikt.

Um zu vermeiden, dass ständig Blumenvasen in die Brüche
gehen oder dass sich das Kind an heißem Kaffee verbrüht, stellen Sie entsprechende Gefäße (Vase oder Kanne) mit kaltem
Wasser auf. Ihr Kind wird sich einmal kalt überschütten – aber
in Zukunft sehr vorsichtig sein. Warnen Sie Ihr Kind mit »nein,
das ist heiß« oder »Vorsicht, das geht kaputt« und lassen Sie es
fühlen, wieso diese Warnung berechtigt ist. Um zu vermeiden,
dass Ihre Kinder kleine Gegenstände verschlucken, hatten die

Eltern Nikitin diese mit Zitronensaft oder Pfeffer eingerieben. Wir versuchten das einmal bei Murmeln, das Ergebnis war aber, dass unser Sohn die mit Zitronensaft besonders gern mochte. Wir haben ihm die geliebten Murmeln dann trotzdem zum Spielen gegeben, und er hat sie nicht verschluckt – wohl zufällig. Auf jeden Fall sollte man jede Hektik vermeiden, wenn das Kind etwas Kleines im Mund hat, denn normalerweise schluckt es Dinge nicht, es will sie nur lutschen. Dass man eine Pfeffermühle jedoch besser nicht anfasst und Seife auch nicht gut schmeckt – das kann man unter Aufsicht leicht demonstrieren und nachhaltig lehren.

Genauso ist es mit den ersten selbstständigen »Turnübungen«. Wer sein Kind immer auffängt, wenn es sich von einer 15 cm hohen Matratze kullern lässt, wird nicht erreichen, dass es vorsichtig ist. Hat es sich aber hier einmal leicht den Kopf gestoßen und ist entsprechend belehrt worden, passt es beim nächsten Mal bei der Matratze und auch beim höheren Sofa auf.

Prinzipiell sollte man das Kind nur Dinge tun lassen, die es selbstständig kann: also nicht auf hohe Stühle heben, wenn es allein weder rauf noch runter kommt, geschweige denn weiß, wann Stühle umkippen. Es lässt sich allerdings nicht verheimlichen, dass Kinder mit unterschiedlichem Temperament auch unterschiedlich auf Gefahren reagieren. Manche stoßen sich zehnmal den Kopf, andere nur einmal. Trotzdem wäre es völlig falsch, zu glauben, durch ständiges Auffangen oder Festhalten könne man sein Kind vor Schaden behüten: Das Gegenteil ist der Fall. Oft sieht man temperamentvolle Kleine, die sich geradezu einen Jux daraus machen, sich in Gegenwart ihrer überängstlichen Mutter aus Furcht erregenden Höhen abwärts zu schmeißen – wohl wissend, dass diese in letzter Minute herbeieilt, um das Kind·in ihre sicheren Arme zu schließen.

Zum Schluss eine Bemerkung zum Zeitaufwand: Sie sind schließlich berufstätig und haben noch eine Menge Verpflichtungen – und dann ständig das Kind im Auge behalten, dauernd erklären, eingreifen, argumentieren? Ich bin der Meinung, dass es zu diesen Lernprozessen keine Alternative gibt. Sie liegen in Ihrem beiderseitigen Interesse. Sie wollen doch, dass Ihr Kind lernt, mit Ihren Sachen richtig umzugehen, und überhaupt eine Menge lernt. Weil Ihr Kind nicht gern allein ist, wird es seine Studien ohnehin immer in dem Raum ausführen, in dem Sie sich gerade aufhalten. Sie können währenddessen ruhig weiterlesen, schreiben, essen, Wäsche bügeln oder was Sie gerade tun. Natürlich werden Sie Ihre Arbeit hin und wieder unterbrechen müssen, natürlich werden Sie manchmal die Nerven verlieren... Ganz sicher wird sich diese Methode aber in einigen Jahren bezahlt machen: Dann kann Ihr Kind den Tisch decken, ohne dass jedesmal etwas herunterfällt, dann können Sie ihm auch wertvolle Bildbände zum Angucken geben, weil es richtig umblättern kann, dann kann es eine Menge Geräte allein handhaben und wird Sie nicht ständig um Hilfe bitten müssen.

Erlaubt – Verboten: Über die Schwierigkeiten im Umgang mit Autorität

Spätestens jetzt muss man sich darüber klar werden, was das Kind darf und was nicht. Hier müssen alle an der Erziehung teilnehmenden Personen einheitlich und konsequent handeln – was sich logisch anhört, in der Praxis jedoch sehr schwer zu verwirklichen ist. Jeder sollte genau prüfen, aus welchem Grund er bestimmte Dinge verbieten will: Weil sie gefährlich sind? Weil etwas kostbar ist? Oder weil man keine Lust hat, hinterher alles wieder aufzuräumen? Wer zuviel verbietet, wird nicht nur das Kind frustrieren, sondern auch sich selbst. Es ist nämlich äußerst mühsam, konsequent darauf zu achten, dass die Verbote eingehalten werden. Tut man das nicht, sind nicht nur diese, sondern auch alle folgenden Verbote zwecklos: Das Kind »folgt« nicht, wie man sagt.

Natürlich muss man allen Kindern, auch denen, die noch

nicht sprechen können, erklären, warum sie bestimmte Dinge nicht tun dürfen. So können sich die Eltern selbst kontrollieren (gibt es wirklich einleuchtende Gründe für dieses Verbot?), gleichzeitig bekommt das Kind zumindest eine Ahnung davon, dass Verbote eine Ursache haben. »Nein, meinen Fotoapparat darfst du nicht anfassen, der geht kaputt.« »Nein, du darfst nicht an die Zuckerdose. Zucker macht Löcher in die Zähne.« Wer alles Mögliche grundlos verbietet, braucht sich nicht zu wundern, wenn sich das Kind bei nächster Gelegenheit heimlich darüber hinwegsetzt. Wenige, wohlbegründete Verbote dagegen werden befolgt.

Eltern, die davon ausgehen, dass ihr Kind keine gegen sie gerichteten Interessen verfolgt, werden keine engstirnigen Verbote aussprechen. Es wäre z. B. ein sehr kurzfristiges Interesse, je einem Kind zu verbieten, Schubladen auszuräumen, nur weil man sie hinterher allein wieder einräumen muss. Für das kindliche Lernen ist diese Erfahrung wichtig, und es liegt auch im Interesse der Eltern, dass es lernt und selbstständig wird.

Macht sich das Kind aber daran, eine Tüte Erbsen auszustreuen – zweifellos auch eine wichtige Erfahrung –, so steht dieses kurzfristige Interesse in keinem Verhältnis zu den hinterher anfallenden Aufräumarbeiten. Die Eltern brauchen ihre Zeit für wichtigere Dinge. Das Kind kann die Erbsen besser in einen Topf schütten oder beim nächsten Spaziergang für die Vögel im Park ausstreuen. In diesem Zusammenhang sei auf den Begriff der Autorität eingegangen. Von konservativen Kreisen wird der Verlust der Autorität als Zeiterscheinung beklagt: Allerorten werden Eltern, Lehrer und alte Menschen von Kindern und Jugendlichen »fertig« gemacht.

Viele mögen sich nicht mehr zum Begriff der Autorität bekennen: Sie haben genug von erlernter Angst, nicht einsehbaren Befehlen, blindem Gehorsam, Unterdrückung der Persönlichkeit in Bezug auf Erkenntnis, Interessenfindung und Sexualität.

Das überkommene Wertesystem wankt. Unsicherheit breitet

sich aus. Über das, was richtig und wahr ist, gibt es die unterschiedlichsten Auffassungen. In einer »pluralistischen Gesellschaft« werden viele Wahrheiten angeboten: Jeder darf sich bedienen. Während Zeitungen Lügen in Millionenauflage drucken dürfen, werden Kinder noch für Lügen geohrfeigt.

Wichtiger als alle Worte sind jedoch das konkrete Verhalten und Handeln. Kinder beobachten sehr genau, was ihnen vorgelebt wird, und versuchen, sich daran zu orientieren. Ich persönlich glaube, dass die Liebe zur Natur, d. h. zu allen Lebewesen – Pflanzen, Tieren und Menschen –, in Familien verstärkt gelebt werden sollte.

Dieses für unser aller Überleben notwendige Erziehungsziel erfordert eine Haltung, an der sich auch kleine Kinder schon orientieren können. Dass man Pflanzen nicht mutwillig verletzt, Tiere nicht quält und allen Menschen mit Achtung begegnet, ist konkret erfahrbar und in vielfältigen kleinen und großen Aktionen nachvollziehbar. Jeder kann hier und heute damit beginnen.

Die Autorität liegt in den Eltern selbst, in ihrem Verhalten, ihrem Denken, ihrer Arbeit, ihren Gewohnheiten, ihren Gefühlen und Hoffnungen. Sie haben Autorität, weil sie bewusst leben und ihrem Kind zu Bewusstsein verhelfen, weil sie diese Gesellschaft durchschauen und ihren Kindern erklären, weil sie gemeinsame Interessen verfolgen und gemeinsame Ziele ansteuern, die vermittelbar sein müssen.

Können wir unseren Kindern verbieten, was wir uns selber gestatten? Kann man von einem Kind fordern, was wir uns selbst nicht abverlangen? Ist es nicht gerade das alltägliche Verhalten, das viele Menschen, die für richtige Ziele eintreten, ihren Kindern gegenüber so unglaubwürdig macht? Solange wir selber so unvollkommen sind, muss es gestattet sein, unsere Autorität infrage zu stellen, unsere Anweisungen zu hinterfragen. Wir sollten unsere und die Unvollkommenheit unserer Kinder zugeben – uns aber nicht damit abfinden. Gemeinsam lernen, lebenslänglich.

Strafen und belohnen?

Ist man sich auch über die Verurteilung der Prügelstrafe in auf-
geklärten Kreisen einig, wird trotzdem noch massenhaft an der
Erziehung durch Strafen festgehalten. Zwar sind es meist ältere
Kinder, die mit »Stubenarrest«, »Taschengeldentzug« und »Fern-
sehverbot« als noch relativ harmlosen Strafen geknechtet werden, doch auch vor den jüngsten macht diese Unterdrückungs-
pädagogik nicht halt. Vom weit verbreiteten Klaps bis zum nicht
weniger schlimmen Zimmerverweis reicht die Palette, mit der
schon Kleinkinder traktiert werden: »Ich red' nicht mehr mit
dir« oder: »Ohne Essen ins Bett!«

Ich lehne Strafen entschieden ab. Warum? Wenn wir davon
ausgehen, dass wir mit unseren Kindern gemeinsame Interessen
haben, können wir unsere Übermacht nicht durch Demütigung
demonstrieren. Natürlich müssen wir bestimmte Dinge verbieten,
und nicht jedesmal wird ein so kleines Kind das Verbot einsehen.
Wir bestrafen es aber nicht, wenn es das Verbot nicht befolgt. Das
heißt nicht, dass wir Fehlverhalten dulden. Bücher werden nicht
zerrissen, und anderen Kindern darf man nicht an den Haaren
ziehen! Wenn das trotzdem geschieht, müssen wir das Kind davon abbringen und ihm noch einmal sagen, warum das nicht
geht.

Was wir wollen, ist, dass das Kind lernt. Es soll von sich aus
einsehen, dass man einen Teller nicht absichtlich fallen lassen, ein
Buch nicht zerreißen darf. Weil es selber den Teller und das Buch
gebrauchen soll. Wenn es etwas falsch macht, dann muss es die
Konsequenz dieser falschen Handlung erfahren: Ein absichtlich
zerstörtes Spielzeug ist zerstört, man kann nicht mehr damit spielen. Wenn man die heiße Teekanne trotz »nein« anfasst, verbrennt
man sich. Solange die Kinder noch so klein sind, dass sie die
Folgen ihrer Handlungen nicht absehen können, muss man sie
mit einem »nein« von der falschen oder verbotenen Handlung
abbringen, z. B. indem man sie wegträgt oder ihnen das verbote-

ne Ding aus der Hand nimmt, nicht als Strafe, sondern als Schutz, nicht mit einem bösen Gesicht, sondern mit einem fürsorglichen.

Und Belohnungen? Als Umkehrung der Strafe dienen sie dem gleichen Ziel: Das Verhalten des Kindes wird gesteuert, es tut Dinge, über die sich der Erwachsene freut. Aber warum? Weil eine Belohnung wartet. Auf die Spitze getrieben entwickelt sich so ein Lohnsystem im Familienkreis: Für Leistungen gibt es Gegenleistung. Beziehungen untereinander werden nicht von Gemeinsamkeit, sondern von Zuckerbrot und Peitsche bestimmt. An die Stelle von Einsicht, gegenseitiger Hilfe und Verständnis treten Handelsbeziehungen: »Du hast heute so schön gespielt – ich kaufe dir ein neues Auto.« Kinder sind unsere Partner – aber nicht unsere Geschäftspartner!

Wir stellen Anforderungen an sie und an uns – nicht gegen Quittung und Abrechnung, sondern auf der Grundlage unserer gemeinsamen Interessen. Wir kaufen ein Spielzeug, wenn es gebraucht wird und Geld dafür da ist, wir freuen uns über alles Gelungene, und wir haben uns lieb – unabhängig von dem jeweiligen Verhalten. In diesem Zusammenhang ist es ganz wichtig, auf die Sprache hinzuweisen, derer wir uns als Eltern bedienen – auch die Körpersprache.

Worte und Gesten sind eine mächtige Kraft – sie können Selbstbewusstsein, ja Leben zerstören oder unglaublich positiv beeinflussen. Schon Säuglinge nehmen die Atmosphäre zwischen Menschen deutlich wahr, indem sie auf Muskelspannung, Atemfrequenz, Gesten und Tonfall der Stimme reagieren. Wenn sie Sprache zu verstehen lernen, reagieren sie auf den bildlichen und emotionalen Gehalt der Worte, die in ihrem Unbewussten Bilder produzieren. Wer in Negationen mit seinem Kind redet: »Du sollst nicht!« ... »Du darfst nicht!« ..., wird bei ihm gerade das Bild jenes verbotenen Tuns hervorrufen. Genauso, wie auch Sie an Rot denken, wenn ich sage: »Denken Sie nicht an Rot!« Wie oft brüllen Eltern oder Lehrer: »Sei nicht so laut!« Ein geflüstertes »bitte ganz leise« ist wesentlich wirksamer.

Wenn Sie sich dabei beobachten, Redewendungen zu gebrauchen wie: »Ich hab' dir 100-mal gesagt ... « könnten Sie überlegen,
ob es nicht wirksamere Ausdrucksmöglichkeiten gibt. Gerade
durch ungewohnte, neue und vielleicht verblüffende Redewendungen lassen sich Kinder in schwierigen Situationen helfen. So
kann man bei Schmerzen die Konzentration auf einen anderen
Körperteil lenken, Herrn Schmerz in den Mülleimer werfen oder
z. B. vor einer Spritze einen Zauberfleck produzieren, an dem
man »jeden Einstich machen lassen kann, weil der Arm genau

hier ganz taub wird«. Sehr wichtig ist, in diesem Fall Worte wie Schmerz oder andere negative Begriffe völlig zu vermeiden.

Mit Geschichten von kleinen Kätzchen oder Nashörnern kann man kleinen Kindern die Angst nehmen, sie zum Einschlafen bewegen und sich auch aus vielen festgefahrenen Situationen retten. Meine sehr eigenwillige Tochter beendet ihr Gebrüll, wenn ich vom bösen heißen Essen rede, das nicht kalt werden will, oder von den armen Hausschuhen, die sich so sehr auf ihre nackten Füße freuen, oder vom weinenden Zähnchen, das sich so nach der Zahnbürste sehnt. Eine nicht ganz gelungene Zu-Bett-Geh-Suggestion beschreibt Gunilla Hansson in »Gute Nacht hab' ich gesagt« (Ravensburger) – ein sehr witziges Buch!

Gordon weist in seinem Buch »Familienkonferenz« (Heyne, München) auf den Nutzen von Ich-Botschaften hin. Es lohnt sich für alle mitmenschlichen Beziehungen, einmal auszuprobieren, was sich ändert, wenn Sie statt »Du sollst Deine Klamotten nicht in die Gegend schmeißen!« sagen: »Ich fühle mich durch deine Klamotten, die hier rumliegen, gestört.«

Ablenken als Erziehungsmethode?

Während größere Kinder bestraft werden, wenn sie etwas Verbotenes tun, gibt es für Kleine eine sehr beliebte andere Methode, sie von verbotenen oder unerwünschten Handlungen abzuhalten: das Ablenken. Das Kind hat sich einen Handfeger geholt, der schmutzig ist. Oma naht, nimmt ihn weg, und schnell wird der Hampelmann gezeigt, mit dem es den Handfeger vergessen soll. Oder: Das Kind versucht, Perlen auf eine Stricknadel zu stecken – das gelingt nicht. Es wirft beides hin und brüllt. Schnell gibt die Mutter ihm ein anderes Spielzeug.

Leider wird so systematisch verhindert, dass das Kind Ausdauer und Konzentration entwickelt. Wenn es beschäftigt ist, darf man wirklich nur eingreifen, um Gefahr abzuwenden.

Wie oft drängen Mütter oder Väter ihre Kinder: »So, jetzt lass das mal, wir müssen weiter«, »jetzt hast du genug damit gespielt, komm!« oder »jetzt machen wir mal Schluss«! Mit solchen Redearten verdirbt man so viel. Wer es wirklich eilig hat, muss verhindern, dass das Kind überhaupt mit einer Beschäftigung beginnt, z. B. indem er es von vornherein in eine Karre o. ä. setzt und ihm erklärt, dass man jetzt ganz schnell zu XY muss, weil... Wenn das Kind aber vor einer Pfütze hocken bleibt und sich die tollsten Spiele ausdenkt wie Fingerwaschen, Steine schmeißen, mit Ästen rühren etc., dann sollte man sich geduldig daneben hocken und auf die Uhr gucken – aber nur, um zu beobachten, wie lange sich ein so kleines Kind schon konzentrieren kann. Das ist – zugegebenermaßen – nicht immer leicht, macht sich aber später hundertfach bezahlt.

Wenn einem Kind Dinge misslingen, muss man es ermutigen, es weiter zu versuchen, egal ob es weint oder nicht. Natürlich soll man ein Kind trösten: »Das ist wirklich ärgerlich, dass dir die Perle immer wieder herunterfällt«, – es aber nicht ablenken.

Etwas ganz anderes ist es, wenn man das Kind von einem Schmerz ablenken muss. Aus dem Fenster zu gucken: »Sieh mal, da parkt ein rotes Auto!«, wirkt meist Wunder.

Selbstständigkeit

Ein selbstständiges Kind – wer wollte das nicht! Selbstständige Kinder werden von einem gewissen Alter an bewundert – dass unselbstständige von ihren Eltern produziert werden, wird meist verschwiegen.

Um den ersten Geburtstag herum fangen viele Kinder an, einen den Erwachsenen oft lästigen Willen zu zeigen: Sie möchten Dinge allein tun, die bisher Erwachsene für sie getan haben. Nun gilt es, Geduld zu wahren: Natürlich wird es eine Riesenschweinerei, wenn das Kind zum ersten Mal allein mit dem Löffel isst.

Aber nur, wer es so probieren durfte, kann es bald. Natürlich dauert es ewig, wenn das Kleine zum ersten Mal versucht, seine Schuhe allein auszuziehen – aber es ist der einzige Weg, es zu lernen.

Wenn das Kind den Wunsch äußert, etwas allein zu tun (das wird verstärkt um das zweite Lebensjahr der Fall sein), sollte man es unbedingt lassen. Kleine Hilfestellungen, z. B. der Hinweis, an welchem Band man ziehen muss, damit sich die Schleife löst, sind nützlich: aber nicht eingreifen, nicht für das Kind handeln! Wenn es gar nicht gelingt, mag es einen Wutanfall bekommen. Der ist berechtigt, man muss Verständnis dafür zeigen.

Selbstständig wird ein Kind auch, indem es lernt, kleine Aufträge zu erledigen, die es schon versteht: Hol deinen Löffel, bring mir dein Bilderbuch ... . Hat das Kind bestimmte Dinge gelernt, muss man es diese Dinge unbedingt auch selbstständig tun lassen – es sei denn, es ist krank oder sehr müde: Wer allein essen kann, muss nicht mehr gefüttert werden, wer allein die Treppe hochkrabbeln kann, wird nicht mehr getragen.

Essen und Trinken

Essen und Trinken sind ein Vergnügen, kein Zwang. Ein gesundes Kind verhungert nicht, auch wenn es phasenweise wenig zu sich nimmt. Ein Kind weiß zunächst noch sehr genau, wann es satt ist. Im Gegensatz zu vielen Erwachsenen lehnt es dann sogar seine Lieblingsspeisen ab. Es ist daher völlig falsch, ein Kind zum Essen oder Aufessen zu zwingen oder es in allen möglichen Tricks zum Weiteressen zu bewegen: Entweder wird das Kind dick, was nicht nur ein psychologisches und medizinisches Problem ist, denn durch seine Trägheit lernt es auch weniger, weil alles Lernen in diesem Alter mit körperlicher Aktivität verbunden ist. Oder es verweigert immer mehr und verliert die Lust am Essen, weil das ständig mit Zwang verbunden ist.

Dass Kinder auch gesunde Sachen wie Obst und Gemüse essen, ist in diesem Alter eine Frage des Vorbildes. Bis auf wenige Ausnahmen wollen Kinder das essen, was die Eltern auch essen bzw. was sie von zu Hause her kennen und gewöhnt sind. Abneigungen gegen bestimmte Speisen sollte man auf jeden Fall akzeptieren, sie scheinen manchmal angeboren zu sein oder treten nur vorübergehend auf.

Im Zusammenhang mit dem Essen taucht immer wieder die Frage auf: Darf ein Kind mit seinem Essen spielen? Natürlich ist Essen kein Spielzeug. Aber Kinder spielen bekanntlich nicht nur mit Dingen, die eigens von Erwachsenen für sie zum Spielen vorgesehen sind. Wenn das Kind lernt, selbstständig zu essen,

dann fällt auch mal was daneben, dann werden auch die Finger benutzt, um das Essen in seiner Konsistenz zu erforschen, es zu begreifen. Früher wurde alles mit den Fingern gegessen. Besteck war unbekannt. Heute überkommt manchen der Ekel, wenn ein Kind mühsam versucht, sich den Gewohnheiten des 20. Jahrhunderts in Westeuropa anzupassen und einen Löffel zu benutzen. Wer sein Kind so kleckern sieht, lobt es am besten für jeden Löffel, der sein Ziel erreichte. Vielleicht hat Ihr Kind auch ein Lieblingsgericht: Davon möchte es bestimmt so viel wie möglich essen und gibt sich größte Mühe.

Wenn Kinder anfangen – und das ist wirklich selten der Fall – mit dem Essen herumzuschmeißen oder es absichtlich zu verschmieren, sind sie offensichtlich satt. Dann wird der Teller gegen ein Spielzeug oder Buch ausgetauscht.

Überprüfen sollten Vater und Mutter auch, wie sie selber mit dem Essen umgehen: Man kann einem Kleinkind keine Vorträge über den Wert und die Kostbarkeit des Essens halten, wenn man nach dem Essen die Reste in den Mülleimer schmeißt – vor den Augen des entsetzten Kindes.

Und Trinken? Wann sollte ein Kind allein aus der Tasse trinken? Sobald es das selber möchte. Man gießt zunächst ganz wenig ein und übt vielleicht erstmal in der Badewanne oder im Sandkasten. Wenn es gelernt hat, allein zu trinken, soll man ihm trotzdem seine Nuckelflasche noch so lange lassen, bis es sie nicht mehr will. Kleine Kinder haben – in Extremfällen bis ins Schulalter, und was ist eigentlich dabei? – ein Saugbedürfnis: Nimmt man ihnen die Flasche gewaltsam oder mit psychischem Druck (Du bist zu groß dafür!) weg, fangen sie an, alles Mögliche in den Mund zu stecken oder fühlen sich unglücklich. Geben Sie ihm also Tasse oder Flasche, wann immer das Kind es wünscht. Allerdings sollten in der Flasche nur Wasser oder ungezuckerter Tee sein!

Beide Eltern arbeiten wieder

Wie können Sie die knappe gemeinsame Zeit mit Ihrem Kind am besten nutzen?

Ein wichtiges Argument für die positiven Auswirkungen von Fremdbetreuung bzw. Erziehung in Kindergruppen waren die Kibbuz-Kinder in Israel. Bruno Bettelheim hat sie »Kinder der Zukunft« genannt. Diese Kinder wuchsen von Geburt an in ihrer Gruppe auf und waren sogar nachts nicht bei ihren Eltern, sondern im Kinderhaus. Aber: Ihre Mütter waren stets erreichbar, wenn sie gebraucht wurden (sie hatten ein Walkie-Talkie, mit dem sie gerufen werden konnten – sie arbeiteten ja auch auf dem Gelände des Kibbuz). Für zwei bis drei Babys stand eine Betreuungsperson zur Verfügung. Jeden Tag nach dem Mittagsschlaf gingen die Kinder zu ihren Eltern, und diese waren dann ganz für sie da: Vier Stunden lang dauerte diese »heilige Zeit« (genauer: bis zum Schlafengehen) und in dieser Zeit brauchten die Eltern nicht einzukaufen, zu kochen, zu waschen...

Ich vermute, dass bei uns weder eine normale Hausfrau noch berufstätige Eltern täglich vier Stunden ganz für ihr Kind da sein können. Trotzdem habe ich dieses Beispiel aufgeführt, weil ich es wichtig finde, festzuhalten, dass Kinder und Eltern solche gemeinsamen Stunden brauchen: um voneinander zu lernen, um sich füreinander zu sorgen, um miteinander zu leben.

Mit dem Aufstehen geht es schon los: Wenn beide Eltern sehr früh raus müssen, entwickelt sich oft schon morgens eine bedrückende Hektik. Sie ließe sich dadurch vermeiden, dass man noch früher aufsteht – wenigstens an einigen Tagen. Vielleicht geht es auch, dass ein Elternteil früher, der andere später arbeiten geht (gleitende Arbeitszeit). Jedenfalls ist es für ein Kind sehr angenehm, morgens in Ruhe – verbunden mit einem Lied, Spiel oder Spaß – frisch angezogen zu werden und vielleicht gleich ein bisschen zu turnen. Dann könnten Sie mit einem ruhigen Frühstück beginnen: Das Kind sitzt dabei zuerst in seinem Baby-Stuhl, später in einem Hochstuhl, und bekommt eine interessante Aufgabe: z. B. Erbsen oder Reiskörner in eine Flasche zu füllen, Ringe auf einen Stab zu stecken. Morgens ist das Kind nämlich noch frisch und hat meist Lust zu solchen anstrengenden Tätigkeiten. Vielleicht sollten Sie nicht die ganze Zeit Zeitung lesen, sondern sich mit Ihrem Kind unterhalten, auch wenn es noch nicht richtig antworten kann. Danach können Sie das Kind in Ruhe anziehen, wobei Sie möglicherweise Lust bekommen, das Lied: »Jetzt zieht Hampelmann, jetzt zieht Hampelmann, seine Jacke an, seine Jacke an...« zu singen. Auf dem Weg zur Tagesmutter oder Krippe sollten Sie dem Kind allerlei erklären, viel mit ihm sprechen, auch wenn das morgens oft schwer fällt. Reden Sie mit ihm über alles, was es zu sehen, zu hören, vielleicht zu riechen gibt. Wenn es älter ist (ab ca. 9 Monate), können Sie die Zeit auch nutzen, um ihm einfache Fragen zu stellen, die es mit Zeigen, Gesten und später mit ja und nein beantworten kann. Wo ist die Ampel? Siehst du die Sonne? Schläft dieser Hund?

Je unzufriedener Sie mit der Kinderbetreuung sind bzw. je unwohler sich Ihr Kind dort fühlt, desto früher sollten Sie es auch wieder abholen – z. B. gleich nach dem Mittagsschlaf. Natürlich geht das nicht in jedem Fall. Die kurze Zeit, die Ihr Kind nach dem Abholen noch munter ist, sollten Sie entweder im Freien (z. B. in einem Park) oder zu Hause verbringen. Das heißt, es wäre gut, wenn Sie Ihre Einkäufe wenigstens an einigen Tagen schon erledigt haben, bevor das Kind abgeholt wird. Denn Einkaufen ist in diesem Alter nicht unbedingt ein Vergnügen für das Kind. Im Park kann es krabbeln und mit den Dingen spielen, die es findet bzw. die Sie ihm zeigen: Stöcke, Blätter, Früchte, Gänseblumen, Schotter, Kies, Pfützenwasser...

Wenn Sie gleich nach Hause gehen, können Sie sich vielleicht zuerst mit Ihrem Kind beschäftigen, z. B. indem Sie ihm einige Aufgaben stellen oder etwas mit ihm üben (s. Tätigkeiten, Spiele, Spielzeug), und sich danach gemeinsam mit dem Kind an die Hausarbeit machen. Dabei sitzt oder liegt das Kind in Ihrer Nähe, bekommt ein Stück Kartoffel, wenn Sie gerade Kartoffeln schälen, ein Blatt Salat, eine Eierschale, die Abwaschbürste, einen Topfkratzer... Später räumt es den Topfschrank aus, hantiert mit dem Handfeger, benutzt den Rührbesen.

Es wäre schön, wenn Sie noch gemeinsam mit dem Kind essen könnten, bevor es so müde ist, dass das Essen für alle Beteiligten ein Frust wird.

Wenn Ihr Kind dann langsam müde wird, können Sie vielleicht noch ein bisschen zusammen turnen, vielleicht gemeinsam baden, ein Buch angucken, nach Musik tanzen – oder, und dieser Tagesausklang ist für Krippenkinder zu empfehlen: Sie gehen einfach noch einmal gemeinsam spazieren. Dabei kann das Kind schon seinen Schlafanzug anhaben. Neben vitaminreicher Nahrung ist frische Luft der beste Schutz vor Infektionskrankheiten, die ja leider Kinder in größeren Gruppen in der ersten Zeit ständig befallen.

In seiner Karre schläft das Kind problemlos ein und lässt sich hinterher auch schlafend hochtragen. Den Eltern gibt ein solcher Spaziergang Gelegenheit, sich zu erholen und Zeit zum Gespräch zu finden.

Jedenfalls wäre es sowohl für die Eltern als auch für das Kind schön, wenn der Tag einen harmonischen Abschluss fände – sei es nun mit einer Bade-, Turn- und Schmusestunde oder einem Spaziergang oder was Ihnen selbst noch einfällt.

Was können Sie tun, wenn Sie den Eindruck haben, dass Ihr Kind in Ihrer Abwesenheit mehr aufbewahrt als gefördert wird?
Zunächst müssen Sie mit der Erzieherin oder Tagesmutter sprechen bzw. den nächsten Elternabend abwarten. Hier sollten Sie freundlich, aber bestimmt – und möglichst, nachdem Sie sich vorher mit anderen Eltern verständigt haben – Ihre Meinung bzw. Ihre Wünsche vortragen. Z. B., dass die Erzieherin einen Wochenplan aufstellt, der Ihnen bekannt gemacht wird, damit Sie zu Hause mit dem Kind die Dinge üben können, die es auch

in der Krippe lernt: z. B. versteckte Sachen finden, allein aus der Tasse trinken usw.

Sie können anregen, dass die Kinder für eine kurze Zeit mit älteren Krippenkindern zusammenkommen (und so voneinander lernen), dass sie gezielt verschiedene Materialien kennenlernen usw. Vielleicht können Sie darauf hinweisen, dass es in anderen Kindertagesstätten bestimmte Angebote gibt.

Wenn Sie etwas zu bemängeln haben, sollten Sie sehr entschieden auftreten und sich nicht einschüchtern lassen, aber auch niemanden diskriminieren (die Arbeitsbedingungen der Erzieher sind bekanntlich alles andere als ideal) oder arrogant erscheinen.

Folgende Regeln gelten für alle Verhandlungen und sollten eingehalten werden, wenn Sie erfolgreich sein wollen.

1. Wählen Sie die Ich-Form, um eigene Gedanken und Gefühle mitzuteilen.
2. Benennen Sie konkrete Situationen, die Sie stören, und vermeiden Sie Verallgemeinerungen mit »immer« oder »nie«.
3. Sprechen Sie Verhaltensweisen an, ohne der Person negative Eigenschaften zu unterstellen.
4. Bleiben Sie im Hier und Jetzt.
5. Hören Sie aufmerksam zu und unterstützen Sie Ihre Aufmerksamkeit durch Gesten wie Nicken oder kurze Einwürfe.
6. Geben Sie positive Bestätigung, wenn Sie meinen, dass etwas gut erklärt wurde.
7. Zeigen Sie Vertrauen in die Stärken des Gegenübers, indem Sie Fragen stellen wie: »Haben Sie da eine Idee?« »Wie würden Sie das lösen?«

Für Elternabende in Kindertagesstätten könnte man eine »Leitkarte« anlegen, die so aussehen könnte:

Leitkarte für einen Elternabend
(als Karte bei sich zu tragen)

➲ Ein Vater/eine Mutter sprechen über ihre Probleme (Berufstätigkeit, Zeitnot), und die Probleme der Kinder (Erzieherin hat wenig Zeit, Kinder wollen bestimmte Dinge erfahren, haben aber keine Gelegenheit dazu).

➲ Ein Vater/eine Mutter stellen dar, wie sie sich den optimalen Tagesablauf in einer Kita vorstellen.

➲ Die Erzieherin bekommt die Möglichkeit zur Stellungnahme. Diese wird von den Eltern protokolliert und diskutiert.

➲ Die Eltern stellen dar, welche Möglichkeiten sie sehen, die Erzieherin zu unterstützen.

Das Wochenende

Wenn Sie gerade Ihre Berufstätigkeit wieder aufgenommen haben, wird Sie das Wochenende vor eine neue Situation stellen. Jetzt haben Sie Ihr Kind plötzlich vierundzwanzig Stunden für sich allein. Das ist gar nicht so einfach – und auch gar nicht so erstrebenswert. Nehmen Sie sich deshalb am Wochenende immer etwas Besonderes vor: Besuchen Sie Freunde oder laden Sie welche ein, fahren Sie ins Grüne oder in eine Stadt, wenn Sie auf dem Land leben. Wenn beide Eltern wenig Zeit haben, können Sie sich auch halbtags in der Kinderbetreuung abwechseln, denn einige Stunden Zeit sollten Sie sich am Wochenende schon für Ihr Kind nehmen. Sie können mit ihm turnen, mit viel Schaum baden, gemeinsam Musik machen, mit Filzstiften malen, Aufgaben lösen und Verstecken spielen.

Bewegungsspiele im zweiten Halbjahr

Im zweiten Halbjahr lernt das Kind wichtige Fertigkeiten, an denen man oft misst, »wie weit ein Kind ist«: Krabbeln, Sitzen und manchmal auch schon das Laufen. Der Zeitpunkt ist sehr verschieden. Eltern brauchen hier keinen »falschen« Ehrgeiz zu entwickeln. Ein Kind, das sich immer frei bewegen kann, vollzieht die einzelnen Entwicklungsschritte für diese Fertigkeiten zu dem für es selbst richtigen Zeitpunkt.

Krabbeln

Das Krabbeln ist ein wichtiger Entwicklungsschritt. Das Kind gebraucht dabei seinen ganzen Körper und lernt das Zusammenspiel der verschiedenen Körperteile. Durch das Krabbeln erschließt sich das Kind seine Umwelt neu. Es entdeckt viele Dinge, die es plötzlich selbst erreichen kann. Es kann zu jemand hin-, aber auch von jemandem wegkrabbeln.

Vorbereitung zum Krabbeln

Die beste Vorbereitung für das Krabbeln ist die Bauchlage. Wenn wir mit den Händen gegen die nackten Füße einen Druck ausüben, fängt das Kind oft an, sich nach vorne zu stoßen. Da-

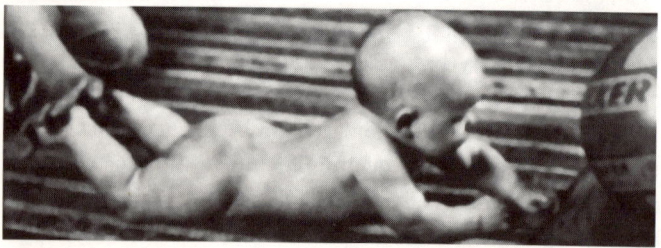

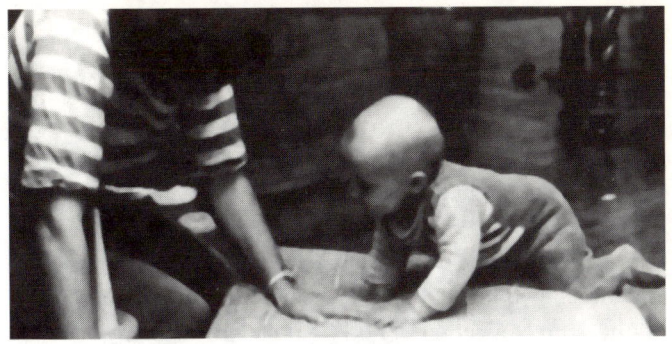

bei können wir es mit seinem Spielzeug locken. Damit das Kind lernt, sich auf den Knien und Armen abzustützen, legen wir es über unsere Beine, wenn wir auf dem Boden sitzen. Wir schieben das Kind ein Stück nach vorne und lassen es nach einem Spielzeug greifen. Dabei muss es sich abstützen. Das Gleiche geht auch, wenn das Kind kniet und das Spielzeug auf unseren Beinen liegt. Wir können das Kind auch auf unseren Bauch legen und an uns hinauf- und hinunterkrabbeln lassen. Dabei unterstützen wir es etwas, indem wir gegen die Füße drücken.

Krabbelspiele

Kinder, die krabbeln können, wollen Hindernisse überwinden. Das können wir richtig üben, indem wir die in jeder Wohnung vorhandenen »Hindernisse« nutzen und selber welche bauen: eine Stufe hinauf- und hinunterkommen, über eine gerollte Decke klettern, über einen Pappkarton, unter einem Stuhl oder einem Tisch hindurchkrabbeln, über verschiedene Untergründe (glatte, raue, weiche, feste usw.), auf unebenen Flächen im Garten oder im Wald krabbeln usw. Wir können das Kind eine Leiter hochkrabbeln lassen, die am Anfang am besten etwas schräg steht. Dabei muss man natürlich besonders aufpassen, vor allem

beim Herunterkommen des Kindes. Spaß macht es auch, wenn
man selber mitkrabbelt und Fang- oder Suchspiele macht.

Am schwierigsten ist das Herunterkommen von allen Höhen,
die erklommen sind. Wir zeigen dem Kind, dass es rückwärts
krabbeln muss, indem wir es sanft drehen und einen leichten
Druck auf seine Schulter beim Runterkommen ausüben. Es dauert oft etwas länger, bis ein Kind das beherrscht. Die Mühe lohnt
sich aber, da man keine Angst mehr zu haben braucht, wenn das
Kind irgendwo hochklettert. Heben Sie Ihr Kind nie irgendwo
drauf, wenn es nicht selbst hochkommt. Nur so kann es ein Verhältnis zu seinen eigenen Fähigkeiten gewinnen und Gefahren
abschätzen lernen.

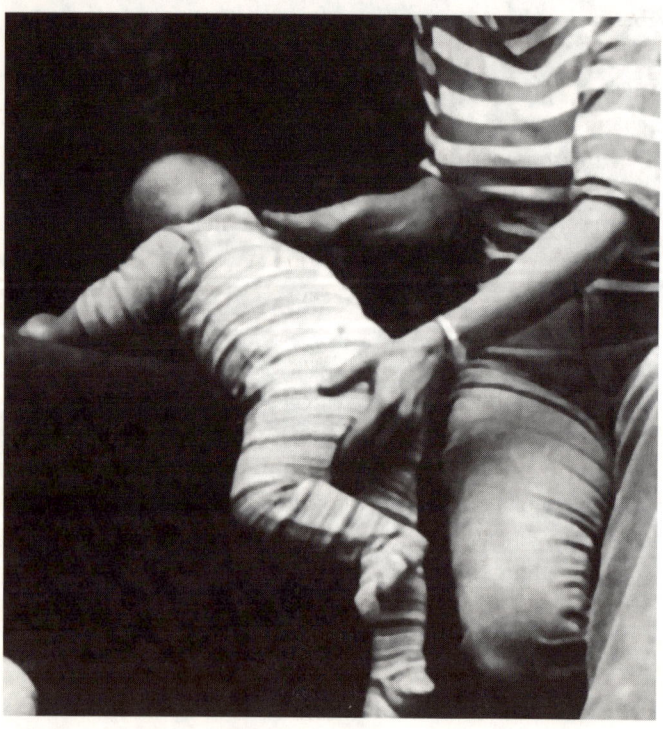

Sitzen

Ein Kind entdeckt das Sitzen! Man sollte ein Kind niemals hinsetzen, wenn es sich noch nicht selbst aufsetzen kann. Das passiert aber meist erst, wenn das Kind anfängt zu krabbeln, da es sich von der knienden Haltung seitwärts aufsetzt. Zu frühes Sitzen, oft abgestützt durch ein Kissen oder eine Wippe, später aber auch für kurze Zeit ohne Unterstützung, ist sehr schädlich für die Wirbelsäule. Ein Kind, das erst dann sitzen darf, wenn es sich allein aufsetzen kann, muss man nicht abstützen. Wenn es umfällt, fängt es sich selbst ab oder rollt auf den Boden. Wenn Sie so vorgehen, müssen Sie sich allerdings auf viele erstaunte Ausrufe gefasst machen: »Ihr Kind sitzt ja noch nicht!« Das macht aber gar nichts, auch wenn nach den meisten Lehrbüchern ein Kind schon viel früher sitzen muss.

Laufen

Zieht sich ein Kind an Möbeln hoch, fängt es bald an, ein paar Schritte seitwärts entlang der Möbel zu machen. Das können wir durch Lokken mit Spielzeug fördern. Manchmal dauert diese Phase sehr lange, das Krabbeln bleibt die Hauptfortbewegungsart. Darüber sollten wir

uns freuen und keine Lauflerngeräte (Gehfrei) zur Hilfe nehmen. Diese verhindern geradezu die beiden wichtigsten Dinge
beim Laufenlernen: das eigene Gewicht auf den Beinen zu tragen, das Gleichgewicht zu halten und zu verlagern.

Ballkicken

Das Kind steht an einem Möbel. Wir halten ihm von der Seite
einen Wasserball an seinen Fuß, sodass es dagegen stoßen kann.
Dabei muss es mit dem anderen Bein sein Gewicht halten. Dasselbe machen wir von der anderen Seite.

An der Hand laufen

Ein Kind lernt erst seitwärts laufen, so wie es am Tisch entlang
läuft. Das kann man auch mithilfe der Hand machen. Wenn es
anfängt, nach vorne zu gehen, sollte man die Unterstützung
durch die eigene Hand gering halten und immer weiter verringern. Das Kind kann sich dann selbst an einem Finger festhalten.
Später reichen ihm die Hosenbeine der Erwachsenen zum Festhalten. Wenn das Kind sicher laufen kann (oft erst im zweiten
Lebensjahr), gilt das Gleiche wie beim Krabbeln. Zeigen Sie Ihrem Kind, wie es mit Schwierigkeiten fertig wird, und geben Sie
ihm die Möglichkeit, unter verschiedenen Bedingungen, auf verschiedenen Untergründen zu laufen. Dabei sollte das Kind so
viel wie möglich barfuß oder in Strümpfen laufen. Schuhe
braucht es nur auf der Straße.

Je selbstständiger sich das Kind im zweiten Halbjahr fortbe-
wegt, desto mehr Spiele sucht es sich selbst und entdeckt Neues.
Vorausgesetzt, wir engen es in seinem Bewegungsdrang nicht ein
und unterstützen seine scheinbar kleinen, in Wirklichkeit aber
riesigen Lernschritte. Versuchen Sie öfters, Ihre Wohnung aus der

Perspektive des Kindes zu erforschen! Dann entdecken auch Sie neue »Schwierigkeiten« beim Krabbeln und Laufen, die sich als Spiel lohnen. Dabei lernt man selbst mit seinem Kind.

Tätigkeiten, Spiele, Spielzeug

In diesem halben Jahr lernt das Kind, seine Hände vielfältig zu gebrauchen, sich fortzubewegen und aufzurichten. Es lernt, Sprache zu verstehen, Gesten nachzuahmen und einfache Aufgaben zu lösen. Es lernt, Gegenstände willkürlich fallen zu lassen, entwickelt räumliches Vorstellungsvermögen und kann in Gefäße hineinfassen. Es fängt an, Gegenstände wegzuwerfen und gezielt zu suchen. Es kann seine Hände so gut koordinieren, dass es z. B. zwei Löffel aneinander schlagen kann. Das Kind interessiert sich für seine gesamte gegenständliche Umwelt und muss viel Gelegenheit bekommen, diese kennenzulernen.

Tätigkeiten

- ⮑ Schränke und Schubladen ausräumen
- ⮑ Haushaltsgegenstände wie Wäscheklammern, Bürsten, Flaschendeckel, Schachteln, Lappen, Pfannen ... untersuchen
- ⮑ Gegenstände von einer Hand zur anderen austauschen (Sie können dem Kind dabei helfen, indem Sie seine linke Hand auf das Spielzeug legen, das es in der rechten hält)
- ⮑ Körner in einer Flasche beobachten, herausschütteln
- ⮑ Einen Becher umdrehen bzw. über einen Gegenstand stülpen

- Kleine Gegenstände aus einem Becher entnehmen
- Kleine Krümel aufheben (Sie können das üben, indem Sie seinen Zeigefinger und Daumen auf den Krümel legen.)
- Gegenstände an einem Band heranziehen
- Gegenstände auf Anweisung herbeiholen
- Bilder (ein Gegenstand pro Seite) angucken
- Körperteile mit dem Kind benennen, später zeigen lassen
- Zwei Bausteine (möglichst unlackierte) übereinander legen
- Auf eine Trommel schlagen
- Ein Xylophon oder Glockenspiel anschlagen
- Geräusche nachahmen: Wecker (ticktack) – bellender Hund – fahrendes Auto u. a.
- Licht an- und ausschalten (Schalter bedienen)
- Wecker klingeln lassen und stoppen
- Mit Filzstiften kritzeln
- Erfragte Gegenstände zeigen (Wo ist das Licht?)
- Mit Gefäßen in der Badewanne spielen (Wasser umschütten usw.)
- Ein Spielzeug von der Treppenstufe herunterholen
- Spiegelbild beobachten (Cremen Sie das Kind vor dem Spiegel ein, z. B. indem Sie einen Tupfer auf die Nase setzen, setzen Sie ihm einen Hut auf usw.)
- Gegenstände geben und nehmen und dabei bitte und danke sagen.
- Fragen mit ja oder nein (Kopfnicken und Schütteln) beantworten.
- Gesten nachahmen: kratzen, trommeln, Öffnen und Schließen der Hand, Zeigefinger krümmen, Mund auf- und zumachen, blinzeln, Kinn anfassen, Kerze ausblasen, Kuss geben, Nase kraus ziehen, winken, in die Hände klatschen

- ⮑ Ringe auf einen Stab stecken
- ⮑ Bälle durch einen Ring stecken
- ⮑ Lastwagen be- und entladen
- ⮑ Aufziehspielzeug beobachten
- ⮑ Formen in eine Formsortierbox einsortieren
- ⮑ Allein essen und trinken (zuerst aus der Hand, dann vom Löffel)
- ⮑ Aufgaben lösen: Einen versteckten Gegenstand z. B. unter einem Topf oder hinter dem Rücken oder unter einem Tuch wiederfinden. Das Kind hält in jeder Hand einen Gegenstand und bekommt einen dritten gereicht. Wie verhält es sich? Legt es einen Gegenstand ab?

Spiele

Kuckuck
Sich gegenseitig mit einem Tuch bedecken, dann plötzlich das Tuch herunterziehen, sodass man wieder »da« ist

Verstecken
- ⮑ Sich selber hinter Möbeln verstecken und suchen lassen
- ⮑ Finger-, Knie- und Nachmachspiele

Chef-Spiele
(In größerer Runde nach dem Essen zu spielen) Alle am Tisch Sitzenden machen das nach, was das Kind vormacht, z. B. mit den Fingern auf den Tisch tippen, Hände auf die Haare legen, die Hand öffnen und schließen, an die Nase fassen usw. (Es gibt ein türkisches Spiel, das so ähnlich geht: Bei dem Wort »böle« machen alle Mispieler den

Spielleiter nach, bei dem Wort »schöle« darf man ihn nicht nachmachen)

Murmeln

- ➲ Bälle oder Murmeln so rollen, dass sie in ein gekenn-zeichnetes Gebiet (mit Bausteinen abgesteckt oder ein Tuch, das ausgebreitet liegt) gelangen
- ➲ Fingerspiele (Das ist der Daumen, der schüttelt die Pflaumen...)
- ➲ Jetzt zieht Hampelmann...
- ➲ Herr Prinz und Herr Panz u. ä.
- ➲ Geht ein Mann die Treppe rauf

Spielzeug, das man kaufen kann

- ➲ Murmeln
- ➲ Kugel-Bank (Kugeln, die man mit einem Hammer in Löcher hineinklopfen kann)
- ➲ Werkbank
- ➲ Lego (große Steine)
- ➲ Holzbausteine
- ➲ Baubecher
- ➲ Mundharmonika
- ➲ Trillerpfeife
- ➲ Ringpyramide
- ➲ Magnettafel bzw. ein Eisenblech an der Wand befestigt
- ➲ Malstifte (Wachsstifte, Filzstifte, Bleistifte)
- ➲ Fingerfarben
- ➲ Diverses Papier
- ➲ Sortierbox
- ➲ Lastauto
- ➲ Murmelbahn

➲ Aufziehspielzeug
➲ Vorhängeschloss mit Schlüsseln

Spielzeug, das man selber machen kann

Licht- und Klingelspiel: Auf einem Holzbrett diverse bunte Glühbirnen an Schalter und Batterien anschließen. Eine Türklingel ebenfalls mit Schalter und Batterie verbinden. Ein Riesenspaß, auch wenn das Kind zunächst die Schalter noch nicht allein bedienen kann.

Von Eins bis Anderthalb

Im Mittelpunkt der Tätigkeiten des Kindes steht das Laufen- und Kletternlernen. Sicherlich will es auch malen, kneten, bauen und mit einem Laufrad fahren. Es entwickelt Vorstellungen und lernt erste Wörter, versteht sehr viel mehr.

Das Kind fängt an, seinen Willen zu zeigen – das ist oft anstrengend für Bezugsperson und Kind.

Gern ahmt es Tätigkeiten und Handlungen der Erwachsenen nach – natürlich noch sehr unvollkommen. Es fängt an, mit anderen Kindern zu kooperieren, vorausgesetzt, es hatte Gelegenheit, das zu üben.

- ⊃ Lassen Sie Ihr Kind all das allein machen, was es schon allein kann: essen, trinken, die Treppe hochkrabbeln, sich einen Löffel nehmen.

- ⊃ Besorgen Sie Bilderbücher und nehmen Sie sich Zeit, sie gemeinsam mit ihrem Kind anzugucken: Sie müssen ihm alles erklären.

- ⊃ Drängeln Sie auf Spaziergängen nicht – Kinder brauchen Zeit. Wenn Sie keine Lust haben, lassen Sie es lieber gleich in der Karre sitzen und fahren so schnell, dass es erst gar nicht auf die Idee kommt, auszusteigen.

- ⊃ Machen Sie Ihrem Kind nie leere Versprechungen – auch wenn Sie glauben, es erinnerte sich nicht mehr daran.

- ⊃ Gewöhnen Sie sich spätestens jetzt an, nur die Dinge in Gegenwart Ihres Kindes auszusprechen, die es auch wirklich hören soll. In diesem Alter verstehen Kinder sehr viel mehr, als die meisten Erwachsenen ahnen. Missverständnisse und Gekränktsein oder Angst sind die Folge, denn die Kinder können weder nachfragen noch sich sprachlich rechtfertigen.

- ⊃ Statt spazieren zu gehen werden Sie jetzt öfter »spazierenstehen«: Während Ihr Kind in jedem Dreck ein Abenteuer wittert, langweilt sich die Bezugsperson oft fürchterlich vor Pfützen, Treppen, Ameisenhaufen. Aus eigener Erfahrung mit derartiger Langeweile empfehle ich wärmstens, nie ohne ein Taschenbuch in der Manteltasche spazieren zu gehen. Während

mein Sohn seinen Forschungsdrang an Pflastersteinen aus-
ließ, habe ich daneben gestanden und ganze Romane ver-
schlungen.

Spiel mit Gleichaltrigen

Für jeden deutlich sichtbar fangen Kinder dieses Alters an, aufeinander zuzugehen, sich anzufassen, sich Gegenstände gegenseitig wegzunehmen, wiederzugeben, sich zu füttern, nachzuahmen und zum Lachen zu bringen.

Friedlich spielende Kinder sind der Wunschtraum aller Erzieher und Eltern – ob es dazu kommt, hängt allerdings wesentlich
von ihnen ab. Zunächst wird sich der häusliche Umgangston auf
die Beziehungen zu Gleichaltrigen auswirken. Wer es gewohnt ist,
Befehle zu empfangen, wird andere Kinder kommandieren wollen, wer geschlagen wird, schlägt andere. An den Haaren ziehen,
hauen, schubsen lernen Kinder dieses Alters aber auch irgendwann auf dem Spielplatz oder in der Krippe kennen. Wie verhält
man sich als Erwachsener, wenn man Kinder sieht, die sich gegenseitig Spielzeug aus der Hand reißen und sich – wenn das nicht
gelingt – in die Haare greifen? Etwas wegzunehmen ist für ein
Kind dieses Alters eine völlig normale Handlung. Es kann nicht
darum bitten und denkt sich nichts dabei, außer dass es jetzt mit

diesem Gegenstand spielen will. Soll man die Kinder also gewähren lassen und sich nicht einmischen? Oder sofort hinzuspringen und die Kinder trennen?

Erziehen heißt bewusst Einfluss nehmen, erklären, veranschaulichen: Man darf die beiden in ihrem Streit sehr unglücklichen Kinder also nicht ihrem Schicksal überlassen. Als Erwachsener alles sofort zu regeln, wäre allerdings genauso falsch – denn keiner würde dabei lernen. Einfluss zu nehmen heißt, das Kind auf das Verhalten, auf die Gefühle und Empfindungen des anderen aufmerksam zu machen, es zum Beobachten des anderen anzuregen. »Sieh mal, das Kind weint, es möchte so gern deinen Bagger haben.« »Schau, wie wütend es ist, weil du ihm die Schippe weggenommen hast.« »Jetzt kann keiner von euch mehr spielen, weil ihr so wütend seid.« »Gib ihm doch dein Förmchen. Du kannst dafür seins nehmen. Sieh mal, wie gern er es haben möchte.«

Solche Sätze helfen natürlich nicht immer und schon gar nicht sofort. Nach und nach lernen Kinder jedoch, sich in andere hineinzuversetzen und Rücksicht zu nehmen.

Dazu gehört auch, dass man ihr eigenes Spielzeug, bevor Kinder den Unterschied zwischen mein und dein begriffen haben, nicht engstirnig als solches kennzeichnet und nicht ständig die Besitzverhältnisse betont. Beim gemeinsamen Spiel sollte grundsätzlich jedem das gehören, womit er gerade befasst ist – egal ob es seins ist oder nicht.

Ohne ein entstandenes Spiel durch Worte zu unterbrechen, sollte man seine positiven Beobachtungen den Kindern doch mitteilen. »Schön, dass du Tom hilfst, den Eimer vollzuschaufeln. Wie schnell ihr das zusammen schafft.« »Gut, dass du Marie dein Auto gegeben hast, sie freut sich jetzt richtig.«

Ist ein Spiel erstmal in Gang gekommen, beobachtet man es besser von weitem. Jede Einmischung unterbricht das Spiel und die Selbstständigkeit.

Schmerzen

Sobald die Kinder laufen können, fallen sie auch, stoßen sich die Knie auf, werden geschubst, geschlagen, getreten, fallen von Stühlen, die Treppe runter, stoßen sich den Kopf, klemmen sich... das alles tut weh. »Aua« wird zum fest stehenden Begriff.

Schmerzen sind nicht wegzuleugnen, – man sollte sie Kindern aber auch nicht einreden. Wenn ein Kind hinfällt, sollte man nicht gleich hinspringen und es aufheben und bedauern, bevor es überhaupt Schmerz empfindet. Schmerzen sind zu einem großen Teil psychologisch begründet. Das kann man gerade bei Kindern gut beobachten: Das Kind, das bei seiner Mutter laut schreit und sich tröstend aufnehmen lässt, steht bei einer anderen Bezugsperson, die seinem Schmerz gelassener gegenübertritt, von allein wieder auf, ohne zu weinen.

Wenn Trost wirklich nötig ist, hilft Bedauern wenig. Sätze wie: »Du hast dir sehr weh getan – aber das geht vorbei« oder »Schade, dass dein Kopf gegen den Tisch gestoßen ist – der tut jetzt so weh«, zeigen eine Richtung, die auf das Vorübergehende des Schmerzes hinweist und seine Ursache erklären hilft. Das hilft gleichzeitig, Angst zu überwinden, weil man ihre Ursachen durchschauen lernt.

Kinder sind sehr suggestibel, d. h. sie reagieren prompt auf Suggestionen. Das wussten unsere Vorfahren, indem sie Sprüche wie »heile, heile Segen, drei Tage Regen, drei Tage Sonnenschein, morgen wird es besser sein« erfanden. Sie wussten, dass man Schmerz »wegpusten« kann oder auch besingen. Pflaster haben dieselbe »magische« Wirkung – auch wenn sie eigentlich kleinen Wunden eher schaden als nützen. Kleine Geschichten, die niemals negative Worte wie Schmerz u. ä. enthalten dürfen, wirken genauso überzeugend. Ein guter Trick ist, dabei genau die Körperteile einzubeziehen, die von der schmerzenden Stelle weit weg sind. Hat das Kind z. B. eine Beule am Kopf, erzählt man von Herta, dem Kaninchen, das ganz weiß war, aber komischerweise rosa Pfötchen hatte. Alle Menschen wunderten sich über die schönen rosa Pfötchen und...

So kann man auch beim Impfen helfen, ohne zu verheimlichen, dass der Doktor einen Pieks macht. Und während er das tut, kann man wieder von Herta erzählen oder die kleine weiße Wolke beobachten, die gerade dahinfliegt...

Trotz

Früher oder später entdecken Sie – hoffentlich mit einem Lächeln – bei Ihrem Kind einen bis dahin nicht gekannten Widerspruchsgeist. Plötzlich will es nicht mehr das, was Sie wollen, schreit »nein«, wirft sich zu Boden, trampelt. Man fragt sich natürlich, was man bis hierher alles falsch gemacht hat in der Erziehung. Eben wollte das Kind noch spazieren gehen, jetzt weigert es sich aber, Schuhe anzuziehen, und bekommt einen Tobsuchtsanfall, wenn Sie es dazu zwingen wollen.

Was ist geschehen? Viele sprechen vom so genannten Trotzalter, das im dritten Lebensjahr seinen Höhepunkt erreicht. Kinder in diesem Alter lernen, dass sie selbst jemand sind, entdecken, dass sie einen Willen haben, und können ihn mit Worten – zumindest mit »nein« – ausdrücken. Sie machen die wunderbare Entdeckung, dass Menschen mit ihrem Willen etwas verändern können, und üben sich darin. Die Trotzphase ist unter gegenwärtigen gesellschaftlichen Bedingungen (Vater und Mutter arbeiten an einem unbekannten Ort, ihre Arbeit ist nicht durchschaubar, das Kind wird »kindspezifisch« betreut u. v. m.) schwer oder gar nicht vermeidbar. Wissen sollte jedoch jeder Vater und jede Mutter, dass diese Phase nicht naturgegeben und menschenspezifisch ist. Ich erwähnte eingangs schon, dass z. B. Yequana-Kinder Trotz nicht kennen. Ich glaube, dass allein dies zu wissen schon weiterhilft: insofern, als dass wir weder im Kind noch in den Eltern den Schuldigen suchen. Diese Einstellung hilft viel-

leicht öfter, die Nerven zu bewahren und gemeinsam einen Ausweg zu finden. Wer sich darüber freut, dass sein Kind in der Lage
ist, einem Erwachsenen zu trotzen, wird mit dieser »Phase« wesentlich besser zurechtkommen als Eltern, die »hart durchgreifen«
wollen. Auch werden Kinder, die in einer Kindergruppe spielen
und lernen, weniger Schwierigkeiten haben als solche, die mit ihren Eltern allein leben.

Natürlich können einen die Ideen und Reaktionen des Kindes
oft zur Verzweiflung bringen, nur darf man dem Kind nie böse
sein oder es gar bestrafen. Schließlich hat es selbst es auch nicht
gerade leicht, mit dem eigenen Willen umzugehen. Ist man wirklich mit den Nerven fertig, weil das Kind sich mal wieder »unmöglich« aufführt, geht man am besten leise aus dem Zimmer und
atmet tief durch. Mit Schimpfen, Schlägen oder falschen Worten
erreicht man das Gegenteil von dem, was man möchte: Das Kind
wird noch »trotziger«, zieht sich zurück, fühlt sich mit Recht ge-
demütigt und gekränkt und verschließt sich schließlich vor seinen
Eltern. Seien Sie also so geduldig, wie es Ihnen möglich ist.

Ich finde Rausgehen besser als Schlagen. Aber hierzu schrieb
mir eine Leserin, dass sie als Kind das Rausgehen als besonders
schlimm empfunden habe. Ich finde es auch schlimm, konnte
aber nicht anders. Barbara Sichtermann schreibt dazu im Kapitel »Zweikampf«: »Ruth will sich nicht wickeln lassen. Sie
schmeißt sich auf den Boden und brüllt. Sie boxt. Sie entwindet
sich deinem Zugriff – sie will mit dir kämpfen. Ja, sie will es wirklich. Sie will gar nicht in Ruhe gelassen werden. Sie sucht Händel.
Was geschieht nun, wenn du dich einfach zurückziehst und, ganz
mit Geduld und Gelassenheit, wartest, bis der Anfall vorüber-
geht? Soweit Ruth eine körperliche Auseinandersetzung mit dir
– wenn auch wohl nicht bewusst – sucht, muss sie enttäuscht sein.
Ihre aggressiven Impulse müssen zerschellen an so viel Überlegenheit. Du kannst sie doch an den Füßen packen, herumdrehen,
beschimpfen, loslassen, eine Windel nach ihr werfen, stampfend
im Zimmer auf- und abgehen, ohne deinerseits in blinde Rage zu

geraten, aber auch ohne diese Szene zu spielen. Du kannst den Kampf mit ihr aufnehmen, ernst, erregt, aber doch stets auf Waffengleichheit und so auf mannigfache Vorgaben für sie bedacht, kannst aggressiv erwidern, ohne die Schwelle zu überschreiten, jenseits derer du sie in Angst versetzen würdest.« (Vorsicht Kind, S. 152) Ich wäre darauf nicht gekommen, aber es leuchtet mir ein, dass es notwendig sein kann, seine eigenen Aggressionen nicht zu unterdrücken, sondern – auch vor dem Kind – abzureagieren.

Oft kann man vermeiden, dass es überhaupt so weit kommt: Ihr Kind hat die Hose »voll«, Sie wollen es umziehen. Wenn Sie ihm näher kommen und sagen: »Komm, ich zieh Dir jetzt eine trockene Hose an«, schreit es: »Nein.« Lassen Sie es ruhig nass, wenn es nicht gerade einen zwingenden Grund gibt, es jetzt zu wickeln. Sagen Sie ihm, dass es von allein kommen soll, wenn es eine neue Hose möchte, oder versuchen Sie es unauffällig nach einer halben Stunde noch einmal.

Leider wird es sich in einigen Fällen nicht vermeiden lassen, Ihr Kind zu zwingen (z. B. wenn Sie wirklich weg müssen und es draußen so kalt ist, dass das Kind angezogen sein muss) – es sollte aber auch ein wirklicher Notfall bleiben, denn es ist eine Tortur für beide Parteien und keine Lösung des Problems. Unbedingt ist man dem Kind dann eine Erklärung schuldig: »Ich muss Dir jetzt eine neue Windel anziehen, weil...«

Welche Dinge muss man denn nun unbedingt gegen den Willen des Kindes durchsetzen? Überlegen Sie sich das am besten schon vor der Trotzsituation. Sie und Ihr Kind müssen gesund bleiben (Sie müssen ihm also unter bestimmten Umständen etwas anziehen und, z. B. wenn es wund ist, die Windel wechseln). Sie müssen außerdem bestimmte Termine wahrnehmen, Pflichten erfüllen. Darauf kann man das Kind vorbereiten: Wenn es weiß, dass Sie um acht Uhr im Büro sein müssen und es vorher in die Krippe gebracht wird, kann es nicht um 7.30 Uhr noch im Hemd rumlaufen. Wenn Sie es jetzt unter Zwang anziehen müssen, weiß es schon vorher, dass dies eine unausbleibliche Folge ist. Sie können aber auch die Schuhe anziehen, Ihren Mantel nehmen und zur Tür gehen – wahrscheinlich möchte das Kind jetzt auch dringend angezogen werden. Wenn nicht, können Sie ankündigen, dass Sie jetzt noch eine Zeitung kaufen oder mal sehen, wie das Wetter ist, und die Wohnung verlassen. Wenn Sie nach kurzer Zeit zurückkommen, wird das Kind sicherlich auch schreien, sich aber anziehen lassen. Ich finde es besser, dass das Kind die Folgen eines Willens spürt und dadurch lernt, ihn richtig einzusetzen, als es zu zwingen. »Trotz«, dieses Erproben der Tatsache, dass man plötzlich etwas anderes wollen kann als die Erwachsenen, sollte man nicht mit Unbescheidenheit und Quengelei verwechseln. Will das Kind z. B. unbedingt jetzt auf der Stelle ein Eis und man lehnt das ab, weil es gleich Abendbrot gibt, dann hat das nichts mit Trotz zu tun. Das Kind ist natürlich ärgerlich und schreit – die Mutter hat aber einen guten Grund für ihre Meinung und bleibt dabei: Ein sehr unwesentliches kindliches Bedürfnis wird nicht befriedigt.

Wenn aber ein Kind die Schuhe nicht anziehen will, obwohl es eigentlich raus möchte, und sich dabei in eine Situation hineinsteigert, die es eigentlich gar nicht will, dann hat es nichts mit dem zweifellos falschen Weg des geringsten Widerstandes zu tun, wenn man dem Kind jetzt mit etwas Feingefühl hilft, aus der Situation herauszukommen, z. B. indem man sagt: »Gut, ziehen wir nicht diese, sondern die Gummistiefel an.« Sehr treffend beschreiben Mitarbeiter des Arbeitskreises Neue Erziehung, Berlin, die Situation.

»Man gießt zum Beispiel dem Kind Milch ein – es schiebt die Tasse weg, es will Saft. Nun gut, man selbst trinkt schließlich auch das, worauf man Appetit hat – also bleibt man freundlich und holt den Orangensaft. Aber nein, das Kind will keinen gelben Saft, es will roten! Entweder, es ist tatsächlich roter Saft im Haus, dann kann man das Spiel noch mitspielen und den Saft austauschen. Oder man hat keinen roten Saft, dann teilt man das dem Kind mit. Vermutlich aber wird die Angelegenheit in beiden Fällen noch nicht abgeschlossen sein! Im einen Fall wird das Kind feststellen, dass der rote Saft nicht schmeckt, im anderen Fall wird es nicht aufhören, auf dem Saft, den Sie gerade nicht da haben, zu bestehen. Wenn Sie jetzt nicht alle Reste Ihres Humors zusammenkratzen, wird es schwierig! Sie werden vielleicht anfangen, herumzuschimpfen, das Kind wird losheulen, und die Situation ist vollkommen verfahren. Aber vielleicht schaffen Sie es, das Kind einfach auf den Arm zu nehmen und zärtlich zu sagen: »Aber Schätzchen, wir werden uns doch nicht wegen des Saftes aufregen! Wir essen jetzt einfach einen Apfel, und dann sehen wir uns noch ein Buch an, ja?«

An diesem Punkt hat das Kind eine Chance, aus der Sackgasse seines Trotzes herauszukommen. Man hat ihm einen neuen Vorschlag gemacht, mit dem es sein »Gesicht wahren« kann. Seine Verkrampfung löst sich.

Am nächsten Tag gibt es wieder eine neue Trotzsituation. Da will es seine Bausteine nicht von Papas Stuhl nehmen und seine Schuhe nicht in das Regal stellen und sich nicht waschen lassen. Glauben Sie uns bitte: Sie vergeben sich nichts, wenn Sie in all diesen Situationen großzügig und nachgiebig verfahren!

Sie verziehen das Kind nicht, wenn Sie etwa sagen: »Gut, lassen wir die Bausteine liegen, hoffentlich setzt Papa sich nicht darauf und macht sie kaputt.« Oder: »Schön, dann machen wir keine große Wäsche, nur den allerschlimmsten Schmutz müssen wir abkriegen!«

Das Kind – wir können es uns gar nicht oft genug klarmachen – will ja nicht böse sein und will uns auch nicht bewusst ärgern. Es muss sich einfach mit der Entwicklung eines eigenen Willens auseinandersetzen, denn es braucht die Erfahrung, dass man mit seinem Willen etwas verändern kann.

Natürlich beherrscht es die Form nicht, in der man Wünsche äußert und Veränderungen durchsetzt. Es kann noch nicht verbindlich reden oder gar argumentieren. Es kann nur »Nein!« sa-

gen und »Will nicht«. So müssen Sie ihm helfen, dass es nach und
nach lernt, seinen Willen vernünftig einzusetzen und seine Wünsche zu begründen.

Oft werden Sie an der Grenze Ihrer Geduld sein; aber dann
halten Sie sich bitte immer eines vor Augen: Ihr Kind soll sich
doch später einmal durchsetzen, nicht wahr? In der Schule, am
Arbeitsplatz, in der Gesellschaft. Es soll nicht alles hinnehmen,
sich nicht alles gefallen lassen! Das wird es aber nur können,
wenn es von klein auf geübt hat, sich gegen Widerstände durchzusetzen. Und bei wem sollte es üben, wenn nicht bei Ihnen?!

Eigene, recht anstrengende Erfahrungen auswertend, möchte
ich zusammenfassen: dem Kind in diesem Alter möglichst oft
Entscheidungsfragen stellen, wenn eigene Entscheidungen möglich sind: z. B. die Wahl zwischen diesem und jenem Pullover,
diesem oder jenem Weg auf dem Spaziergang. In den Dingen, die
wirklich nur die Eltern entscheiden können, nicht fragen, sondern handeln und unnachgiebig sein. Das schließt Einfühlsamkeit
nicht aus. Zwang ist nur im wirklichen Notfall anzuwenden.

Befehle sind zu vermeiden. Wenn das Kind schon einen Wutan-fall hat, gilt, was ich jedem Erwachsenen auch raten würde: Zeit zum Durchatmen geben, es in Ruhe lassen – ohne dass es sich verlassen fühlen muss.

Bezeichnenderweise kommt es zu Trotzreaktionen nur zwischen Kindern und Erwachsenen, und zwar nur bei Erwachsenen, die dem Kind sehr nahe stehen. Deshalb ist es gerade in dieser Entwicklungsphase wichtig, dass Kinder auch fremdbetreut werden, d. h. lernen, sich mit anderen Erwachsenen, vor allem aber mit Kindern auseinanderzusetzen.

Was heißt hier verwöhnen – oder: wie lernt ein Kind Rücksichtnahme?

Ein häufiger Vorwurf, der in der BRD Müttern gemacht wird, ist, dass sie ihr Kind verwöhnen. Nun ist Verwöhnen kein wissenschaftlicher Begriff – jeder versteht etwas anderes darunter. Jedenfalls ist ein Verhalten damit gemeint, das das Kind tyrannisch, unbescheiden und rücksichtslos macht.

Die einen meinen, man solle das Kind nicht zu häufig auf den Arm nehmen, weil es dann immer auf den Arm wolle, und vor allen Dingen nicht zu sich ins Bett nehmen – dann habe man keine Nacht mehr Ruhe.

Andere raten, nicht zu viel Eis oder Geschenke zu kaufen – dadurch wird das Kind maßlos und undankbar.

Wieder andere verstehen unter Verwöhnen, das Kind in Abhängigkeit zu halten, indem man es ständig umsorgt und ihm jede Anstrengung geistiger und körperlicher Art abnimmt.

Muss oder darf man auf die Wünsche des Kindes eingehen? Wie lernt es, nicht nur zu fordern, sondern selber zu geben? Rücksicht zu üben?

Gerade bei Kindern zwischen 1 1/2 und 2 1/2 Jahren fragen sich viele Eltern, ob sie nicht etwas falsch gemacht haben, wenn ihr Kind am Frühstückstisch so lange »Saft« brüllt, bis es ihn hat, oder ständig an den Eltern zieht, dass sie dies oder jenes mit ihm tun sollen. Kinder, die noch nicht sprechen können, haben eine Vorliebe, »da-da« oder so ähnlich zu rufen, so lange auf bestimmte Gegenstände zu zeigen, bis sie ihnen jemand gibt oder sagt, wie sie heißen – andernfalls lautes Gebrüll. Beobachten wir das Kind und fragen, was es beabsichtigt. Wenn es mit da-da nach Gegenständen fragt, die es untersuchen will und erklärt haben möchte, und wir ihm diese Gegenstände geben und mit Namen benennen, erklären, wozu sie gebraucht werden, lernt das Kind dadurch, seine Umwelt zu verstehen, sammelt Erfahrungen, die es nicht anders sammeln kann, lernt sprechen. Dies kann also kein Nachteil sein, im Gegenteil: Je mehr ein Kind weiß und kann, desto schneller lernt es auch, sich selbstständig zu beschäftigen. Aber ohne die Anregungen, Erklärungen und Hilfestellungen der Erwachsenen kann kein Kind lernen, und ein Kind, das nicht lernt, kann auch nicht spielen.

Und wenn es ständig nach Süßigkeiten bettelt? Woher kennt es Süßigkeiten, muss man sich fragen. Warum verlangt es so danach? Will es essen, um beachtet zu werden, um sich zu befriedigen, weil Essengeben die einzige Art der Zuwendung durch die Mutter ist? Und hat die Mutter vielleicht für sich selber Zigaretten, Wein oder sonstwas gekauft, aber ein Euro für ein Eis ist ihr zuviel?

Und was ist, wenn die Eltern am Frühstückstisch sitzen, ihr Kind aber darauf besteht, dass jetzt mit ihm gespielt wird? Dann erklärt man ihm in Ruhe, dass man jetzt zu Ende essen will. Dabei kann man dem Kind anbieten (und vormachen ist besser als reden), am Tisch mit kleinen Gegenständen zu spielen oder sich ein Buch anzugucken, das es kennt (andere müsste man erklären). Wenn es das beim ersten Mal nicht begreift, ist das verständlich. Es wird vielleicht ärgerlich sein, muss aber lernen, bestimmte Rechte der Eltern zu akzeptieren. Dies wird ihm leicht fallen, wenn Vater oder Mutter nach dem Frühstück ohne Bitten und

Betteln tatsächlich Zeit zum Spielen haben: Kinder, mit denen selten oder nie gespielt wird, quengeln zu Recht – bis sie eines Tages aufgeben, resignieren, verzweifeln, abstumpfen.

Kann man ein Kind mit Spielzeug verwöhnen? Hier sollten die Eltern mal ehrlich sein. Reicht das Geld, oder reicht es nicht? Wenn nicht, kann man das auch sehr kleinen Kindern schon erklären. Sie erleben, dass die Eltern lange über Geld für Anschaffungen nachdenken müssen, erfahren möglicherweise, wie die Eltern Dinge selber herstellen oder gebrauchte besorgen, kurz: Sie erleben Sparsamkeit konkret und werden daher auch eher bereit sein, dieses Verhalten zu akzeptieren. Auf der anderen Seite gibt es aber Familien, in denen sich die Eltern einigen Luxus erlauben, das Kind aber um Geld für einen Zeichenblock betteln muss.

Wenn solche Eltern den Kauf eines sinnvollen Spielzeuges für ein Kleinkind ablehnen, finde ich das nicht akzeptabel: Hier wird Sparsamkeit künstlich erzeugt, die Eltern wirken unaufrichtig. Gutes Spielzeug ist kein Luxus, sondern notwendig für die Entwicklung und Förderung eines Kindes. Zwar ist zu fordern, dass gutes Spielzeug durch staatliche Zuschüsse billiger wird, so lange das aber nicht der Fall ist, gibt es zum Kauf (auch gebrauchten Spielzeugs) keine Alternative. Schön, wenn sich mehrere Verwandte zum Schenken zusammentun – aber nicht nur zu Weihnachten!

Verwöhnen kann man ein Kind allerdings, indem man ihm ohne Nachdenken alles kauft, was es gerade sieht und haben möchte. Das hat dann mit Spielzeug nichts mehr zu tun, sondern ist eine Ersatzbefriedigung, so wie manche Kinder mit Schokolade und Süßigkeiten vollgestopft werden, damit sie »Ruhe geben«.

Das Wichtigste, was man einem Kind schenken kann, ist ungeteilte Aufmerksamkeit. Dabei spielt weniger eine Rolle, wie lange Sie Ihr Kind beobachten oder ihm zuhören, sondern ob Sie wirklich aufmerksam sind. Auf diese Weise können Sie sehr viel über Ihr Kind erfahren und beginnen, es zu verstehen. Es ist eine traurige Tatsache, dass die häufigste Klage, die Kinder über ihre Eltern führen, ist: Sie hören mir nicht zu.

Und der Schlaf im Elternbett? Einmal – immer? Nach allen Erfahrungen möchte jedes Kind eines Tages ganz allein schlafen. Die ganze Nacht lang. Es vorher dazu zu zwingen, ist viel anstrengender als das gemütliche Zusammensein im großen Bett. Wovor haben wir da eigentlich Angst? Vor unseren eigenen Gefühlen dem Kind gegenüber? Wenn ein Kind nachts weint, hat es Angst und keine tyrannischen Ansprüche. Es hat ein Recht auf Trost, denn es kann seine Angst noch nicht rational überwinden. Angst überwinden kann ein Kind dieses Alters nur mithilfe der Eltern, durch ihre Anwesenheit, die Geborgenheit ihrer Arme. Natürlich kann man auch neben dem Kinderbett stehen bleiben, bis es wieder schläft, es dort auf den Arm nehmen – aber das ist doch ein bisschen ungemütlich.

Menschen sind keine Tiere – trotzdem ist mir immer sehr unwohl, wenn ich sehe, wie zärtlich eine Katze ihre Jungen leckt, wie sie herbeieilt, wenn sie schreien, wie viele Stunden sie bei ihnen verbringt, mit ihnen spielt, ihnen Dinge beibringt, die sie im Leben brauchen, während unsere Säuglinge schon von Geburt an separat in hygienischen Betten liegen, schreien müssen, obwohl es nachgewiesenermaßen doch nicht die Lungen kräftigt. Man fragt sich, welche Umstände Frauen dazu treiben, ihre Kinder zu vernachlässigen, zu prügeln und zu misshandeln. Welche Zustände herrschen in einem Land, in dem man sich über das Verwöhnen von Kindern größte Sorgen macht?

Wie kommt es zu jenen Erscheinungen, die wir in Großstädten beobachten: Jugendliche stehen im Bus vor gebrechlichen Omas nicht auf, pöbeln, schlagen Schwächere, lachen über Kranke, lassen ihre eigenen Eltern im Stich. Rücksicht nehmen? Nie gehört. Verwöhnte Generation? Kinder von Eltern, die zuviel auf ihre Kinder eingingen? Ganz sicher nicht. Das Vorbild der Eltern ist für Kinder entscheidend. Wer nie Rücksichtnahme erlebt hat, kann auch nicht rücksichtsvoll sein. Wessen Eltern nie Zeit zum

Spielen oder Reden hatten, der wird auch keine Zeit für seine Eltern haben. »Aber wir haben doch alles getan«, heißt es so oft.

Was denn? Für Essen und Trinken gesorgt – ja. Aber auch gespielt, angeregt, gefordert, gefördert, erklärt? Sich für Fehler entschuldigt? Verhalten durchschaubar gemacht? Immer gezeigt, dass man zu ihm, dem Kind, hält – mit seinen Problemen?

Haben diese Eltern ihren Kindern die Möglichkeit gegeben, Hilfsbereitschaft zu lernen, indem sie in der Familie Hilfsbereitschaft erlebten? Vater hilft Mutter? Mutter hilft Oma, Oma hilft dem Kind, und es selber kann auch schon helfen und seine Hilfe wird anerkannt, auch wenn es nur den Eierlöffel auf den Tisch legt?

Rücksichtslose Tyrannen entstehen, wenn Eltern an ihre Kinder und an sich selber keine Anforderungen stellen. Sie stellen keine Anforderungen, weil sie selber kein Ziel haben, keine Hoffnung und keinen Einfluss auf ihre Lebensumstände. Wenn die Beziehungen zwischen den Menschen in unserer Gesellschaft erkaltet, verhärtet sind, muss man sich nicht wundern, dass Jugendliche randalieren, mit Ketten um sich schlagen oder einfach »nur« gleichgültig sind. Und die Beziehungen zwischen den Menschen sind so, weil Profit, weil Geld mehr zählen als Menschlichkeit, Entgegenkommen, Hilfsbereitschaft. Das ist keine Phrase, sondern eine Tatsache, die jedes Schulkind nachvollziehen kann: Sind nicht für die Rüstung immer Milliarden da, während eine Schule noch nicht mal die Mittel zur Renovierung genehmigt bekommt? Und die Vorteile in dieser Gesellschaft genießt nicht der Kranke, Behinderte oder Hilflose, sondern der Spitzenverdiener.

Wo Eltern das durchschauen, werden sie lernen, ihren Kindern menschlich zu begegnen. Anforderungen an sie zu stellen wie an sich selber für das gemeinsame Ziel gesellschaftlicher Veränderung. Sie werden ihren Kindern ihr Verhalten erklären, ihnen helfen, sie verstehen und damit schon vorwegnehmen, was sich erst in einer menschlichen Gesellschaft voll verwirklichen lässt.

Bilderbücher

Warum Bilderbücher? Erfahrungen sammelt das Kind zunächst
mit seinen Sinnen: Es fühlt die Wärme und Weichheit des
menschlichen Körpers, es hört Geräusche, Töne und Klänge,
die in seiner Umwelt erzeugt werden, es sieht Formen, Farben
und Bewegungen. Während es lutscht, tastet und greift, lernt es
die Eigenschaften der Gegenstände kennen: Die Rassel ist hart
und klappert, der Ball weich und rund, der Teddy flauschig...
Indem das Kind handelt, entdeckt es Zusammenhänge: Wenn
die Rassel bewegt wird, rasselt sie, wenn man den Ball anstößt,
rollt er...

Wenn es dem Kind gelingt, sich an einmal gemachte Erfahrungen zu erinnern, gewinnt es Vorstellungen. Indem Vorstellungen mit Worten verbunden werden, bilden sich erste sprachliche
Begriffe. Durch Bilder bietet sich dem Kind eine neue Möglichkeit, sich mit seiner Umwelt auseinander zu setzen. Es lernt, dass

man die ihm vertrauten Gegenstände und Personen mit Bildern und Worten abbilden, beschreiben kann.

Bilder ermöglichen, an gemachte Erfahrungen immer wieder anzuknüpfen und gleichzeitig Neues zu entdecken. Bilderbücher helfen, bekannte Dinge wiederzuerkennen und die Vorstellungen und Begriffe der Umwelt zu festigen. Sie ermöglichen, dass das Kind mit einem Erwachsenen auch über Dinge sprechen kann, die nicht unmittelbar vorhanden sind.

Ob Kinder Spaß am Lesen haben, entscheidet sich nicht erst in der Schule. Durch das Beispiel der Eltern (Lesen sie selber? Besitzen sie Bücher? Holen sie sich Rat aus Büchern?) und das Kennenlernen eigener Bücher werden Gewohnheiten und Einstellungen geprägt, die auch das spätere Leben bestimmen. Erste Bücher helfen, die Umwelt kennen- und begreifen zu lernen und fördern den Spracherwerb.

Inzwischen sind auch gute Bilderbücher erschwinglich geworden (Taschenbücher oder geheftete Ausgaben). Ein Pappbilderbuch mit festen Seiten ist zwar am Anfang leichter zu handhaben und strapazierfähiger, man kann aber auch einem einjährigen Kind schon zeigen, wie man mit einem Buch richtig umgeht. Übrigens kann man auch in Stadtbüchereien Bilderbücher, oft sogar Spiele ausleihen oder mit Freunden tauschen. Dass man nicht alles kaufen muss, ist eine wichtige Erfahrung, die man seinem Kind nicht vorenthalten sollte.

Während sich schon Babys an Büchern freuen, die pro Seite ein großes Bild enthalten, kann man Einjährigen durchaus kleine Zusammenhänge bieten. Die ersten Bücher sollten Inhalte haben, die das Kind aus seiner Umgebung kennt und wiedererkennen kann.

Um Bilderbücher zu betrachten, braucht das Kind unbedingt jemand, der Zeit hat, die Bilder zu erklären, auf Fragen einzugehen (das heißt soviel wie: erklär mir das!), Begriffe zu nennen, und das immer und immer wieder.

Kostenlose Buchempfehlungen für gute Bilderbücher und andere Kinderliteratur können Sie beziehen bei der

⇨ **Stiftung Lesen**
Römerwall 40, 55131 Mainz
Tel.: (0 61 31) 2 88 90-0, Fax: (0 61 31) 23 03 33
Internet: www.stiftunglesen.de
E-Mail: mail@stiftunglesen.de

Anregungen für einen Tagesverlauf berufstätiger Eltern mit ihrem Kind

Sobald Ihr Kind laufen kann, werden Sie es leichter in Ihren Tagesablauf mit einbeziehen können. Es kann jetzt beim Anziehen mithelfen (vielleicht können Sie einige Turnübungen einschieben), beim Frühstück die Teelöffel decken oder die Frühstücksbretter holen, es isst schon allein ein Brot oder trinkt ein Fläschchen.

Wenn nach dem Essen noch etwas Zeit bleibt, können Sie ihm entweder ein Spielzeug geben, das von sich aus eine Aufgabenstellung provoziert (z. B. eine Kugelbank, bei der Kugeln durch eine Öffnung geschlagen werden müssen, damit sie unten wieder herausfallen), oder sich selber mit ihm beschäftigen: Am Frühstückstisch kann man auch malen und kneten (sie malen ab und zu etwas vor, das Kind malt es auf seine Art nach) oder ein Buch angucken – vielleicht von einem Kindergarten oder von einer Straße, über die Sie gleich gemeinsam gehen. Bald kann es auch schon ein sehr einfaches Puzzle zusammensetzen.

Bevor Sie sich auf den Weg zur Krippe, Tagesmutter u. ä. machen, sollten Sie mit dem Kind noch ein bisschen turnen oder es einfangen: Sein Bewegungsdrang ist jetzt sehr groß und auf dem Weg zur Krippe haben Sie sicherlich keine Zeit für Pausen. Sie können aber den Weg nutzen, um Ihrem Kind allerhand zu zeigen und zu erklären: Leuchtreklame, Autobusse, Farben von Autos, verschiedene Menschen... An seiner Karre können Sie eine Fahrradklingel oder Hupe anbringen, eine Windmühle oder ein Fähnchen. Trillerpfeife und Tröten sind sehr beliebt.

Im Sommer wird Ihr Kind nach dem Abholen ganz sicher gern im Sand spielen. Wenn kein Spielplatz in der Nähe ist, haben Sie vielleicht einen geeigneten Balkon oder Hof, auf dem Sie eine Apfelsinenkiste mit Sand aufstellen können (notfalls kann es auch Vogelsand sein – ist natürlich relativ teuer). Zeigen Sie Ihrem Kind, was man mit Sand alles machen kann: mit Wasser mischen, durch die Hände rieseln lassen, mit einem Stock darin rühren oder etwas hineinritzen, Löcher und Berge formen, Zweige einpflanzen...

Auch im Winter und an kalten Tagen gibt es draußen viel zu lernen: gefrorenes Wasser, Vögel, die Futter picken, Blätter mit verschiedenen Formen und Farben, Ameisen, Käfer, Schnecken...

Vielleicht will Ihr Kind auch schon ein Klettergerät erklimmen. Wenn Sie glauben, es dabei sichern zu müssen, fassen Sie nur leicht seine Füße an, damit es richtig tritt. Heben Sie es auch nicht hinauf, wenn es noch nicht allein hochkommt.

Wenn die Ladenschlusszeit naht, müssen Sie wahrscheinlich noch einkaufen gehen. Nennen Sie dem Kind alle Dinge, die Sie brauchen, und lassen Sie es diese Dinge anfassen und festhalten: Indem es die Dinge begreift und kennenlernt, kann es sich auch seine Namen leichter einprägen.

Zu Hause haben Sie vielleicht noch eine Menge Hausarbeit zu erledigen. Ihr Kind kann jetzt schon etwas mithelfen: Es reicht die Wäsche an, die Sie aufhängen müssen, bringt Ihnen Kartoffeln zum Schälen, wirft Abfall in den Mülleimer, wäscht Gemüse. Natürlich unterhalten Sie sich über diese Tätigkeiten mit Ihrem Kind. Beim gemeinsamen Essen benutzt es einen Löffel und isst allein.

Vielleicht haben Sie nach dem Essen noch Zeit, ein Bilderbuch anzugucken. Falls Sie einen Abendtermin wahrnehmen müssen, können Sie das auch ruhig dem Babysitter überlassen. Besonders schön vor dem Einschlafen sind Lieder-Bilderbücher: Während vorgesungen wird, guckt sich das Kind die Bilder dazu an.

Am Wochenende sollten Sie sich etwas Besonderes vornehmen: Schwimmen gehen, ausgiebig turnen, malen mit Fingerfarbe, Perlen auffädeln u. ä. Wenn Sie nur das eine Kind haben, sollten Sie ein anderes Kind aus der Kindergruppe zu sich einladen und an ihren Aktionen beteiligen. Am nächsten Wochenende kann es dann umgekehrt sein.

Von nun an sollten Sie sich prinzipiell zur Regel machen, die Arbeiten, die man mit Kindern ausführen kann, auch mit ihnen gemeinsam zu erledigen. Das muss für das Kind keine tote Zeit sein, sondern ist Gelegenheit, Vielfältiges zu lernen, wenn Sie es wirklich beteiligen (das braucht natürlich etwas Geduld) und mit ihm darüber sprechen.

Wenn die Kinder dann am Wochenende mittags und abends schlafen, hat man wirklich Zeit für die Dinge, die man schlecht mit Kindern erledigen kann – und das sind gar nicht so viele.

Bewegungsanregungen für Kleinkinder

In einer Zeit, in der viele Kinder räumlich eingeschränkt leben müssen und aufgrund vielfältiger Gefahren oft am selbstständigen Ausüben verschiedener Tätigkeiten gehindert und mit technischen Medien möglichst ruhig gestellt werden, kommt der Bewegungsförderung eine besondere Bedeutung zu. Frühe Bewegungsanregung fördert nicht nur die körperliche Entwicklung und schärft alle Sinne, sondern festigt auch das kindliche Selbstbewusstsein, das für die psychische Entwicklung so bedeutsam ist. Nach Aussagen des Mediziners Theodor Hellbrüg-

ge gehört die Einschränkung der kindlichen Bewegungsfreude
zu den Hauptursachen der meisten Kinderkrankheiten. Elterli-
cher Ehrgeiz oder Leistungsdenken werden die Entfaltung des
Bewegungsdranges allerdings eher beeinträchtigen als fördern.
Es geht also nicht darum, bestimmte Bewegungsformen gezielt
zu üben, sondern Kindern abwechslungsreiche Bewegungsgele-
genheiten zu schaffen, in denen sie völlig frei und selbstbestimmt
agieren dürfen. Ich möchte deshalb alle Eltern ermuntern, in ihren Wohnungen Bewegung zu ermöglichen, und gebe hierfür
folgende Anregungen:

➲ Polsterteile, Sitzelemente oder Matratzen so anordnen, dass
   sich eine »Landschaft« mit Aufs und Abs ergibt. Ein großes,
   darüber gelegtes Laken bzw. mehrere Tücher regen zum Erforschen der Landschaft an.

➲ Schiefe Ebenen durch schräg gestellte Tische, Stühle oder glatte
   Bretter oder Leitern reizen das Kind, bereits bekannte Fähigkeiten in unbekannten Situationen zu erproben. Obige Landschaft kann durch Brücken und Schrägen erweitert werden.

➲ Ein aufgeblasener Autoschlauch kann mit einem Seil an einem
   Haken oder Türrahmen aufgehängt werden und als Schau-
   kelschlauch dienen.

➲ Durch das Erlebnis des Schwingens und Schaukelns werden
   Gleichgewichtsgefühle, Raumerleben und Selbstvertrauen ge-
   fördert. Wenn man mehrere Hula-Hoop-Reifen zu einem
   Tunnel nebeneinander legt und als Sitzfläche eine dünne, bieg-
   same Matratze oder Judomatte hineinlegt, können mehrere
   Kinder mitschaukeln.

➲ Eine einfache Wippe kann man so bauen: Man befestigt eine
   Reckstange niedrig im Türrahmen und legt ein gehobeltes
   Brett darüber.

➲ Ein Seil oder eine Strickleiter zum Klettern aufhängen.

➲ Minitrampolin zum Hopsen.

➲ Ein großes Plastikrohr und einen Physioball zum Erproben
   des Gleichgewichtsgefühls.

⮾ Dosen mit daran befestigten Schnüren als Stelzen zum Balancieren.
⮾ Kaufen kann man Ringe und Trapez, Reckstange und Schaukel. Alle diese Geräte lassen sich im Türrahmen oder z. B. im
   Flur an entsprechenden Haken befestigen.

Übungen

⮾ Wer kann mit den Füßen kleine Gegenstände aufheben?
⮾ Wer kann seine Zehen anbeißen?
⮾ Das Kind umfasst einen Besenstiel oder eine Reckstange und
   hängt daran. Sie können ihm zeigen, wie man dabei die Bei-
   ne hebt und ein bisschen schaukelt.
⮾ Das Kind balanciert über einen Besenstiel, der auf zwei Stühle
   gelegt wird. Dabei wird das Kind zunächst unter den Armen,
   später an den Händen festgehalten.
⮾ Lassen Sie Ihr Kind von kleinen Schemeln, Mäuerchen, Sand-
   kastenrand, Stühlen u. a. herunterspringen – zunächst mit
   Festhalten, dann allein.
⮾ Lassen Sie es die Gangarten verschiedener Tiere nachmachen:
   Katze: schleicht leise, beschnuppert Dinge, macht einen Bu-
   ckel, duckt sich flach auf den Boden, putzt sich mit der Zun-
   ge die Pfötchen, rollt sich zum Schlafen zusammen, sitzt auf den
   Hinterpfoten und stemmt die Vorderpfoten auf den Boden
   Vögel/Fliegen: mit ausgestreckten Armen auf- und abschwingen.
   Frosch: hockt lange am Boden und springt dann plötzlich hoch,
   um eine Fliege zu schnappen.
   Käfer: liegt auf dem Rücken und zappelt mit den Beinen.
   Bär: läuft auf allen Vieren (Hände und Füße), seine Beine wirken steif, er richtet sich auf und klatscht in die Pfoten.
⮾ Sie und Ihr Kind sitzen barfuß auf dem Fußboden einander
   gegenüber. Legen Sie Ihre Füße an die des Kindes und versu-
   chen Sie, so Rad zu fahren.

➲ Huckepack: Das Kind hält sich allein an Ihren Schultern fest, Sie umfassen seine gespreizten Beine. Dazu kann man singen »Kleiner, kleiner Sack, hucke, huckepack...«

➲ Stellen Sie sich vor Ihr Kind und fassen Sie es an den Händen: Jetzt soll es an Ihnen hochklettern.

➲ Legen Sie Ihre Hände auf die Ihres Kindes und sagen Sie ihm, es soll Sie wegdrücken.

➲ Lassen Sie Ihr Kind auf Ihrem Rücken reiten. Das Pferd kann gehen und galoppieren – der Reiter darf nicht herunterfallen.

Tätigkeiten, Spiele, Spielzeug

Sie werden sicher schon bemerkt haben, dass Ihr Kind jetzt zu logischen und sinnvollen Handlungen fähig ist: Es rennt zum Telefon, wenn es klingelt, es schiebt einen Stuhl heran, wenn es einen hoch gelegenen Gegenstand erreichen will. Die Entwicklung des Denkens vollzieht sich durch Handeln: Indem das Kind lernt, Perlen auf eine Nadel zu stecken, entwickelt es nicht nur Fingerfertigkeit, sondern erfährt auch Mengenbegriffe wie »eins« und »viele«.

Die folgenden Anregungen dienen der Entwicklung der Fingerfertigkeit, des Denkens, der Sprachförderung und Begriffsbildung.

Die Teilnahme an Hausarbeit und Pflege des eigenen Körpers fördert nicht nur die Selbstständigkeit, Fingerfertigkeit und das Vorstellungsvermögen, sondern gibt dem Kind auch viele Anregungen zu selbstständigem Spielen.

Manche Tätigkeiten sind von der Fähigkeit, sicher zu laufen, abhängig. Während aber einige Kinder schon mit neun Monaten laufen, schaffen es andere erst mit 14, 15 oder 16 Monaten. Das ist völlig normal. Auf keinen Fall sollte man das Laufenlernen erzwingen wollen: Krabbeln ist sehr gesund und zu frühes Laufen kann sich schlecht auf die Körperhaltung auswirken.

Tätigkeiten

⮑ Gemeinsam erforschen, wo man sich überall klemmen kann

⮑ Gemeinsam Hausarbeit, Gartenpflege, Autowäsche u.ä. erledigen

⮑ Verschiedene Gesten und Tätigkeiten nachahmen

⮑ Verschiedene Tiere (Gangart, Geräusche) nachahmen

⮑ Streichhölzer anzünden und auspusten

⮑ Telefonieren

⮑ Aus Knete Würste und Platten formen

⮑ Malen mit Filzern, Wachsstifen, Fingerfarbe, Blei- und Buntstiften

⮑ Verschiedene Papiersorten als Malunterlage benutzen

⮑ Selber Seifenblasen machen

⮑ Perlen auffädeln (zuerst auf eine Stricknadel, dann auf einen Faden mit fester Spitze)

⮑ Hämmern (Kugeln in die Kugelbank, Nägel in die Werkbank)

⮑ Becher verschiedener Größe aufeinander und ineinander stellen

⮑ Dinge durch einen Tunnel (Papprohr) schieben

⮑ Puzzle mit drei oder vier Teilen zusammensetzen

⮑ Kästen und Stühle schieben

⮑ Klopapier von der Rolle abwickeln und beobachten

⮑ Bälle rollen und wegwerfen, in eine Wanne treffen

⮑ Körperteile zeigen und benennen

⮑ Gegenständen Bilder zuordnen (z. B. einen Becher und die Abbildung eines Bechers zusammenlegen)

⮑ Anweisungen ausführen (zeig Papa mal dein neues Auto)

⮑ Bausteine übereinander stapeln

- Bausteine ordnen (zunächst sehr einfache Kriterien: groß/klein)
- Lastautos be- und entladen (u. ä.)
- Mütze, Handschuhe, Schuhe selber ausziehen
- Reißverschluss runter- und hochziehen
- Druckknöpfe öffnen
- Fegen und auffegen

Spiele

Was fehlt?
Von drei Gegenständen einen verstecken

Einfache Rollenspiele
Umrühren, kosten, Geld geben...

Papierspiele
- Sich durch gerolltes Papier anschauen
- Etwas ins Ohr flüstern
- Kullern lassen
- Verschiedene Papiersorten zerreißen

Hoch-tief-Spiel
Spielerisch erfahren, was hoch und tief bedeutet: Wir nehmen die Arme ganz hoch – machen uns dann ganz klein. Wir klatschen oben in die Hände, schlagen unten auf den Boden. Was fliegt hoch? Was krabbelt tief unten auf der Erde?

Tanzspiele
- Sich zu Musik bewegen, die Bewegung mit Rasseln,

Luftballons oder bunten Tüchern unterstützen. Auf
Polstern zur Musik hopsen. Mehrere Kinder halten
ein Tuch, in das klingende Dinge gelegt werden.

⮕ Mehrere Kinder fassen ein Seil an und tanzen so
durch den Raum.

Bänderspiele
Das Kind bekommt einen Stock, an dem ca. 2 m lange
Krepppapierbänder befestigt sind, die beim Laufen fliegen.

Tastspiele
⮕ Auf warmem Teppich und kalten Fliesen barfuß lau-
fen.
⮕ Mit Federn einander kitzeln.
⮕ Mit den Füßen greifen.

Händeturm
Die Hand wird zur Faust geballt und liegt auf dem Tisch.
Der Daumen ist senkrecht abgespreizt. Das nächste Kind
ergreift den Daumen, spreizt den eigenen Daumen ebenfalls senkrecht ab usw. bis der Händeturm fertig ist. Zum
Vers »Butter, Butter, stampfe« wird auf den Tisch ge-
stampft.

Was fehlt?
Eine große menschliche Figur wird aus Papier ausgeschnit-
ten. Der Erzieher/Elternteil knickt einzelne Körperteile
nach hinten ab – was fehlt?

Taschenlampenspiel
Mit der Taschenlampe im dunklen Raum leuchten. Versuchen, den Strahl zu fangen.

Luftballons
Hochwerfen und aufzufangen versuchen.

Geräuschesuchen
Auf einem Spaziergang oder im großen Raum nach den
Geräuschen suchen, die eine versteckte Person ausführt.

Große und kleine Hunde
Große Hunde bellen tief, kleine Hunde bellen hoch, versuchen, das nachzumachen.

Sprechverse
Aufsagen und ausführen.

Lieder
Singen und sich dazu bewegen.

Spielzeug, das man selber machen kann

Bilderbuch
Aus Illustrierten große abgebildete Gegenstände ausschneiden, auf Papier kleben und in Klarsichthüllen stecken. Das
Ganze in ein Ringbuch einordnen. Schön sind auch Kunst-
postkarten oder Kalenderblätter. Bei den Bildern Einseitigkeiten vermeiden: nicht nur Mannequins, sondern auch
Omas und Frauen bei der Arbeit (findet sich schwer!).

Papphaus
Aus einem großen Karton (Waschmaschine u. ä.) ein Haus
bauen, in das Fenster und Tür eingeschnitten werden. Das
Dach kann spitz sein. Alles schön bemalen (mit Plaka).

Tastwand
Vielleicht haben Sie im Flur noch Platz. Auf Sperrholz
oder Pressspan kleben Sie verschiedene Materialien, so-
dass sich ein Relief bildet, das man anfühlen kann: z. B.
Korken, Nägel, Watte, verschiedene Sorten Sandpapier,
Blechdosen u. a.

Musikinstrumente
Viele Materialien klingen, wenn man daran schlägt. Sie
können alles an eine Stange (Besenstiel) hängen und gemeinsam musizieren: mit Blumentöpfen, Flaschen (auch
mit Wasser gefüllt), Blechen, Holzstäben, Dosen, Glocken.

Spielzeug, das man kaufen kann

- ➲ Einen Wagen, den das Kind aufrecht schieben kann
- ➲ Werkbank
- ➲ Nagelbank (Hammerspiel)
- ➲ Laufrad
- ➲ Bausteine (Beim Kauf sollte man sich für ein bestimm-
  tes System entscheiden und von diesem möglichst viel
  kaufen, dann spielen die Kinder damit bis ins Schulal-
  ter. Sehr schön und in den Maßen aufeinander abge-
  stimmt sind Uhl-Bausteine oder Fröbel-Kästen.)
- ➲ Puppe mit Zubehör (selber machen!)
- ➲ Liederbuch mit Bildern
- ➲ Puzzle
- ➲ Größeres Auto zum Be- und Entladen
- ➲ Holz- oder Plastiktiere zum Aufstellen (Bauernhof,
  Zoo)

Von Anderthalb bis Zwei

Fast alle Kinder haben jetzt große Freude am Sprechenlernen.
Sie betrachten Bilderbücher, unterhalten sich gern, sprechen einfache Reime nach, singen Lieder oder hören ihnen zu. Wichtig
werden jetzt all die Dinge, die das Kind aus seiner Umgebung als
wichtig erfährt: kochen, am Fahrrad basteln, Musik machen, turnen, etwas reparieren, Nägel einschlagen... »Arbeiten« wird zum
Lieblingsspiel. Die Kinder lernen, was die Eltern ihnen vormachen und vorleben.

⮕ Spätestens jetzt beginnt die Spielplatzzeit. Oder gibt es in Ihrer Nähe keinen? Dann wird es höchste Zeit, sich dafür einzusetzen (Gartenbauamt, Hausverwaltung bzw. Gemeinde-
  rat). Nutzen Sie die Zeit auf dem Spielplatz auch zu Gesprächen mit Erziehern oder Müttern/Vätern – hier erfährt man
  fast alles Wissenswerte über Probleme und Möglichkeiten der
  Kinderbetreuung, erhält Anregungen für Spiele, Tipps, Kontakte...

⮕ Wenn Sie bisher noch nicht wieder gearbeitet haben, jetzt aber
  einer Wiederaufnahme der Berufstätigkeit planen, blättern
  Sie bitte noch einmal zurück (Sie fangen bald wieder an zu
  arbeiten – was ist jetzt zu beachten?).

⮕ Wenn es in Ihrer Nähe keine Krippe oder Kindergruppe gibt,
  sollten Sie überlegen, ob Sie nicht mit mehreren Gleichgesinn-
  ten eine Initiative starten können. Gerade jetzt sind die Kinder in einem Alter, in dem sie andere dringend brauchen, und
  wenn Sie selber bis jetzt zu Hause waren, sehnen Sie sich wahrscheinlich nach Arbeit außerhalb der Wohnung.

⮕ Zeigen Sie Ihrem Kind immer, dass Sie es als vollwertigen
  Menschen ernst nehmen. Sprechen Sie nicht in einer Baby-
  sprache mit ihm und erledigen Sie nicht Dinge für es, die es
  schon allein kann.

⮕ Sprechen Sie mit dem Kind über alles, was es berührt. Akzeptieren Sie seine Angst vor bestimmten Dingen – aber erklären
  Sie die Ursachen. Sprechen Sie auch über Ihre Sorgen mit
  dem Kind, soweit Sie vermittelbar sind. Wenn Sie müde sind

oder Kopfschmerzen haben, kann das Ihr Kind schon gut verstehen. Es kann Sie streicheln und auch für einige Zeit in Ruhe lassen. Ihr Kind muss lernen, dass Sie auch Ansprüche und Rechte haben. Fürsorglichkeit beruht auf Gegenseitigkeit.

➲ Vermeiden Sie jede Form der gewaltsamen Auseinandersetzung mit Ihrem Kind, z. B. wenn sie ihm die Hose ausziehen oder es ins Bett bringen wollen. Ihr Kind versteht Ihre Worte und kann auch schon selber sprechen – zeigen Sie ihm, dass Sie diese Form der Auseinandersetzung ernst nehmen.

➲ Keine Angst, dass sich Ihr Kind zum Tyrannen entwickelt, wenn es Ansprüche stellt, auf die Sie eingehen. Es lernt – und dazu braucht es jemanden, der Zeit hat.

➲ Wenn Sie Ihr Kind überall »mithelfen« lassen und dabei mit ihm sprechen, müssen Sie auch nicht befürchten, dass Sie »zu nichts« mehr kommen.

➲ Lassen Sie sich ruhig auch mal was von Ihrem Kind diktieren: wo der Spaziergang entlang führen soll, was es zu essen gibt, welchen Pullover es anzieht.

Das Beispiel der Eltern

Ob es uns nun lieb ist oder nicht: Unsere Kinder beobachten uns, übernehmen unsere Verhaltensweisen, lernen durch unser Beispiel. Die Mutter wundert sich, warum ihre Tochter mit anderthalb Jahren schon so pingelig ist, dass sie sich jedes Sandkörnchen sofort abwischen lässt und Fingerfarbe nicht anfassen mag. – Sie selber fasst Schmutziges mit spitzen Fingern an, benutzt Gummihandschuhe und rümpft die Nase bei vollen Windeln.

Um unsere Kinder zu aufmerksamen und fürsorglichen Menschen zu erziehen, sind drei Voraussetzungen unabdingbar: Zum ersten müssen wir Erwachsene selbst stets – und zwar ernsthaft und nicht nur förmlich – füreinander sorgen; zum zweiten dürfen wir von Anfang an das Kind mit seinem Wunsch zu helfen nicht zurückweisen, sondern müssen seine Fürsorge auch dann dankbar annehmen, wenn sie ungeschickt ausgedrückt wird; drittens müssen wir uns zusammen mit unserem Kind um eine andere Person sorgen und etwas für sie tun.

Vielleicht wohnt ja auch in Ihrem Haus eine alte Oma, der man Kohlen hochtragen oder ein gemeinsam gebackenes Stück Kuchen bringen kann. Vielleicht sorgen Sie gemeinsam für ein kleineres Kind oder bereiten seiner müde nach Hause kommenden Mutter eine Überraschung.

Die Verteilung der Rollen in der Familie wird sehr früh durchschaut. Leider ist es auch heute noch fast überall so, dass Vater die Regale anschraubt und Mutter den Abwasch bewältigt. So etwas prägt sich ein. Wenn nicht darüber gesprochen wird, wird der kleine Junge – bald größer geworden – Hausarbeit ablehnen und stattdessen Nägel einschlagen. Der Vater kann aber auch seiner Tochter erklären, dass sie all das lernen darf, was ihre Mutter bei ihren Eltern noch nicht lernen konnte: Löcher bohren, Nägel einschlagen, Radios reparieren. Die Mutter wird ihren Söhnen Kochen und Bügeln beibringen oder Puppen anziehen, und sie werden diese Tätigkeiten genauso selbstverständlich ausführen wie sie.

Wenn die Hausarbeit gerecht aufgeteilt ist, wenn feste Verantwortlichkeiten bestehen, die auf Selbstbestimmung und Einsicht gegründet sind, dann werden auch schon ganz kleine Kinder von ihren Eltern abgucken, wie man sich gegenseitig hilft, Arbeit aufteilt und bewältigt. Ein fester Tagesablauf und verbindliche Regelungen helfen, Kinder in ihre Aufgaben hineinwachsen zu lassen.

Genauso ist es mit Musikalität oder Sportlichkeit. Klavierunterricht macht ein Kind noch nicht musikalisch, aber wenn zu Hause viel Musik gemacht wird, macht auch das kleine Kind selbstverständlich mit. »Nun turn mal schön« bewirkt gar nichts – vorturnen ungeheuer viel.

Zärtlichkeit und freundlicher Umgangston wird genauso abgeguckt wie Beleidigtsein und Schimpfen. Ungefähr mit zwei Jahren fangen Kinder an, mit ihren Puppen oder Tieren bestimmte Familiensituationen nachzuspielen. Den Spiegel, den sie den Eltern dabei vorhalten, sollte man sehr genau betrachten.

Sprechen lernen – Sprache verstehen

Mit eineinhalb Jahren können fast alle Kinder sicher laufen. Wenn dieser Prozess abgeschlossen ist, machen sie gewöhnlich große Fortschritte in der Sprachentwicklung. Man sollte sich einmal klarmachen, was Kinder leisten, wenn sie sprechen lernen:

1. Sie müssen aus dem Redefluss, den sie hören, bestimmte Lautkomplexe (Wörter) ausgliedern.
2. Jedes Wort muss auf seine Bestandteile untersucht werden, ähnliche Lautkombinationen müssen unterschieden werden, z. B. Hand-Hund.
3. Das Wort muss verstanden, d. h. auf ein Merkmal, eine Handlung oder einen Zusammenhang bezogen werden.

4. Gleichartige Gegenstände müssen verallgemeinert und mit einem bestimmten Wort benannt werden (Taube, Spatz, Möwe: Vögel).
5. Ein ganzer Satz, eine Gruppe von Wörtern, die durch bestimmte grammatische Beziehungen verbunden sind, muss verstanden werden.
6. Die Aussprache muss erlernt werden.
7. Die Fähigkeit, in jedem Fall die benötigten Worte zu finden und so zum Ausdruck zu bringen, dass andere sie verstehen, muss erworben werden.

Weil Sprache durch Nachahmung – am besten im Zusammenhang mit Handlungen – erworben wird, ist klar, dass Erwachsene, die langsam und deutlich mit ihrem Kind sprechen, den Spracherwerb erheblich beeinflussen können. Am besten, indem sie all ihr Tun sprachlich kommentieren: »Ich nehme jetzt den Wasserkessel, fülle Wasser hinein...«

Mit eineinhalb Jahren können fast alle Kinder schon ein paar Worte sprechen, haben jedoch Schwierigkeiten mit bestimmten Buchstaben (Sprachfehler sind bis zu 4 Jahren normal) und verwenden eine »Babysprache«, sagen z. B. WauWau statt Hund, auch wenn die Eltern dieses Tier stets als Hund bezeichnen. Verstehen können die Kinder weit mehr, z. B. so komplizierte Zusammenhänge wie: »Zeig der Oma mal dein Buch.«

Alles, was in Gegenwart des Kindes besprochen wird, sollte deshalb genau überlegt sein – auch in diesem Alter sind Kinder schon verletzbar oder verstehen Dinge falsch. Einige Autoren empfehlen den Eltern, die Kindern möglichst bald eine deutliche Aussprache beibringen wollen, so zu tun, als ob sie nichts verstünden. Solche Hinweise kann man nur als seelische Grausamkeit bezeichnen, abgesehen davon, dass ein solches Verhalten nicht nur unehrlich, sondern auch wirkungslos in Bezug auf das Sprechenlernen ist. Ständig angewandt führt es sicher zu Resignation und Angst.

Beim Sprechenlernen unterstützt man ein Kind am besten

dadurch, dass man viel mit ihm tut und (be)spricht: »Wir gehen jetzt einkaufen. Du kannst das Netz holen...« Auch Dinge, von denen man glaubt, dass das Kind sie noch nicht versteht, kann man ihm mitteilen: »Ich muss jetzt im Kindergarten anrufen und fragen, wann ich das Formular abgeben muss...« Worte des Kindes sollte man in richtiger Aussprache wiederholen und, wenn Sätze gemeint sind, ergänzen: »Papa!« – »Ja, da kommt Papa!« »Da, WauWau«. – »Richtig, da läuft ein großer schwarzer Hund.« Nie sollte man ein Kind verbessern: »Das heißt nicht WauWau, sondern Hund«, weil es dadurch entmutigt wird. Umgekehrt darf man auch nie in einer Baby-Sprache mit ihm reden – »ata ata gehen« oder so –, die man vielleicht süß findet, mit der man sein Kind jedoch für dumm verkauft.

Wer hin und wieder von einer Wortschöpfung seines Kindes begeistert ist, sollte das ruhig mal durch Benutzen zum Ausdruck

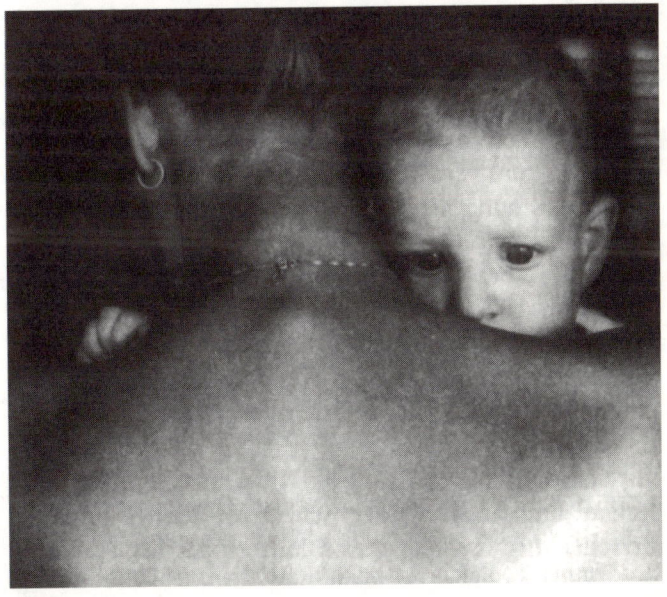

bringen. Wir haben mal »Nötel« für Nuckel gesagt, bis uns das Kind eines Tages strahlend »Nuckel« vorsprach. Oft übernehmen Kinder auch von ihren Freunden Ausdrücke, die ihnen Spaß machen: Das eine kann schon richtig Apfel sagen, das andere sagt »Äppel«. Plötzlich sprechen beide von »Äppel« und lachen dabei – das ist kein Rückfall, sondern durchaus eine Form von Humor und Selbstbewusstsein.

So zum Sprechen angeleitet, macht es dem Kind sichtlich Spaß, jeden Tag neue Wörter nachzusprechen und andere zu behalten. Dabei treten oft erstaunliche Gedächtnisleistungen zutage: Dinge, die nur einmal benannt wurden, werden plötzlich verstanden, Wörter, die man vor Wochen benutzte, plötzlich angewandt, besonders, wenn es sich dabei um so begeisternde Dinge wie »Knete« oder »Tuschkasten« handelt.

Irgendwann bringt das Kind auch zum Erstaunen seiner Umwelt mit Worten zum Ausdruck, dass es Angst hat.

Ohne hier zum »Training« anregen zu wollen, sei darauf hingewiesen, dass zunächst über die Hälfte des Wortschatzes aus Hauptwörtern (Nomen, Substantiven) besteht, ein Viertel aus Tuwörtern (Verben) und ca. 10 % aus Wiewörtern (Adjektiven). Wenn einem das klar ist, kann man morgens im Bett z. B. am Wochenende mal spielen, was alles laufen kann: Kann ein Tisch laufen? Nein. – Kann ein Hund laufen? Oder: Was man alles sehen kann, was alles fliegen oder schwimmen oder kriechen kann.

Vor dem Einschlafen ist oft die Aufzählung sinnvoll, wer alles schläft und wo. Der Vogel schläft auf dem Baum ... . Zur Unterscheidung von Adjektiven hilft es, das Kind wählen zu lassen: Willst du lieber mit dem dicken oder dem dünnen Stift schreiben? Willst du den roten oder den gestreiften Pullover anziehen? Willst du warmen oder kalten Tee trinken?

Auf Spaziergängen, im täglichen Umgang mit Gegenständen, beim Arbeiten ist es leicht, auf Eigenschaften der Dinge hinzuweisen: Merkst du, die Zitrone schmeckt sauer! Sieh mal, so ein lang-

haariger großer Hund. Wie schnell du laufen kannst! Wir steigen
jetzt in den großen gelben Bus ein. Auch Präpositionen lassen sich
so vermitteln: Wo ist denn der Ball? Ach, er ist in dein Bett gefallen? Nein, er liegt nicht im Bett, sondern unter dem Bett, hier!

Wenn der kindliche Wortschatz mehr als 70 Wörter umfasst,
wendet es sich grammatischen Strukturen zu. Dabei macht es
Spaß, Satzmuster zu wiederholen, egal, ob das Kind dabei nur zuhören oder mitsprechen will: Papa geht ins Bett. – Nils geht ins
Bett. – Oma geht ins Bett. Die Katze geht nicht ins Bett, die schläft
auf der Decke.

In diesem Alter lieben Kinder Bilderbücher besonders: Hier
können sie nachfragen, wie die Dinge heißen, ohne dabei auf den
nächsten Spaziergang oder Wohnungsrundgang warten zu müssen. Geduld und Zeit ist alles, was Eltern dabei brauchen, wenn

ihr Kind immer wieder auf Bilder zeigt und fragt »da?« »Das ist ein Fisch, der schwimmt im Wasser«. Bald können die Eltern selber anfangen, Fragen zu stellen. Wo ist denn der Fisch? Was ist denn das?

Die Bilderbücher können jetzt viele Einzelheiten enthalten, große Bilder, auf denen es viel zu entdecken gibt. Manche mögen vielleicht auch schon sehr einfache Texte vorgelesen bekommen – wichtiger ist aber jetzt noch das persönliche Eingehen auf die Fragen und Erklärungswünsche des Kindes.

Auch Zeitungen, Prospekte und Spielkarten (Quartett, Memory, Bilderlotto, Bild-Domino) eignen sich bestens zum gemeinsamen Betrachten und Besprechen. Die Karten haben den Vorteil, dass man sie nach bestimmten Merkmalen sortieren und zuordnen kann, an Bildern oder Postern lassen sich Zusammenhänge klarmachen.

Spaß macht auch, sich ein Spielzeug genau vorzunehmen und darüber zu sprechen: Aus welchen Teilen besteht es? Was kann man alles damit machen? Wer hat es hergestellt? Wie kam es ins Kinderzimmer? Dabei fällt es einem manchmal selber schwer, einzelne Teile oder Gegenstände richtig zu benennen. Dann sollte man die Mühe nicht scheuen, gemeinsam mit dem Kind in einem Bilderlexikon (z. B. Duden, Bilderwörterbuch der deutschen Sprache) nachzuschauen.

In kleinen Rollenspielen lernt das Kind gebräuchliche Floskeln: Guten Tag, haben Sie Brot? Danke-Bitte-Auf Wiedersehen.

Reime, Fingerspiele, Gedichte und Verse machen großen Spaß, besonders, wenn sie mit Aktivität verbunden sind. Kennt das Kind sie gut, soll es auch mal bei Vater »Kommt ein Mann die Treppe rauf...« machen – natürlich ohne seine Freude daran durch Sprachkorrekturen zu vermindern. Wer übrigens solche Verse vergessen hat, kann sie mit dem Kind gemeinsam neu lernen (aufschreiben und deutlich sichtbar aufhängen).

Das ist der Daumen,
der schüttelt die Pflaumen,
der sammelt sie auf,
der trägt sie nach Haus'
und dieser Kleine,
der isst sie alle ganz alleine.

Daumen anfassen, danach alle weiteren Finger, entsprechend den Textzeilen.

Hier hast Du einen Taler,
geh auf den Markt,
kauf Dir eine Kuh
und ein Kälbchen dazu,
das Kälbchen hat ein
   Schwänzchen,
macht dideldideldänzchen.

In die geöffnete Kinderhand geben. Bei jeder weiteren Zeile Handfläche streicheln. Zum Schluß kitzeln.

Kommt ein Mäuschen,
krabbelt ins Häuschen,
will ein Stück Brot, Brot,
   Brot.

Zeige- und Mittelfinger spazieren über die Beine zum Hals und kitzeln da.

Herr Pinz und Herr Panz,
die gehen zum Tanz.
Es gehen zum Tanz
Herr Pinz und Herr Panz.
Erst machen sie so ...
Dann so ...
Dann so ...
Dann hampeln und strampeln
Sie lustig und froh.

Das Kind liegt auf dem Rücken und wird an den Füßen gehalten (Pinz und Panz). Bei »Pinz« und »Panz« jeweils einen Fuß schütteln.
Zeile 3 und 4: Beine abwechselnd strecken und anwinkeln.
Bei »so« Beine grätschen und kreuzen.
Letzte Zeilen: Strampeln.

Ich und Du,
Müllers Kuh,
Müllers Esel,
der bist Du.

Angst

Nicht selten tauchen in diesem Alter Ängste auf, die man als Erwachsener schwer nachvollziehen kann, aber unbedingt ernst nehmen muss. Die Kleine weint plötzlich, weil der Staubsauger an ist, klammert sich fest, wenn das bekannte Müllauto kommt, oder brüllt plötzlich los, weil in der Badewanne ein Plastiktier schwimmt. Andere weigern sich, ein Zimmer zu betreten, weil dort angeblich ein Hund sitzt. Nächtliches Aufschrecken, schweißgebadet, tränenüberströmt, ist keine Seltenheit in diesem Alter.

Die Kinder machen täglich eine Fülle von Erfahrungen, können aber nur sehr begrenzt mit jemanden darüber reden: Sie sehen z. B., dass eine Frau ein Kind schlägt, dass ein Hund wütend bellt, und sind sprachlich noch nicht in der Lage, ihre Fragen zu stellen. Treten solche Ängste auf, wie geringfügig sie uns auch erscheinen mögen, so muss das Kind erstmal beruhigt werden, indem man es in den Arm nimmt und ihm zeigt, dass man es verstehen möchte. Später, wenn sich Gelegenheit zu einem Gespräch in Ruhe ergibt, kann man versuchen, die Ursachen der Angst zu erfragen, Zusammenhänge zu erklären.

Es gibt Kinder, die in diesem Alter nachts regelmäßig aufwachen und weinen. Nach unseren Erfahrungen ist es weit weniger strapaziös, diese Kinder bei sich im Bett schlafen zu lassen, als mehrmals aufzustehen, um sie zu beruhigen. Befürchtungen, das Kind wolle nun immer im Bett der Eltern schlafen, haben sich als unbegründet herausgestellt. Ganz abgesehen davon, dass in fast allen so genannten Naturvölkern die Kinder ganz selbstverständlich mit ihren Eltern zusammen schlafen und dennoch viel früher selbstständig sind als die meisten unserer Kinder, haben wir die Erfahrung gemacht, dass nach einer gewissen Zeit bestimmte Ängste verarbeitet sind und das Kind wieder ruhig schläft. Wie lange das dauert, ist völlig verschieden. Fest steht nur, dass elterliche Ungeduld und so genanntes »hartes Durchgreifen« den

Prozess erheblich verlängern, ja sogar schwere Schäden in Form von Bettnässen, übertriebener Ängstlichkeit u. ä. hervorrufen können, wenn das Kind älter ist.

An dieser Stelle mögen einige Eltern einwenden: Wird durch elterliches Entgegenkommen das nächtliche Aufwachen nicht eines Tages zur bloßen Gewohnheit? Das mag richtig sein – aber wie soll man »bloße Gewohnheit« von richtiger Angst unterscheiden? Sind nicht auch unsere eigenen Ängste Gewohnheit und trotzdem real? Gibt es eine Altersgrenze, von der an ein Kind allein mit seinen Ängsten fertig werden muss? Mir fällt eine Antwort auf diese Fragen schwer. Tatsache bleibt, dass Kinder nicht dadurch selbstständig werden, dass man sie allein lässt. Kein Mensch lernt schwimmen, wenn man ihn ins Wasser wirft – oder? Lernen vollzieht sich schrittweise.

Vielleicht kann man das Problem verhaltenstherapeutisch lösen. Ich selber bin aber nachts zur Durchführung von Lernprogrammen nicht in der Lage. Deshalb schläft unser Sohn auch oft bei uns im Bett. Ich weiß von mir selber, dass ich es hasse, allein zu schlafen, und dass ich auch ohne Kinder nachts regelmäßig aufwache. Zum Problem wird das nur dann, wenn die Schlafenszeit insgesamt zu kurz ist. Ich kenne auch Eltern, die regelmäßig nachts aufgestanden sind und auch die Kinder zu sich geholt haben, und sie schlafen jetzt trotzdem problemlos durch. Ich habe dafür keine »erziehungswissenschaftliche« Erklärung.

Auf jeden Fall sollte man die Frage gelassen angehen. Wenn es dazu kommen sollte, dass Kinder ihre Eltern zu Nervenbündeln machen, muss man sicherlich Veränderungen schaffen: Tatsächlich habe ich so etwas aber noch nie gehört – sieht man einmal von Krankheitsphasen, Zahnen u. ä. ab. Schließlich hat das Kind selber, wie die Eltern auch, ein Interesse an ausreichendem und ungestörtem Schlaf.

Etwas ganz anderes ist die natürliche Angst vor Gefährlichem. Wenn z. B. ein Kind sich weigert, einen großen Hund zu streicheln, sollte man das als vernünftig akzeptieren und ihm sagen, dass einige Hunde aus bestimmten Gründen tatsächlich beißen. Oder wenn es die große Rutsche noch nicht hinaufklettern möchte, dann ist das völlig in Ordnung. Ist es allerdings dort auf der Leiter mal ausgerutscht, sollte man es nicht mit dieser Angst und diesem Misserfolg nach Hause gehen lassen, sondern die Sache noch einmal erfolgreich wiederholen – durch Aufmunterung und Hilfestellung (z. B. nennen, wo man sich am besten festhält). Andere Ängste lassen sich nicht vermeiden und müssen – so kontrolliert wie möglich – durchgestanden werden: z. B. die Angst vor dem Impfen oder beim Haarewaschen. Hier muss man dem Kind den Vorgang erklären, ihn vielleicht an sich selbst vormachen und vor allem dem Kind möglichst viel Gelegenheit zum Mitmachen geben. Es kann sich schon selbst den Kopf nass machen, Shampoo rausdrücken u. ä.; Kinder, die panische Angst davor haben, sollten Gelegenheit erhalten, mit Wasser, Seife, Schaumbad und Shampoo zu spielen und Puppen und Teddys die Haare zu waschen – mit einem Stuhl am Waschbecken oder in der Badewanne. Auch das hilft nicht bei allen – und denen muss man dann eben wohl oder übel brüllend die Haare waschen. Als hilfreich hat es sich bei meinen Kindern erwiesen, ihnen ein trockenes Handtuch zu geben, das sie sich vor die Augen hielten.

Arzttermine sollte man als das darstellen, was sie sind: unangenehm, aber notwendig und nützlich. Zu behaupten, dass eine Impfung nicht weh tut, ist schlicht gelogen. Dass dieser Schmerz schnell vergeht und überhaupt nicht schlimm, d. h. nicht gefährlich ist, kann ein kleines Kind schon verstehen. Dass Ärzte dazu da sind, Menschen zu helfen, Krankheiten zu verhindern und zu helfen, sollte man Kindern schon lange vor ihrem ersten Arztbesuch vermitteln.

Ins Bett gehen

In einigen Familien entwickelt sich das abendliche Zu-Bett-Gehen zu einem mittleren Drama: Das Kind will nicht, stellt ständig neue Forderungen, brüllt – die Eltern sind hektisch, mit ihren Nerven am Ende. Andere machen kurzen Prozess: Ins Bett, vielleicht noch ein Lied, und Schluss!

Manche Elternratgeber warnen vor übertriebenen Ansprüchen der Kinder. Da heißt es dann ungefähr so: »Bleiben Sie nicht unbedingt am Bett sitzen, bis Ihr Kind schläft, es bleibt sonst nur leicht noch länger wach, damit es Sie weiter dabehalten kann.« Oder: »In diesem Alter denkt sich Ihr Kind allerlei aus, um das Schlafengehen hinauszuschieben. Sie sollten ihm etwa zehn Minuten, bevor es Zeit zum Schlafengehen ist, sagen, daß es nun gleich soweit ist. Sie können noch zusammen die Spielsachen aufräumen und es dann für die Nacht fertig machen. Das Kind soll gewaschen werden, seine Mahlzeit erhalten, aufs Töpfchen gesetzt und gewickelt werden. Erzählen Sie ihm noch eine kleine Geschichte, schmusen Sie mit ihm und legen Sie es ins Bett. Möchte es dann noch einmal aufs Töpfchen, noch etwas zu trinken, noch einen Kuß oder etwas anderes haben, sollten Sie darauf nicht reagieren. Ihr Kind wird dann bald schon verstehen, daß Sie ab jetzt auf seine Wünsche nicht mehr eingehen.«

Wir sind der Meinung, dass Ins-Bett-Gehen etwas sehr Schönes, Schlaf etwas sehr Erholsames, Entspannendes ist. Wir fanden es daher nicht richtig, den Schlaf als etwas Aufgezwungenes, Diktiertes zu betrachten, und haben Tränen vor dem Einschlafen immer vermieden. Der Abschied vom Tag sollte harmonisch sein.

Nach unseren Beobachtungen schlafen Kinder vor allem aus zwei Gründen nicht ein: entweder, weil ihnen das Bett als Straflager hingestellt wird (»Wenn du jetzt nicht aufhörst, musst du ins Bett!«), in dem sie ganz allein ausharren müssen (was am Tage in der Regel weder verlangt noch gestattet wird) – oder weil sie noch gar nicht müde sind.

Man darf also nie mit dem Ins-Bett-Gehen drohen und muss wissen, dass Kinder in diesem Alter nicht mehr als 12-14 Stunden Schlaf brauchen. Wie bei Erwachsenen, so ist auch bei Kindern das Schlafbedürfnis verschieden, und manche brauchen eben wirklich nur 12 Stunden. Wenn ein Kind morgens um 7 Uhr aufwacht und über Tag zwei Stunden schläft, kann es frühestens um 19 Uhr, meist jedoch erst um 20 oder 21 Uhr wieder müde sein. Wenn das Kind müde ist, reicht normalerweise ein Fläschchen mit möglichst nur Wasser, zu dem noch ein Lied gesungen wird – und es schläft. Manche Kinder müssen sich noch die Erlebnisse vom Tage abreden – hier zuzuhören gibt wichtige Hinweise auf die Probleme, die das Kind beschäftigen, Erlebnisse, die es beeindruckt haben. Kinder, die nach dem Fläschchen oder Lied anfangen, wieder aufzustehen und rumzualbern, sind offensichtlich zu früh ins Bett gekommen.

Bei uns hat immer eine einfache Vereinbarung geholfen:

Nach dem Fläschchen findet nichts mehr statt – wann es aber

mit seinem Fläschchen einschlafen will, bestimmt das Kind selbst. Nach dem Abendessen und Baden kann es noch, so lange es will, allein oder mit uns zusammen spielen oder Bücher angucken. Will es dann ins Bett, wird noch einmal rückgefragt: »Willst du nicht noch spielen oder ein Buch angucken?« Aber jetzt ist es oft schon so müde, dass es bettelt, das Licht schnell auszumachen, damit es einschlafen kann.

Aber wenn man es abends eilig hat? Wir meinen, dass Hetze und Schreienlassen die schlechtesten Methoden sind, um abends Zeit zu gewinnen. Zum einen muss man sich darüber klar sein, dass Kinder unsere Zeit brauchen. Dies können eigentlich nur Außenstehende als »Opfer« auffassen: Tatsächlich vermisst man sehr viel, wenn die zärtlichen Ins-Bett-bring-Phasen nicht wären. Wenn aber beide Eltern abends hin und wieder Termine wahrnehmen müssen oder mal wieder weggehen wollen, sollte man das Kind rechtzeitig darüber informieren und eine dem Kind vertraute Person bitten zu kommen. Später werden die Kinder gern auch bei Freunden übernachten. Kinder, die gewohnt sind, dass sich ihre Eltern zu bestimmten Tageszeiten entfernen, weil sie arbeiten, dann aber wiederkommen und Zeit für sie haben, stört so etwas gar nicht. »Wenn du schläfst, kommen wir wieder und du bekommst noch ein Küsschen, tschüss.«

Kinder in diesem Alter, egal ob sie schon schlafen oder nicht, allein zu lassen, halten wir für grundfalsch: Jedes Kind träumt und kann davon aufwachen. Dann muss jemand da sein, der ihm erklärt, dass seine Eltern bald wiederkommen und dass es nur geträumt hat. Ein schreiendes Kind allein in der Wohnung – das hat nichts mit Erziehung zur Selbstständigkeit zu tun. Selbstständigkeit basiert auf Vertrauen, nicht auf Angst. Erst wenn ein Kind seine Umgebung mit ihren Gefahren so gut kennt, dass es sich auch tagsüber allein darin zurechtfindet (z. B. telefonieren, Türen öffnen und schließen kann) und von sich aus bereit ist, mit dem Erlebnis des Alleinseins konfrontiert zu werden, kann man es auch nachts allein lassen. (Natürlich nicht heimlich!)

Viel besser als diese Einsamkeitslösungen finden wir allerdings das frühe Gewöhnen an den Umgang mit anderen Erwachsenen und Kindern, die das Problem des abendlichen Weggehens der Eltern gar nicht erst aufkommen lassen.

Laufen, klettern, springen...

Dass die Kinder jetzt laufen können, wird sichtlich genossen. Sie sollten viel Möglichkeit dazu haben: barfuß laufen, über Sand, Steine, Baumstämme, Wiesen, Treppe hoch und runter, schräge Ebenen (Rutschbrett, Hügel, Berge ...) schnell laufen, langsam, leise, laut, laufen wie ein Hund, schleichen wie eine Katze, hüpfen wie ein Hase oder wie ein Frosch, stolzieren wie ein Storch – das alles macht Spaß, fördert Geschicklichkeit, Selbstständigkeit und Selbstbewusstsein. Mit mehreren Kindern kann man sich anfassen, im Kreis gehen, eine Schlange oder ein Zug sein, sich fangen, verstecken und suchen... Tragen sollte man ein Kind dieses Alters nur, wenn es wirklich sehr müde ist – auf keinen Fall, weil man es eilig hat beim Spazierengehen.

Laufräder sind heiß geliebte Turngeräte, mit denen die Kleinen viel Geschicklichkeit entwickeln und weite Strecken zurücklegen. Auch Rollerfahren können sie schon erlernen oder selbstständig auf einem Schaukelpferd reiten.

Bälle kann man sich schon zuwerfen, zurollen oder zuschießen, man kann vom Sandkastenrand springen, hüpfen, sich seitlich rollen. Jetzt wird es auch Zeit, die Klettergeräte auf dem Spielplatz zu erobern. Striktes Prinzip: das Kind durch Vormachen anregen (falls das nötig ist), aber nie zu Sachen zwingen, die es nicht möchte. Nie auf ein Gerät heben, alles allein besteigen lassen. Bei Gefahr auf die Gefahrenquelle hinweisen – das Kind fühlen lassen, wo es sich wehtun kann. Wer sein Kind aber ständig festhält und auffängt, lässt es die natürliche Angst verlernen und verhindert, dass es lernt, mit Gefahren umzugehen. Da ist eine Beule am Kopf schon besser als der Genickbruch das nächste Mal, wenn die Mutter zufällig mal nicht rechtzeitig zu Hilfe kommt.

Zum Beispiel die Rutsche: Wer wagt, allein hochzuklettern, sollte davon nicht abgehalten werden (am besten, man probiert vorher selber mal aus, wie es sich rutscht) – im Gegenteil: Man kann (mit Abstand) hinterherklettern oder in Habt-Acht-Stellung warten. Gibt das Kind auf halber Strecke auf, fordert man es ruhig zum Abstieg auf (der ist schwerer). Nicht sinnvoll wäre, es jetzt durch Enttäuschung zu entmutigen (»Warum bist du denn nicht oben geblieben?« – Über die richtige Einschätzung sollte man lieber froh sein.) oder herbeizustürzen und es runterzutragen. Das würde zur Unselbstständigkeit verleiten und verhindern, dass es lernt, schwierige Situationen zu meistern.

Im Rahmen eines Projekts unter der Leitung von Prof. Dr. Gerd Landau, der inzwischen emeritiert ist, wurde an der Universität GH Essen (Fachbereich 2, Universitätsstr. 12, 45117 Essen, Tel.: 0201/18372-25) aus Natur- und Recyclingmaterial eine »Bewegungsbaustelle« entwickelt. Sie vermittelt vielfältige Anregungen, wie sich der Wohnraum oder der Kindergarten bewegungsfördernd gestalten lassen. Weitere Hinweise sind unter der angegebenen Adresse erhältlich.

Aufräumen und helfen

Je mehr Freiheit man dem Kind in seinem Tun und Erforschen lässt, desto mehr gibt es auch aufzuräumen. Ab wann kann ein Kind helfen? Soll es überhaupt aufräumen?

Mit eineinhalb Jahren ahmt das Kind mit Begeisterung Erwachsene nach. Es kommt jetzt darauf an, es langsam an kleine Pflichten zu gewöhnen, die es regelmäßig ausführt. Keine aufgesetzten Beschäftigungen, sondern regelmäßige, notwendige Verrichtungen! So kann z. B. das Frühstück nicht ohne bestimmte Löffel stattfinden, die das Kind deckt. Oder es kann die Frühstücksbretter abwaschen, saubere Töpfe in den Schrank zurückstellen, Bestecke sortieren. Und die ganze Familie freut sich darüber! Denn ohne diese Bestätigung wird es die Lust am Helfen wohl bald wieder verlieren.

Die Unordnung, die das Kind über Tag verbreitet, hat ihren Grund: Alles muss ausprobiert und verändert werden, ständig werden neue Entdeckungen gemacht, die tatsächlich wichtiger sind als die Ordnungsliebe der Erwachsenen. Aber irgendwann muss man wieder aufräumen. Nicht, weil man es so schön findet, sondern weil Spielzeug kaputt geht, wenn man darauf tritt; weil Dinge verloren gehen, wenn man sie liegen lässt. Jedes Ding hat seinen Platz, damit man es schnell wiederfindet, wenn man es braucht.

Ein solches Ordnungssystem ist auch schon für kleine Kinder einsichtig. Perlen gehören in ein Glas oder eine Dose, Autos in die Garage, Puppen ins Bett, Bücher ins Regal, Puzzles in ihren Rahmen. Alle diese Dinge müssen für das Kind erreichbar sein – so lernt es, wo was hingehört und wie man es wieder wegstellt. Dabei ist es hilfreich, sich für ein bestimmtes Ordnungssystem zu entscheiden, z. B. bebilderte Kästen oder Schubladen. Vor allem aber wird das Kind beobachten, wie die Eltern es selber mit der Ordnung halten. Wie der Herr – so das Gescherr.

Für den vielen Kleinkram und die Fundsachen, die Kinder so mitbringen, haben sich bei uns Schraubenkästen bewährt, wie Handwerker sie haben. Handwerker, die Kinder ja überhaupt sehr beeindrucken, sind überhaupt gute Vorbilder in Sachen Ordnung. Auch Besuche in Museen können zeigen, wie Menschen früher geordnet und aufbewahrt haben.

Natürlich wird man zuerst mit dem Kind zusammen aufräumen und seine Hilfe sehr dankbar annehmen. Man kann sich auch von ihm diktieren lassen, wo was hingestellt werden soll:

Wohin kommt der Teddy? Zwang beim Aufräumen auszuüben hieße, dem Kind diese Beschäftigung lebenslang zu vergällen.

Wenn ein Kind bestimmte Dinge nur in der Gegend herumschmeißt und nicht bereit ist, sie wieder aufzuheben (z. B. Puzzleteile), sollte man ihm ruhig erklären, dass es für dieses Spiel noch zu klein, vielleicht auch im Augenblick zu müde ist, es selber aufräumen und für eine Zeitlang ganz wegstellen.

Allerdings darf sich niemand einbilden, dass jetzt alle Aufräumkonflikte aus der Welt geschafft sind. Ich meine allerdings, dass es keinen anderen Weg gibt als den des Vorbilds (Hängen Sie die Hosen Ihres Kindes immer ordentlich auf? Legen Sie seine Spielsachen stets an den richtigen Platz?), der Erfahrung (zertretenes oder verloren gegangenes Spielzeug) und des Gesprächs (»Wenn diese Bausteine alle im Flur liegenbleiben, fällt man darüber. Bitte bestelle den großen Lastwagen, damit die Bauarbeiter alles wieder aufladen können.«).

Wenn Geschwister kommen

Was würden Sie sagen, wenn Ihnen Ihre Geliebte eines Tages erklärt, dass Sie noch jemand haben möchte, jemanden neben Ihnen? Dass die geliebte Mutter ein zweites Kind bekommt, ist zunächst ein schwerer Schlag. Natürlich kann man das Kind vorbereiten: es beteiligen am Sortieren der Babywäsche, am Hervorholen des alten Spielzeuges, es das Baby im Bauch fühlen lassen... man sollte sich aber nicht einbilden, dass mit solchen Maßnahmen zukünftige Eifersuchtsprobleme aus der Welt geschafft sind.

Wenn die Mutter ins Krankenhaus geht, muss für Ersatz gesorgt werden: am besten durch den Vater.

Wenn die Mutter zurückkommt, muss sie mit »Strafen« rechnen: Es darf sie nicht wundern, wenn das Kind große Wutanfälle bekommt und Mutter nebst Baby wieder wegschicken möch-

te. Da hilft nur Geduld und sehr viel Zuwendung, Freude über die Selbstständigkeit, die das größere Kind im Vergleich zum Baby auszeichnet. Doch sollte man sich nichts vormachen: Ein Küsschen – oder zehn – schaffen das Problem noch längst nicht beiseite. Das braucht Zeit.

Besucher, die kommen, sollte man vorbereiten, damit sie nicht durch Bewunderungsschreie für das Baby die Lage verschlechtern. Sie können dagegen sehr hilfreich sein, wenn sie dem großen Kind ihre Aufmerksamkeit schenken, es zu Spielen anregen und selber mitspielen.

Es ist zwar richtig, größere Kinder so weit wie möglich an der Babypflege zu beteiligen – und dabei sollte man nicht zimperlich sein, die Babys sind es auch nicht, wenn Puder danebengeht oder Creme nicht da landet, wo sie eigentlich hingehört –, viele ältere Geschwister interessieren sich aber bewusst nicht dafür, gukken gezielt weg, und sollten dann auch das tun, was ihnen mehr Spaß macht. Wer an diesem Punkt zu früh zu viel verlangt, wird das Gegenteil dessen erreichen, was er plant. Spätestens, wenn das Baby sich von sich aus offensichtlich über jede auch noch so ungeschickt zum Ausdruck gebrachte Aufmerksamkeit freut, wird sich das Verhalten des älteren Kindes ändern: Es merkt selbst, dass es gebraucht wird, und das sollten die Eltern nutzen, ohne durch zu viele Einschränkungen (»Nicht an den Kopf fassen! Vorsicht! Was machst du denn da?«) das Interesse am Baby einzuschränken. Bald wird das ältere Kind von selbst Aufgaben übernehmen (Teeflasche halten, Windel holen), die dann zu festen Pflichten werden können.

Auf Rückfälle und Geschrei vor Eifersucht reagiert man am besten gelassen, d. h. weder betulich noch aggressiv. Nie darf Zweifel darüber aufkommen, dass alle Familienmitglieder zusammengehören und sich gegenseitig lieb haben und achten. Gefühle – auch Wut, Zorn und Ärger –, sollten jedoch erlaubt sein. Wenn sie auf Dauer unterdrückt werden, hat das immer negative Auswirkungen – meist im Körper desjenigen, der Gefühle unterdrücken muss. Denn gegen Eifersucht gibt es kein Rezept, wohl aber das Vorbild der Eltern, die Fürsorglichkeit umeinander, die intensive Zuwendung und Beachtung der persönlichen Entwicklung eines jeden Kindes.

Wenn zwei Kinder da sind, gibt es auch in der Wohnung Veränderungen. Beide Kinder sollten so früh wie möglich zusammen schlafen: sobald das kleinere nachts nur noch einmal aufwacht und das größere dabei nicht weckt. Das stärkt ihr Zusammengehörigkeitsgefühl, übt Rücksichtnahme und vermindert das Gefühl des Alleinseins.

Für viele Kinder ist es schlimm, wenn sie ihr Bett an das Baby abtreten müssen. Ich finde diese Lösung auch nicht sehr geschickt, ja überflüssig, da es fast überall gebrauchte Kinderbetten zu kaufen, zu leihen oder geschenkt gibt. Wer wenig Platz hat, kann versuchen, in einem der Zimmer eine zweite Etage bzw. ein Hochbett einzuziehen: Hier können die Kinder klettern und spielen, später auch schlafen. Auch manche Flure eignen sich zum Einziehen wenigstens einer Kuschelecke (mit Leselampe), die man über eine Leiter erreicht.

Was das Spielzeug betrifft, so sollte selbstverständlich sein, dass jeder jedes Spielzeug benutzen kann – wie andere Gegenstände auch –, wenn es gerade frei ist und wenn er damit sachgerecht umgehen kann: Das größere Kind darf also die Baby-Rasseln benutzen, aber das kleinere darf auch schon mal die Feuerwehr anfassen.

Zwei Kinder machen auch mehr Arbeit. Und die muss man aufteilen: am besten durch feste Regelungen, d. h. Absprachen der Familienmitglieder. Wer geht nachts zu welchem Kind, wenn es schreit? Wer wickelt welches? Wer bringt die Kinder zur Tagesmutter/Krippe/Kindergarten, wer holt sie ab? Welche Aufgaben können Geschwister übernehmen? Zwei Kinder müssen nämlich nicht doppelt soviel Arbeit machen:

➲ wenn das größere für das kleinere sorgt und mit ihm spielt,

➲ wenn das kleinere durch das größere lernt,

➲ wenn einer auf den anderen Rücksicht nimmt, z. B. indem das größere allein spielt, während Mutter und Baby schlafen, oder wenn der Vater mit allen Kindern spazieren geht, weil die Mutter arbeiten muss.

Möbel für Zweijährige?

Wenn Ihr Kind sicher läuft, sind einige Anschaffungen sinnvoll: Ein Tisch mit mindestens zwei Stühlen wäre gut. Es gibt teure verstellbare Tische und Stühle, die bis in die Schulzeit mitwachsen, geeignet sind aber auch billige leichte Möbel, die den großen Vorteil haben, dass die Kinder sie selber tragen und schieben können. Wenn die Stühle dann noch von zwei Seiten zu benutzen sind, ergeben sich herrliche Spielmöglichkeiten: Sprungtürme, Autos, Eisenbahnen … .

Krankengymnastinnen und Orthopäden warnen ausdrücklich davor, Kinder zum langen Sitzen auf Stühlen zu zwingen oder sie überhaupt zu früh daran zu gewöhnen. Für Körperhaltung und Beweglichkeit sind Stühle geradezu schädlich. Sinnvoller und kreativer ist die Einrichtung einer »Bewegungsbaustelle« (vgl. S. 201) bzw. die Anschaffung beweglicher Elemente. (Weitere Anregungen finden sie auch in dem Katalog über die Kindertagesstätten in Reggio, vgl. S. 33).

Auch Regale sollten möglichst veränderbar und leicht zu handhaben sein. Einfache quadratische Kästen kann man billig und schnell selber bauen. Darin haben Spielsachen und Bücher Platz, sie lassen sich aber auch ausräumen, zu Tunneln zusammen-

stellen, als Boot verwenden, zu Lokomotiven umfunktionieren.
Generell sollte jedoch beachtet werden, dass relativ leere Räume
zu Kreativität anregen. Es ist daher besonders zu empfehlen, nur
wenige und zudem solche Möbel zu verwenden, die leicht zu
bewegen und flexibel benutzbar sind.

Alte Möbel vom Sperrmüll kosten nichts: Kleiderschränke
sind unersetzbar für Versteckspiele und als Wohnung, große
Schubladen werden zu Ozeandampfern...

Anregungen für einen Tagesverlauf berufstätiger Eltern mit ihrem Kind

Schon ganz früh können Sie morgens gemeinsame Pflichten erledigen. Dabei ist es unbedingt notwendig, dass bestimmte Dinge
regelmäßig und unabänderlich ausgeführt werden: z. B. Zähneputzen, waschen, Blumen gießen, den Tisch decken... Wenn Sie
diese Dinge wirklich täglich gemeinsam erledigen, kommt Ihr
Kind wahrscheinlich gar nicht auf die Idee »keine Lust« dazu zu
haben. Wenn das doch der Fall sein sollte, teilen Sie ihm ernst,
aber ohne beleidigt zu sein mit, dass sie sein Verhalten schlecht
finden. Was wäre denn, wenn Sie keine Lust hätten? Das kann
das Kind gleich erfahren, wenn es Sie um den nächsten Gefallen
bittet. Wer sein Kind ernst nimmt, muss das auch bei seinen
Aufgaben tun. Gerade hierauf legen Kinder dieses Alters auch
größten Wert. In der Regel ist es leider so, dass sie ständig »Das
kannst du noch nicht«, »Dafür bist du noch zu klein«, »Das muss
ich machen« hören, weil sie sich von sich aus an allem beteiligen
wollen.

Das Frühstück sollten Sie zu einem Gespräch nutzen, ihrem
Kind ein Gedicht oder einen Reim aufsagen, eine Geschichte
erzählen (natürlich eine ganz kleine) oder ein Bilderbuch anguk-
ken. Reden Sie mit ihm über alles, was es auf Ihrem Tisch oder
in Ihrer Küche zu sehen und anzufassen gibt und fordern Sie das

Kind dabei so oft wie möglich zu Handlungen auf: Gib mir bitte
... zeig mir ... leg hin ... nimm ... such ... .

In diesem Halbjahr können Kinder schon kleine Sätze sprechen lernen. Alle Kinder lernen einzelne Worte, deren Aussprache man mit Fragen wie »Wer ist das? Was tust du?« provozieren
kann. Da sich alle Kinder sehr für Fahrzeuge und Tiere interessieren, bietet sich der Weg zur Tagesmutter/Krippe ebenfalls für
Gespräche an. Zumindest Hunde und Autos gibt es überall zu
sehen: »Sieh mal, der Hund schnuppert. jetzt bleibt er stehen. Er
riecht etwas. Die Ampel ist rot. Alle Autos müssen warten. Das
rote Lastauto bremst. Hörst du das Quietschen?«

Wenn Sie das Kind nach der Arbeit abholen, hat es vielleicht
schon selber Vorstellungen von dem, was es tun möchte. Wenn
Sie aber etwas Bestimmtes vorhaben, dann sagen Sie ihm gleich,
was sie jetzt gemeinsam tun werden, und fragen nicht erst, ob es
Lust dazu hat. Wenige bestimmte Dinge sollten Sie allerdings
besser ohne Ihr Kind erledigen: z. B. einen Rieseneinkauf im
Warenhaus oder eine lange Autofahrt bei starkem Verkehr durch
die City ... . Unterwegs – vielleicht mit einem schon etwas müden
Kind – sind Spiele wie »was man alles essen kann« oder »wer alles in die Kindergruppe geht« manchmal aufheiternd: Geht Nils
in die Kindergruppe? Geht die Katze in die Kindergruppe? Geht
Oma ... .

Zu Hause bei anstehenden Hausarbeiten können sie Ihrem
Kind ruhig unter Aufsicht ein Messer geben, mit dem es z. B.
grüne Bohnen oder Möhren durchschneiden kann. Geben Sie
ihm kein stumpfes Messer – damit können Sie ja auch nicht
schneiden! Zeigen Sie ihm lieber, wie es die Finger so hält, dass
die Wahrscheinlichkeit, sich zu schneiden, gering ist.

Wenn Ihr Kind noch munter ist und Sie Zeit haben, sollten Sie
sich z. B. intensiv mit Bausteinen beschäftigen. Das Kind kann ja
inzwischen einfache Türme bauen. Mit Bausteinen kann man
aber eine Menge mehr lernen: Formen und Größen unterscheiden, die Eigenschaften der Gegenstände beachten und in Bezie-

hung setzen, die Lage im Raum berücksichtigen. Spielen mit Bausteinen entwickelt die Kombinationsfähigkeit und Fantasie sowie die Fähigkeit, die Handlungen der Erwachsenen nachzuahmen.

Dazu einige Anregungen: Das Kind kann lernen, die einzelnen Formen zu benennen (Quader oder Ziegelstein, Würfel, Platte, dreiseitiges Prisma oder Dach) und einfache Modelle nachzubauen (vgl. hierzu auch Nikitin-Spiele). Geben Sie Ihrem Kind dazu zunächst die erforderlichen Bausteine und lassen Sie es Schritt für Schritt etwas nachbauen: ein Tor, einen Tisch, eine Treppe, ein Haus. Schwieriger wird es, wenn Sie ihm etwas Einfaches vorbauen und das Kind sich die Bausteine zum Nachbauen selber heraussuchen muss. Achten Sie darauf, dass Ihr Kind die Steine genau übereinander legt, bzw. zeigen sie ihm, wie es richtig ist. Ein dritter Schwierigkeitsgrad besteht darin, dass Sie das Kind auffordern, etwas Bestimmtes zu bauen – aus dem Gedächtnis. Wenn ein Bauwerk fertig ist, sollten Sie mit dem Kind damit spielen: Autos durch das Tor fahren lassen, die Puppe die Treppe hinunterfahren, Tiere in einen Stall sperren usw.

Auch chaotische Spiele sind wichtig und richtig. Wo sonst sollen Kinder und Eltern aufgestaute Aggressionen loswerden? Zu toben, kreischen, draufloszukloppen (vielleicht auf Kissen?) und auf den Flügeln der Fantasie zu reisen (wie es z. B. so köstlich in dem Bilderbuch »Gute Nacht hab' ich gesagt« von Gunilla Hansson im Ravensburger Verlag beschrieben ist) sind gute Mittel, Abstand vom Tag zu gewinnen.

Jetzt ist Ihr Kind sicherlich müde geworden. Bringen Sie gemeinsam und fürsorglich die Puppen ins Bett, die Tiere in den Stall und gucken sich noch zusammen ein Buch an. Wenn Sie keine Zeit haben, können Sie das Kind auch allein baden lassen, wobei es Schaum und ein Aufziehtier benutzen darf. Nach dem Abtrocknen hat es vielleicht noch Lust, sich allein einzucremen – vielleicht haben Sie ja eine Cremedose, in der nicht mehr viel drin ist.

Regen Sie sich nicht auf, wenn Ihr Kind vor dem Einschlafen

noch vor sich hin plappert – das ist eine gute Methode, die Erlebnisse des Tages loszuwerden.

Gymnastik und Spiele von Anderthalb bis Zwei

Purzelbäume: Achten Sie auf einen runden Rücken und einen eingezogenen Kopf.

Das Kind bückt sich und berührt mit den Händen den Boden. Es schaut durch seine gegrätschten Beine: »Kuckuck«.

Das Kind steht mit dem Rücken zum Gesicht des Erwachsenen. Es klammert seine Beine um die Hüften des Erwachsenen und wird in der Taille gehalten. So in der Schwebe schlägt es die Arme auf und nieder, wie die Flügel eines Schmetterlings.

Das Kind kickt Bälle mit dem Fuß. Wenn es das kann, versucht es, den Ball in ein Tor zu zielen.

Das Kind versucht, über eine Schnur, einen Stock oder einen Strich zu springen – im Schlusssprung.

Das Kind hat einen aufgeblasenen Fahrradschlauch und versucht, hindurchzusteigen, während es ihn selbst vor dem Bauch hält.

Das Kind balanciert allein auf einem Strich, auf kleinen Mauern, Baumstämmen u. ä.

Veranstalten Sie ein Hindernisrennen über Möbel, Kartons, Kisten.

Das Kind legt sich auf einen großen Ball und versucht, darauf zu balancieren, indem es hin- und herrollt. Vielleicht kann es sogar schon die Arme hochheben?

Das Kind macht eine Brücke und hebt abwechselnd ein Bein (Ein Hund macht Pipi).

Das Kind versucht, einen Ball, den Sie ihm zuwerfen, zu fangen.

Das Kind versucht, Bälle in einen Korb oder in eine Wanne zu zielen.

Schwebesitz: Das Kind sitzt auf dem Boden und stützt die Arme hinter dem Po ab. Jetzt soll es die Beine ganz hoch heben.

Sie machen eine Brücke. Das Kind soll einen Ball hindurchrollen und dann hinterherkrabbeln.

Große Uhren gehen tick-tack (stampfen im Takt), kleine Uhren gehen ticke-tacke (schneller stampfen) und die kleinen Taschenuhren gehen ticke tacke ticke tacke (ganz schnell stampfen). Eltern, die selber Yoga betreiben, können Zweijährige behutsam zu ersten Übungen ermutigen. Da viele Übungen nach Tieren benannt sind und Kinder ihre Eltern in diesem Alter sowieso gern nachahmen, lohnt sich der Versuch. Genaueres können Sie Büchern über »Yoga für Kinder« entnehmen.

Tätigkeiten, Spiele, Spielzeug

Im zweiten Lebensjahr entwickelt sich das Kind langsamer als im ersten. Alle hier aufgeführten Tätigkeiten sind jedoch von Kindern dieses Alters lernbar. Sie zielen auf die Entwicklung der Fingerfertigkeit, der Selbstständigkeit, der Herausbildung von Vorstellungskraft und die Sprachfähigkeit. Indem das Kind in seiner Umwelt handelt, entwickeln sich gleichzeitig sein Denkvermögen, seine Aufmerksamkeit und sein Gedächtnis.

Tätigkeiten

- ⮑ Anziehen lernen (Hemd, Höschen)
- ⮑ Schuhe und Strümpfe ausziehen
- ⮑ Tisch decken und abräumen
- ⮑ Besteck einräumen

- ⟳ Geschirr spülen und abtrocknen
- ⟳ Blumen gießen
- ⟳ Haustiere füttern
- ⟳ Aufräumen
- ⟳ Fegen und Auffegen
- ⟳ Verkleiden (Hut, Mütze, Schal, Tuch)
- ⟳ Sich eincremen
- ⟳ Hände und Gesicht waschen und abtrocknen, duschen, Zähneputzen
- ⟳ Bilder und Bilderbücher angucken (übrigens nicht nur eigens für Kinder gemachte Bücher, sondern alles, was interessiert)
- ⟳ Kneten mit Plastilin, Mehl-Salz-Wasser-Teig, in Wasser aufgelösten Zeitungen
- ⟳ Knete mit Messer und Gabel schneiden, einstechen etc. Körperumrisse abmalen (Das Kind legt sich auf einen großen Bogen, der Erwachsene malt es ab, anschließend malen beide die Umrisse gemeinsam aus und sprechen darüber.)
- ⟳ Formen in eine Box mit verschiedenen Öffnungen einsortieren
- ⟳ Wasser in kleine Gläschen gießen, ohne etwas auszuschütten
- ⟳ Einen Plastikfisch o. ä. mit einem Kescher aus einer Schüssel herausfischen
- ⟳ Eine Kugel mit einer Schöpfkelle aus einem Behälter fischen
- ⟳ Perlen mit einer großen Nadel auffädeln
- ⟳ Gegenstände sortieren, z. B. nach Farbe oder Größe
- ⟳ Papierstücke mit Klebestift aufkleben
- ⟳ Papier falten
- ⟳ Straßen, Tunnel, Türme, Häuser, Ställe bauen

- ➲ Löcher in Pappe stechen (oder mit einer Stricknadel in Knete)
- ➲ Nägel einschlagen (zuerst in Korkplatten, später in Holz)
- ➲ Schrauben mit einem Schraubenzieher drehen
- ➲ Gegenstände unter einem Tuch ertasten
- ➲ Sand schippen, sieben, umfüllen
- ➲ Sandkuchen backen
- ➲ Sandberge aufschütten und festklopfen
- ➲ Türen verriegeln und wieder öffnen, Ketten vorlegen und wieder lösen: Wenn Ihr Kind das nicht lernt, schrauben Sie lieber alle Riegel ab, sonst werden Sie es eines Tages unter dramatischen Umständen mit dem Schlosser aus dem Zimmer befreien müssen.

Spiele

Bilderlotto und Bilderdomino
Gemeinsam die Bilder auf den Kärtchen betrachten und erklären, die Kärtchen den Bildtafeln zuordnen, die Kärtchen nach bestimmten Gesichtspunkten sortieren (z.B. Tiere)

Memory
Zunächst aus einer Auswahl aufgedeckter Karten Pärchen finden, Bilder erklären und besprechen, Bilder sortieren: was man alles essen kann – was alles am Baum hängt – was laufen kann.

Steckspiele
Farbige Stöpsel (Stecker) in Vertiefungen stecken, Reihen bilden, z. B. nur rote, nach der Farbe sortieren

Puzzle
mit wenigen Teilen

Was fehlt?
Vier Dinge liegen auf dem Tisch, eins wird heimlich weggenommen. Was fehlt?

Fragespiel
Kann ein Hund schwimmen? – Kann ein Baum laufen? –
Kann ein Kind einen Ball werfen?

Augen zu!
Vielleicht sich ein paar Schritte mit geschlossenen Augen
führen lassen

Suchspiel
Suchen was spitz ist – was eckig ist – was rot ist

Sehr zu empfehlen sind auch die aufbauenden Spiele der
Familie Nikitin. In ihrem Buch sind alle Spiele ausführlich
beschrieben, und sie lassen sich nach den genauen Anweisungen alle leicht selber herstellen. Das Buch ist leider ver-
griffen, man sollte es sich daher von Freunden oder aus
der Bibliothek leihen: Boris und Lena Nikitin, Aufbauende
Spiele, Verlag Kiepenheuer und Witsch, Köln 1984.
    Wir haben inzwischen einige Spiele hergestellt und er-
probt: In diesem Alter spielen die Kinder schon gern damit, allerdings nicht nach Vorlagen, sondern frei bzw. gemeinsam mit und unter Anleitung von Erwachsenen.
Für alle Spiele, bei denen Holzwürfel die Grundlage bilden, seien die Holzwürfel der Firma Dusyma Werkstätten
GmbH, Haubersbronner Str. 40, 73614 Schorndorf, Tel.

(0 71 81) 6 00 30, www.maxi4mini.de (liefern nur an Kindergruppen u. ä., nicht an privat), empfohlen: 100 Stück, Maße 2,5 cm. Für kleinere Kinder sind allerdings größere Würfel schöner. Sie sind teurer, man erhält sie in Geschäften, die lose Holzbausteine oder Bastelmaterial verkaufen. Für die Bemalung der Würfel ist Plaka-Farbe (Haarpinsel benutzen und mit etwas Wasser verdünnen) am schönsten und schnellsten. Hinterher übersprüht man das Gemalte mit Klarlack.

Die Diagonalen bei »Lege ein Muster« klebt man zweckmäßig mit Klebeband ab. Die Mustervorlagen für »Lege ein Muster« (die einfachsten Muster können auch schon unter Zweijährige nach einiger Zeit) erstellt man am schnellsten, wenn man sie aus farbigem Papier schneidet und klebt, anstatt sie auszumalen. Verwendet man dabei eine Papierschneidemaschine, geht es sehr schnell. Empfehlenswert ist, alle Vorlagen mit selbstklebender Klarsichtfolie zu überziehen. Vergrößerungen von Schwarz-Weiß-Vorlagen von Spielen lassen sich mithilfe von Fotokopiergeräten leicht erstellen.

Spielzeug, das man kaufen kann

- ⊃ Spiegel
- ⊃ Fahrradschläuche (aufgeblasen) oder Reifen
- ⊃ Luftballons aller Größen (mit Wasser, Perlen, Glöckchen oder Sand füllen)
- ⊃ Kasperpuppe
- ⊃ Nagelspiel (Korkplatten mit Holzformen zum Aufnageln) Werkzeugkasten mit richtigem, aber kleinem Werkzeug

- ⮑ Tasche oder Korb zum Tragen von Gegenständen
- ⮑ Kletterleiter mit Brettern, die man als Rutsche oder schräge Ebene anlegen kann (s. auch Versandhauskataloge)
- ⮑ Gartenschlauchstücke (zum Telefonieren, Trompeten, Feuerlöschen, Wasser durchpusten u. v. m.)
- ⮑ Wagen zum Hinterherziehen
- ⮑ Tiere als Handpuppen

Spielzeug, das man selber machen kann

Trommeln
Waschmittelbehälter mit Plastikfolie (kann aufgeschnittene Plastiktüte sein) sehr stramm überziehen und mit Teppichband oder Gummi befestigen. (genauere Anleitung z.B. in dem Buch: Dorothee Kreusch-Jacob, Das Musikbuch für Kinder, Verlag Schott Musik International, Mainz)

Kasperpuppe
Aus einem Teig aus klein gerissenem Zeitungspapier, Tapetenkleister und Wasser den Kopf formen und auf eine Flasche stecken. Nach dem Trocknen bemalen und lackieren, Körper aus Stoff nähen und am Kopf befestigen.

Laternen
Über einen aufgeblasenen Luftballon Streifen (Fetzen) farbigen Seidenpapiers kleben – mit Tapetenkleister. Es lohnt sich, gleich mehrere Laternen – z. B. in unterschiedlichen Farbtönen – herzustellen. Wenn die Papier-Kleister-Schicht ca. 1 mm dick ist, muss das Ganze mehrere Tage lang

trocknen. Dann zersticht man den Ballon, klebt innen ein Teelicht fest und zieht oben dünnen Draht durch zur Befestigung des Stabes. Über eine Glühbirne gehängt, kann die Laterne auch als Lampenschirm dienen. Achtung: Brandgefahr, wenn die Glühbirne zu heiß und zu dicht am Papier ist!

Schraubverschlüsse

Von Plastikflaschen mit Schraubverschluss (Waschmittel, Speiseöl usw.) schneidet man mit einem scharfen Messer den oberen Teil ab. Diese diversen Flaschenhälse mit Schraubverschluss, natürlich gründlich gereinigt, klebt man auf ein Brett. Dazu ist Tapetenkleister ideal: Man taucht Streifen von Zeitungspapier ein und verbindet so Schicht für Schicht Plastik mit Holz. Nur für die erste Lage muss man Holzkleber benutzen, weil Tapetenkleister auf Plastik nicht haftet. Wenn alles stabil verklebt ist, muss das Brett mehrere Tage trocknen. Nach giftfreiem Anstrich (Dispersions- oder Lackfarbe auf Pflanzenbasis, erhältlich in Naturkostläden) hat man ein wirklich faszinierendes Spielzeug oder Geschenk.

Das dritte Lebensjahr

Im dritten Lebensjahr ist das Kind sowohl von seiner motorischen Entwicklung (es kann laufen, klettern, tasten, fühlen und komplizierte Handgriffe ausführen) als auch von seinen geistigen Fähigkeiten her in der Lage, seine Umwelt nach und nach bewusst zu erfassen, sie sich handelnd, denkend und sprechend anzueignen.

Die optische Wahrnehmungsfähigkeit ist nicht mehr von den Tastempfindungen abhängig und nimmt allmählich – wie bei Erwachsenen – eine hervorragende Rolle ein. Indem das Kind sprechen lernt, setzt eine intensive Entwicklung seines verbalen Denkens ein: Es lernt vergleichen, verallgemeinern, urteilen und schlussfolgern.

➲ Die Erzieher sollten über alle Dinge und Zusammenhänge, die das Kind betreffen und es interessieren, ausführlich sprechen, handelnd erklären und – soweit möglich – in Rollenspielen verdeutlichen.

➲ Zeigen Sie Ihrem Kind bewusst, wie sein Dreirad funktioniert, wie man Kuchen bäckt, Fleisch brät, etwas anstreicht, wegräumt, flickt. Das Kind sollte jetzt an allen Arbeiten, die in der Wohnung anfallen, beteiligt werden – auch wenn das sicherlich etwas länger dauert.

➲ Beim An- und Ausziehen muss man sich zwingen, Ruhe zu bewahren und das Kind gewähren zu lassen: In diesem Jahr lernt es, sich selbstständig an- und auszuziehen. Wutanfälle über Misserfolg werden nicht ausbleiben. Auch hier hilft eine Kindergruppe, in der alle ähnliche Probleme haben, am besten über Schwierigkeiten hinweg.

➲ Selbstständig sollte das Kind in diesem Jahr auch den Tisch decken, seine Sachen aufhängen bzw. an einen bestimmten Platz legen, Zähneputzen und seine Spielsachen aufräumen. Dabei sollte man dem Kind ein großes Maß an Selbstbestimmung einräumen, Befehle vermeiden und das gemeinsame Handeln für gemeinsame Interessen in den Vordergrund stellen.

○ Die Trennung zwischen dem eigenen Leben und dem des Kindes kann in diesem Jahr weiter aufgehoben werden: Man kann das Kind auf viele Veranstaltungen und Feste mitnehmen und sollte ihm unbedingt auch den eigenen Arbeitsplatz zeigen.

Sexualerziehung

Jahrhundertelang war bei uns die menschliche Sexualität unterdrückt, bis die so genannte sexuelle Revolution mit vielen Tabus brach. Hierdurch hat sich auch in Familien viel verändert. Dass Kinder ihre Eltern nackt sehen, ist heute eigentlich selbstverständlich, und auch das Reden über alle Körperteile und -funktionen fällt vielen Eltern nicht mehr schwer. Es gibt auch für Kinder sehr schöne Aufklärungsbücher, die sich nicht allein auf bio-

logische Funktionen beschränken, sondern Lust, Frust und Liebe einbeziehen.

Dass sich die Einstellung zur Sexualität im Laufe der Jahrhunderte immer wieder geändert hat – und zwar in Abhängigkeit von den ökonomischen Verhältnissen –, zeigt z. B. Heroards Tagebuch über Louis XIII. aus dem 17. Jahrhundert: »8. Juni 1604. Beim Aufstehen will er sein Hemd nicht anziehen, er sagt: ›Kein Hemd, erst gebe ich mal Milch aus meinem Pimmel ... .‹« Das ungenierte Kind war zu diesem Zeitpunkt 2 1/2 Jahre alt. 200 Jahre später dagegen werden Apparate entwickelt, die der Durchsetzung des Onanieverbotes dienen sollen.

Heute wissen immerhin einige Eltern, wie sie ihre Kinder in Bezug auf Sprache, Intelligenz und Motorik fördern können. Sie geben ihnen Sicherheit, Unterstützung und Handlungsspielraum und legen dabei Wert auf Selbstständigkeit. Die Eltern üben mit ihrem Kind, belohnen Erfolge mit Freude und Bewunderung. Zur Weiterentwicklung der Fähigkeiten geben sie Ihrem Kind neue Anregungen. Warum soll das bei der Förderung der sexuellen Entwicklung anders sein?

Sexualerziehung kann nur heißen, die sexuelle Entwicklung des Kindes durch Bejahen und Ernstnehmen seiner sexuellen Äußerungen und Bedürfnisse zu unterstützen und zu fördern. Dies gibt dem Kind die notwendige Sicherheit zu seiner Weiterentwicklung. Sexualerziehung kann also nur heißen, der kindlichen Neugier mit Freude zu begegnen und alle Fragen geduldig und selbstverständlich zu beantworten.

Indem die Eltern ihrem Kind zärtlich begegnen, mit ihm über seine Empfindungen sprechen, erhält es Anregungen, die ihm in seiner Weiterentwicklung helfen. So lernt das Kind, sich als geschlechtliches Wesen zu entdecken, und findet im Laufe der Entwicklung sein eigenes Sexualleben heraus. In sexuellen Begegnungen mit Gleichaltrigen kann das Kind die Bedürfnisse anderer erfahren und lernen, damit liebevoll, zärtlich, rücksichtsvoll und verantwortungsbewusst umzugehen.

Die Geschlechtsteile müssen mit der gleichen Selbstverständlichkeit beim Namen genannt werden wie alle anderen Körperteile auch. Doch welchen Namen soll man benutzen? Am besten das, was einem selbst am leichtesten fällt und auch in der Umgebung des Kindes benutzt wird, damit sich das Kind verständigen kann. Wir haben uns für Pimmel und Möse entschieden, weil wir die Begriffe für einfach und treffend halten. Das Wort Möse lässt zu, dass die weiblichen Geschlechtsteile nicht auf ein Loch reduziert werden (wie z. B. bei Scheide), sondern in ihren Funktionen umfassender erklärt werden können.

In letzter Zeit ist es gerade bei Eltern, die sich vorgenommen haben, ihre Kinder ohne Tabus groß werden zu lassen, zu starker Verunsicherung gekommen. Das Thema sexueller Missbrauch von Kindern ist öffentlich geworden. Es ist ganz natürlich, dass immer dann, wenn bisher Tabuisiertes bekannt wird, eine Phase der Ent- und Aufdeckung folgt. Als Freud die Neurose »entdeckte«, stellten viele bei sich eine fest. Es ist klar, dass Eltern in diesem Zusammenhang fragen: Haben wir etwas falsch gemacht?

Ich glaube, es ist einfach festzustellen, was sexueller Missbrauch ist und was nicht. Missbrauch findet immer dann statt, wenn Eltern Kinder für ihre eigenen Zwecke benutzen. Das geschieht übrigens sehr oft und keineswegs nur auf sexuellem Gebiet. Kinder werden von Vätern und Müttern für Prestige-Süchte, ehrgeizige Zwecke, Bedürfnisse nach Liebe und Anerkennung und auch sexuell missbraucht. Immer dann, wenn Eltern ihren Kindern ihre Wünsche überstülpen, findet Missbrauch statt. Von Erwachsenen muss man erwarten, dass sie ihre Bedürfnisse selbstständig befriedigen und ihr Verhalten kontrollieren können. Von Kindern kann man das nicht.

Kinder haben zweifellos eine erotische Ausstrahlung und sie verführen auch. Gerade deshalb muss der Erwachsene seine Grenzen kennen. Es ist ein Unterschied, ob ein neugieriges Kind Papas Pimmel berührt oder ob Papa sagt: »Fass mal meinen Pimmel an!« Letzteres ist sexueller Missbrauch – ersteres nicht, obwohl die Berührung vielleicht als dieselbe erscheint. Genauso wie nach der antiautoritären Erziehung manchmal vergessen wurde, dass Kinder auch Grenzen brauchen, ist bei der allgemeinen sexuellen Aufklärung und der Vermarktung der Sexualität zu wenig beachtet worden, wo Grenzen liegen. Sie liegen in dem Schamgefühl, das jedem Menschen zugebilligt werden muss, und vor allem in dem Recht des Kindes auf eigene Persönlichkeit. Wo immer Eltern akzeptieren, dass ihr Kind ein eigenständiges Wesen mit eigener Geschichte, eigenem Willen, eigener Lust und Leidenschaft ist, kann es keinen Missbrauch geben.

Musik – Umweltschmutz oder Lerngegenstand?

Musik ist heute allgegenwärtig: Ob im Supermarkt oder in der Kirche, in der Küche oder im Wohnzimmer, in der Kneipe oder im Park – überall ertönt Musik. Wer Kinder hat, muss sich darüber im Klaren sein, dass sie die Musik, die sie umgibt, nicht nur an sich vorbeirauschen lassen, sondern bewusst oder unbewusst wahrnehmen. Das bedeutet, dass diese Musik sie prägt, ihnen vertraut wird und ihren Geschmack beeinflusst.

Wer viel Radio hört oder den Fernseher in Anwesenheit der Kinder laufen lässt, berieselt sie hauptsächlich mit wenig differenzierter Popmusik, die den größten Anteil am Programm hat, und sei es – wie im Fernsehen – nur als »Hintergrundmusik«, sogar in Kindersendungen. Hier geschieht also eine einseitige musikalische Beeinflussung. Umgekehrt hatten alle großen Musiker Eltern, die in irgend einer Weise aktiv Musik machten: Das hört ja sogar das sechs Monate alte Kind im Bauch mit!

Wenn schon kaum ein Mensch alle von Menschen erfundenen Musikarten und Richtungen in seinem Leben kennenlernen, geschweige denn verstehen lernen kann, sollte man Kindern doch die Chance geben, Musik als Teil ihrer Umwelt in möglichst gro-

ßer Vielfalt kennen und verstehen zu lernen. Während fast alle
Menschen bei uns lesen lernen, gibt es musikalisch gesehen sehr
viele Analphabeten – trotz Allgegenwärtigkeit der Musik. Deshalb sollte man möglichst verschiedene Musikarten mit dem Kind
hören und darüber sprechen. Ist sie laut oder leise, langsam oder
schnell, traurig oder fröhlich, zum Tanzen oder Träumen? Welche Instrumente kann man heraushören, wieviele Musiker sind
beteiligt, wo wird die Musik gespielt, für wen? Wie kommt die
Musik ins Radio und auf die CD? Viel interessanter als Musik
aus dem Radio ist, sich eine richtige Musikkapelle, einen Chor,
eine Rockgruppe oder ein Orchester anzugucken.

   Und viel besser als Musik zu hören ist, selber welche zu machen. Keine Angst, dazu muss man weder Noten lesen können

noch Klavierunterricht gehabt haben! Singen und ein einfaches Instrument spielen kann jeder (Glockenspiel, Mundharmonika, Trommel, Orff-Instrumente). Laut und leise, schnell und langsam, hoch und tief sind musikalische Begriffe, die man schnell mit Kindern erarbeiten kann. Hat man verschiedene Instrumente im Haus, kann man zusätzlich Klangfarben unterscheiden lernen: Welches Instrument habe ich eben gespielt? (Das Instrument kann hinter der angelehnten Tür angeschlagen und erraten werden.).

Mit 2 1/2 Jahren kann man auch versuchen, einfache Rhythmen nachzuklopfen, eine Stimmgabel anzuschlagen, oder, was sehr schwer ist, einzelne Töne nachsingen lassen. Das gelingt selbst vielen Erwachsenen nicht. Sparen Sie also nicht mit Lob, wenn es gelingt.

Auf jeden Fall sollte man mit seinen Kindern viel singen. Am meisten Spaß machen Lieder, die mit Aktionen verbunden sind, wie »Hoppe, hoppe Reiter« oder »Es tanzt ein Bibabutzemann«.

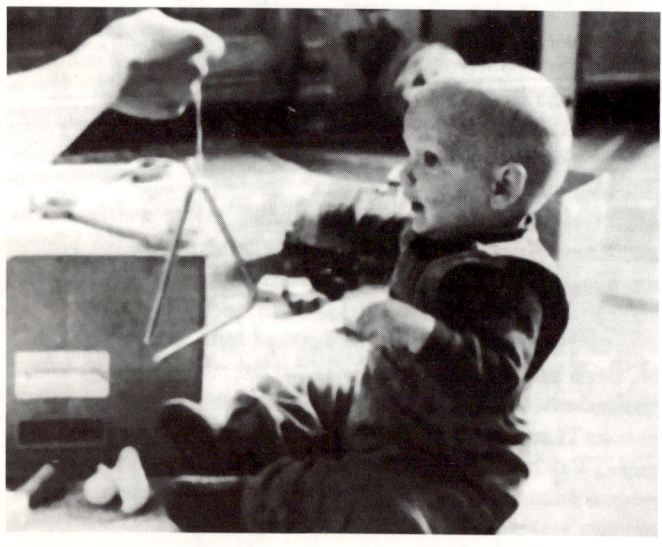

Zeitgemäße Texte und schöne Lieder finden Sie auf Kassetten oder CDs für Kinder in Spielzeugläden und Buchhandlungen. Geben Sie sich nicht vorschnell zufrieden, sondern lassen Sie sich gut beraten und achten Sie auf kulturelle Qualität. Immer wieder empfehlenswert sind z.B. die beinahe schon zeitlosen Lieder, Gedichte und Geschichten von Fredrik Vahle (auf Musikkassetten und auf CDs bei Patmos und bei Aktive Musik).

Warum aber nicht auch alte Lieder singen und den Kindern erklären, wie sie entstanden sind, wieso heute die Väter keine Schafe mehr hüten und nicht auf Wanderschaft gehen? Lieder wie »In Mutters Stübele« geben Zeugnis von den Lebensumständen ihrer Autoren und so Anlass zu vielen Gesprächen.

Ein wahrer Schatz ist daher ein reich illustriertes Liederbuch, aus dem man vorsingen kann, während sich das Kind die Bilder ansieht. Leider enthalten solche Sammlungen wenig kritische Lieder, echte »Volkslieder«. Zu jedem Lied muss der Text besprochen, vielleicht nacherzählt werden. Die Melodie kann man mit Text und abwechselnd auf La-la, mit Klatschbegleitung oder zum Tanzen singen. Das Kind singt mit oder lässt es, je nachdem, ob es möchte – nicht, ob es kann.

Später kann man ihm Liedanfänge vorsingen und es raten lassen, wie das Lied heißt.

Auf einfachen Instrumenten kann man Tiere nachahmen, ihre Gangart oder ihre Stimme: Vögel hüpfen leicht, Elefanten gehen schwer, der Hase hüpft.

Auch die Stimme eignet sich bestens zum Nachahmen der Geräusche, auf die man vorher aufmerksam wurde: Wie schreit eine Möwe? Welche Töne gibt ein Hund von sich? Wie macht man am echtesten ein Auto nach?

Wer Spaß daran hat, kann mit dreijährigen Kindern schon kleine Geräuschszenen aufnehmen: Was man am Morgen alles hören kann, auf der Straße, im Wald...

Musik macht jedenfalls Spaß, und gerade auch auf diesem Gebiet gibt es für Eltern noch viel zu entdecken.

Aggressivität

Irgendwann geht wohl jedes Kind voll Wut auf seine Eltern los. Es ballt die Fäuste, schlägt zu und sagt womöglich noch sowas wie »Ich hau dich tot«. Eine schlimme Lage – peinlich, wenn dann noch ein halbes Kaufhaus oder ein Dutzend Spielplatzmütter zusehen und beobachten, wie man sich verhalten wird.

Natürlich hat man in seiner Wut größte Lust, zurückzuschlagen – das Ergebnis wäre allerdings nur, dass das Kind noch aggressiver wird. Wenn man die Situation schon mal durchdenkt, bevor sie eintritt, wird man einsehen: Ruhe und Überlegenheit zu bewahren ist sinnvoller – allerdings auch schwerer.

Nützlich ist in jedem Fall, sich in die Lage des Kindes zu versetzen: Wie konnte es so außer sich geraten? Haben Sie es – unbewusst – gekränkt oder beleidigt? Haben Sie Ihre Meinung gewaltsam durchzusetzen versucht: »Wir gehen jetzt und du kommst mit!«, das Kind hinter sich herschleifend? Haben Sie dem Kind selbst mit Prügeln gedroht oder es gehauen?

Wutanfälle bei Erwachsenen wie Kindern haben immer ihre Gründe. Als Erwachsener kann man sich die Wut des Kindes erklären, wenn man in Ruhe darüber nachdenkt – das Kind umgekehrt kann das nicht tun. Als Erwachsener hat man auch mehr Möglichkeiten, seinem Ärger Luft zu machen: indem man mit einer Freundin telefoniert, vor sich hin schimpft oder einfach weggeht. Das Kind beherrscht noch nicht einmal seine Sprache richtig, es weiß daher oft keinen anderen Ausweg als drauflos zu schlagen.

Versuchen Sie also, ruhig zu bleiben, anstatt auf Ihr Kind loszugehen. Sagen Sie ihm: »Du darfst mich nicht hauen, ich haue dich ja auch nicht.« Besprechen Sie die Ursache seiner Wut mit dem Kind und suchen sie gemeinsam einen Kompromiss: Wenn es noch nicht ins Bett gehen will, gucken Sie gemeinsam noch ein Buch an; wenn es sich nicht vom Spielplatz trennen kann, verabschieden Sie sich mit einem Abschiedsrutscher. Oder erfinden Sie einen schönen Abschluss für ein Spiel, wenn es wirklich zwingende Gründe gibt, nach Hause zu gehen: »Der Bäcker macht jetzt seinen Laden zu.« (abschließen!) – »Mittagspause« oder »Die Autos fahren jetzt in die Garage – die Motoren müssen abkühlen, die Fahrer müssen sich ausruhen.« Vielleicht können Sie Ihrem Kind anbieten, es eine Weile huckepack zu tragen oder auf einem großen Lastauto nach Hause zu ziehen.

Manchmal sind Kinder aggressiv gegeneinander. Auch wenn sie derartiges nie zu Hause beobachten konnten, hauen sie sich, schubsen, kratzen, beißen oder ziehen an den Haaren. Welche Möglichkeiten haben sie denn sonst, aus einer Meinungsverschiedenheit herauszukommen? Erst wenn wir ihnen solche Möglichkeiten zeigen, vormachen, vorleben, werden unsere Kinder sie übernehmen.

Oft ist das Hauen und Schubsen gar nicht böse gemeint. Hauen kann auch bedeuten: Nimm mich mal zur Kenntnis, ich möchte mit dir spielen. Spielen Sie dann zu Hause mal mit dem Kind, wie es Spielgefährten gewinnt: »Ich habe einen Bagger, wollen wir zusammen damit spielen?« oder »Ich pack dich jetzt – machst du mit?«

Bei der Beobachtung aggressiver Handlungen stehen viele Eltern auf dem Standpunkt: Nur nicht einmischen – die Kinder regeln das schon. Das ist nicht immer richtig. Natürlich müssen entstandene Aggressionen »ausgelebt« werden, aber auf Kosten anderer? Beispiel: Ein Kind will dem anderen sein Spielzeug, mit dem es gerade spielt, wegnehmen. Das gelingt nicht. Da schlägt es auf das andere ein und erhält das Spielzeug. Wenn hier kein Erzieher eingreift, macht das schlagende Kind die Erfahrung, dass man mit Aggressionen weiterkommt. Ist das richtig? Ich bin nicht für das Recht des Stärkeren. Oft können sich die »Schwächeren« aber auf andere Art, z. B. mit Gebrüll, gut wehren.

Kinder, die ohne ersichtlichen Grund auf andere einschlagen, sind auf Hilfe angewiesen, verdienen nicht unsere Wut und nicht immer sind allein die Eltern schuld an so einem Verhalten. Wohnen sie vielleicht in einer hellhörigen, zu engen Wohnung? Haben sie Nachbarn, die ständig schimpfen? Sind sie völlig übermüdet, benachteiligt oder durch ein gerade geborenes Geschwisterkind vernachlässigt? Haben sie vielleicht keine Möglichkeit, ihre berechtigte Wut über ihre Eltern abzureagieren, weil die sie streng bestrafen?

Wenn Ihnen so ein Kind begegnet, versuchen Sie, zu helfen, indem Sie die Ursachen seines Verhaltens erforschen und auch mit seinen Eltern darüber sprechen – vorausgesetzt, es handelt sich nicht um eine einmalige Begegnung, sondern um Leute, die Sie regelmäßig treffen bzw. kennen. Ein Gespräch verbessert zwar nicht die Wohnsituation oder andere miese Lebensumstände, es erleichtert aber und hilft so vielleicht doch, die Lage des Kindes zu verbessern.

Konflikte werden sich bei der Auseinandersetzung mit anderen Eltern nicht vermeiden lassen. Jeder sollte nur versuchen, so sachlich und ehrlich wie möglich seine Meinung einzubringen. Weil Kinder ein Teil von uns selbst sind, sind diese Auseinandersetzungen so schwierig. »Schlechte« Kinder zu haben bedeutet selber »schlecht« zu sein. Angeblich. Aber wie wird man »schlecht«? »Ein Kind, das soziales Verhalten in seiner Umwelt lernen kann, kann gar nicht anders als sich selbst sozial zu entwickeln. Ein Kind, das keine Aggressionen kennenlernt, kann gar keine Aggressionen entwickeln. Ein Kind, das selbst geachtet wird, kann gar nicht anders, als die Mitmenschen zu achten. Wenn ein Kind eine gerechte Umwelt vorfindet, dann wird es sehr schnell ein Bewusstsein von Gerechtigkeit entwickeln. Die Kinder sind unser Spiegel. So wie wir zu ihnen sind, so entwickeln sie sich. Die Kinder können nichts äußern, was sie vorher nicht von außen aufgenommen haben. Treten Störungen bei den Kindern auf, dann sind diese Ausdruck der Störungen, die wir in der Umwelt suchen müssen, die wir am eigenen Leib tragen und die in unseren Beziehungen zum Ausdruck kommt. Es kommt also bei unseren Überlegungen darauf an, wenn wir die

Störungen des Kindes abbauen wollen, unser gestörtes Verhältnis zu den Kindern rückgängig zu machen und die Umwelt positiv zu verändern.« (Iris Mann, Lernprobleme, München 1979, S.
90f.)

Es ist nicht jeder »seines Glückes Schmied«. Auch persönliches Versagen der Eltern ist eingebettet in die Umstände, die es
provozieren. Wem es gelingt, diese Umstände zu durchschauen,
der wird auch die Kraft finden, neu anzufangen. Bei sich selbst
und bei seinen Kindern.

Es gibt übrigens in allen Städten der BRD Erziehungsbera-
tungsstellen, die z. B. auch Familientherapie durchführen. Sich
Hilfe suchend an diese Stellen zu wenden, ist keine Blamage, sondern eine sehr vernünftige Lösung, die oft Erfolg hat.

Verkehrserziehung

Jährlich verunglücken bei uns etwa 70.000 Kinder im Straßenverkehr. Alle drei Stunden kommt in der Bundesrepublik ein
Kind durch Unfall zu Tode. Es wäre lächerlich zu glauben, dem
mit Verkehrserziehung begegnen zu können!

Verkehrserziehung, so notwendig sie ist, sollte uns nicht darüber hinwegtäuschen, dass es die kinderfeindliche Umwelt – z.B.
mit Parks und Grünflächen, die über Jahre hin von Baukonzer-
nen und parkenden Autos verwüstet wurden – ist, die unsere
Kinder auf den Straßen sterben lässt, und nicht ihr persönliches
Versagen. Das geht schon allein daraus hervor, dass die Unfall-
rate in Ländern mit vergleichbarem Straßenverkehr sehr unterschiedlich ausfällt.

Wenn wir über Verkehrserziehung reden, dann zuerst über
die unhaltbaren Zustände in unserer Umgebung, mit denen wir
uns viel zu schnell abfinden. Sie lassen sich ändern. Wir kommen
nicht umhin, mit anderen Eltern und unseren Kindern über
Abrissspekulanten, Autobahnbauer, Bäumefäller und Aufsteller

von Verbotsschildern zu sprechen (»Kindern ist der Aufenthalt im
Hof nicht gestattet« und andere »Literaturbeiträge besitzwütiger
Kleinbürger«) und uns immer wieder klarzumachen, dass wir uns
nicht an bestehendes Unrecht gewöhnen dürfen. Wir müssen
mitmachen in Bürger- und Elterninitiativen, die darauf zielen, Kindern wirkliche Spielplätze (und nicht Ghettos) zu verschaffen,
ihnen Räume zur Erholung, Bewegung und zum Sport zu erhalten, die lebensnotwendig sind. Wir müssen in Parteien, Organisationen und Verbänden dafür eintreten, dass Städte und Dörfer
im Interesse der Kinder und nicht im Interesse von Bauspekulan-
ten und Autokonzernen angelegt werden.

Es beginnt mit dem Spielplatz in Wohnungsnähe, der bei der
zuständigen Hausverwaltung bzw. Gemeindeverwaltung von
Eltern beantragt werden muss, und endet mit der Teilnahme an
Demonstrationen und Aktivitäten gegen Kahlschlagsanierung
und Bodenspekulation, im Kampf gegen ein System, das für Pro-
fitinteressen über Leichen geht. Muss erst das eigene Kind betrof-
fen sein, bevor wir aktiv werden? Worauf warten wir noch? Wer
soll die Missstände ändern, wenn nicht wir durch unser Handeln?

Trotzdem muss Verkehrserziehung sein. Man muss Kindern
dieses Alters erklären, wie wir uns diese Welt wünschen und was
wir zu ihrer Veränderung beitragen – aber auch, wie sie über die
Straße gehen müssen. »Autos sind sehr schwer und fahren sehr
schnell. Wenn du von einem Auto angefahren wirst, tut das sehr
weh. Du musst deshalb lernen, wie man richtig über die Straße
geht.« Verbote wie »Auf keinen Fall allein über die Straße flitzen!«
müssen strikt eingehalten werden.

Die meisten Unfälle mit Kindern geschehen, wenn sie ganz
plötzlich auf die Straße rennen, oft zwischen parkenden Autos
hindurch, weil auf der anderen Seite ein Freund ankommt oder
ein Ball weggerollt ist. Deshalb muss man praktisch an Ort und
Stelle einüben, wie man sich verhält, wenn Vati drüben nach
Hause kommt oder ein Freund von der anderen Straßenseite ruft.

Strikt zu beachten ist, dass die Straße nur überquert werden darf, wenn kein Auto kommt. Kinder dieses Alters können Entfernung und Geschwindigkeit herannahender Autos noch zu schlecht einschätzen, deshalb müssen sie – und als Vorbild natürlich auch die Eltern – warten, bis kein Auto mehr kommt.

Zu üben ist ebenfalls das richtige Überqueren der Fahrbahn mit Blick nach links und rechts, laufen bis zur Mitte, Blick nach rechts... Auch die Bedeutung der Ampel muss erklärt werden. Schön ist, wenn man dem Kind eine kleine Ampel mit Batterie kaufen oder basteln kann, nach der sich Fußgänger und Spielautos richten müssen.

Eltern müssen sich immer vorbildlich im Straßenverkehr benehmen – Ihr Kind beobachtet Sie ständig und übernimmt Ihre Verhaltensweisen.

Am besten ist, mit dem Kind regelmäßig bestimmte Strecken abzulaufen und auf alle Gefahren bzw. Verhaltensregeln hinzuweisen. So den Weg zum Kaufmann, auf den Spielplatz, zu einem Freund. Weisen Sie darauf hin, dass man sich als Dreirad- oder Kettcarfahrer genauso zu verhalten hat.

Darf das Kind jetzt fernsehen?

In diesem Alter können Kinder auf dem Bildschirm bestimmte Dinge erkennen, sich wahrscheinlich sogar für kürzere Zeit auf eine Sendung konzentrieren und einiges verstehen. Warum sollte das Kind trotzdem nicht fernsehen, auch Sie nicht vor dem Fernseher antreffen?

Zunächst einfach deshalb nicht, weil es sich an das Gerät gewöhnen und es als etwas Wichtiges, Begehrenswertes kennenlernen würde. Das ist aber der Anfang der späteren Fernsehsucht vieler Kinder. Ein Kind dieses Alters muss seine Anregungen aus dem direkten Leben, im wirklichen Umgang mit den Dingen, im konkreten Handeln sammeln. Man darf das Kind nicht einer totalen, nicht zu stoppenden Bildrealität aussetzen, bevor es die

Wirklichkeit wenigstens in groben Zügen kennengelernt hat. Es muss seine Umwelt aktiv und durch seine eigene Tätigkeit erfahren. Damit ein Kind seine Fähigkeiten gleichmäßig entwickeln kann, müssen Wahrnehmen, Denken, Fühlen, Sprechen, Lernen, Handeln usw. ständig gleichzeitig angesprochen werden. Das ist beim Fernsehen aber nicht gegeben.

Zum Glück haben zweijährige Kinder – wenn ihnen Alternativen geboten werden – noch keinerlei Lust zum Fernsehen: Still sitzen und nur zugucken liegt ihnen nicht. Wenn also ein Elternteil meint, während des Wachseins seines Kindes unbedingt fernsehen zu müssen, kann der andere mit dem Kind etwas Interessantes tun: mit Wasser spielen oder Musik machen oder ... . Je mehr Anregungen ein Kind von seinen Eltern (und anderen Personen) zum selbstständigen und fantasievollen Spiel erhält, desto weniger wird es später Fernsehen (und Drogen) als Ersatz für eigene Handlungsmöglichkeiten, eigene Abenteuer brauchen. Kinder, die Stunden vor dem Fernseher verbringen, kommen alle aus Elternhäusern, in denen sonst nicht viel geboten werden kann bzw. geboten wird. Es ist natürlich viel mühsamer, ein Kasperstück aufzuführen oder mit einem Zweijährigen ein Bilderbuch

anzugucken, als es allein vor den Fernseher zu setzen. Nur beim Bilderbuch aber kann es seine Fragen anbringen, immer wieder Neues entdecken, Zusammenhänge erkennen, Vorstellungen entwickeln, seine Sprache vervollkommnen, sein Gedächtnis schulen. Nichts davon beim Fernsehen: Hier rauscht alles vorbei, hinterlässt Eindrücke, die sofort durch andere ersetzt werden. Fernsehen muss man lernen – aber nicht mit zwei Jahren! Wenn sich Dreijährige mit ihren Eltern hin und wieder eine Sendung für kleine Kinder anschauen und hinterher darüber sprechen, ist das sicherlich nicht schädlich. Ich bin aber entschieden der Meinung, dass Eltern mit ihrem Kind solange Arbeiten und Spiele ausführen bzw. Anleitungen für kreative Betätigungen geben sollten, bis das Kind so selbstständig ist, dass es auch seine Freizeit selbstständig gestaltet. Es gibt so viele konkrete Dinge zu tun! Wollen Sie Ihr Kind wirklich durch Fernsehen davon abhalten?

Lesen lernen mit drei?

Im Zeitalter von Leuchtreklame, Litfasssäulen und Massenpresse gehören Buchstaben und Schrift zur natürlichen Umwelt. Wir bringen unseren Kindern bei, wie man richtig über die Straße geht, etwas einkauft, Nägel einschlägt ... warum sollte man sie da künstlich von Geschriebenem zurückhalten? Nur, weil sie das später mal in der Schule lernen? Tatsache ist, dass Kinder in der Lage sind, mit drei Jahren lesen zu lernen – angeblich sollen sie das in diesem Alter sogar leichter lernen als mit sechs oder sieben Jahren.

Es gibt allerdings noch sehr viele andere Dinge, die man mit drei Jahren lernen kann: ein Instrument spielen, rechnen, ja sogar einfache chemische Experimente ausführen. Kinder aus den Elendsvierteln Lateinamerikas müssen sich in diesem Alter schon ihren Lebensunterhalt erbetteln, Eskimokinder gehen schon mit auf die Jagd.

Hier Schwerpunkte zu setzen, d. h. für sich selbst zu entscheiden, was man für lernenswert hält, ist unumgänglich. Auch entwickeln Kinder in diesem Alter zweifellos schon Interessen, die
sich zum größten Teil an den Eltern und an den Möglichkeiten,
die die Umwelt ihnen bietet, orientieren. Zwar wird das Kind
einer Musikerfamilie, die außerdem noch einen Garten hat, vielleicht mehr Interessen für Kleintierhaltung als für Klavierspiel
zeigen – umgekehrt kann aber ein Kind, das nie Klavierspiel gehört und auch noch nie ein Klavier angefasst hat, kein Interesse
an diesem Instrument erwerben.

Fürs Lesen werden sich nur die Kinder interessieren, in deren
Familien dem Lesen eine bedeutende Rolle zukommt: tatsächlich,
sichtbar und nachvollziehbar, nicht nur zum Schein. Diese Kinder werden, wenn sie mit ca. einem Jahr Buchstaben kennen
gelernt haben, eines Tages nachfragen, was das ist. Wenn man
möchte, dass das Kind lesen lernt, gibt man ihm am besten zunächst die Buchstaben seines Namens, den man nun immer wieder analysieren und synthetisieren sollte, d. h. den Namen immer
wieder in seine Laute zerlegen und die Laute wieder zu einem
Namen zusammensetzen. (Dabei müssen die Buchstaben unbedingt so ausgesprochen werden, wie sie im Wort klingen und
nicht, wie sie laut Alphabet heißen. S ist sss und nicht es). Diese
Analyse-Synthese-Übung erfordert vom Kind nicht viel mehr
geistige Anstrengung als die Zusammensetzung eines Puzzles.

Viele Pädagogen warnen mit Recht vor dem frühen Lesenler-
nen, weil manche Eltern ihre Kinder nicht lernen lassen, was die
Kinder selbst interessiert, sondern ihnen Interessen aufzwingen
und bei Verweigerung mit Liebesentzug drohen. Kinder, die so
lesen lernen müssen, dabei womöglich noch still am Tisch sitzen
sollen, wie es ja auch in der »Baby-Schule« empfohlen wird, sind
bedauernswerte Geschöpfe.

Es wäre allerdings genauso absurd, einem Kind, das nach
Buchstaben fragt, zu antworten: »Das lernst du in drei Jahren in
der Schule.« Tatsächlich kann es für ein Kind eine Menge bedeu-

ten, wenn es seine Umwelt auch durch die Schriftsprache kennenlernt. Hat das Kind erst erkannt, welche Welten sich ihm durch Lesenkönnen erschließen, genügt es, ihm eine Fibel oder ein einfach geschriebenes Bilderbuch zu geben und auf seine Fragen einzugehen. Die Sorgen, ob sich ein Kind, das lesen kann, in der Schule langweilt, sollte man der künftigen Lehrerin bzw. dem Lehrer überlassen. Jedenfalls gibt es eine Vielzahl von Möglichkeiten, solche Kinder im Unterricht einzusetzen, zu beschäftigen und z. B. in ihrem sozialen Engagement zu fördern.

Für ein gemeinsames Leben mit Kindern

Nach seinem zweiten Geburtstag werden Sie von Monat zu Monat mehr erleben, dass Ihr Kind ein Partner wird, mit dem man sich ernsthaft unterhalten und viele Dinge gemeinsam tun kann. Während Sie bisher vieles für das Kind tun mussten, es mehr oder weniger passiv versorgt wurde, wird es jetzt zum aktiven Teilnehmer an Ihrem gemeinsamen Leben. Es beginnt nicht nur, sich zunehmend selbst zu versorgen, indem es allmählich lernt, sich allein anzuziehen, die Toilette zu benutzen, sich selbst etwas zu essen zu nehmen, sich lange allein zu beschäftigen. Es hört den Erwachsenen aufmerksam, ja begierig zu, teilt eigene Erlebnisse (natürlich noch unvollkommen) mit und fängt an, Fragen zu stellen. Es sagt Ihnen, was es will, und Sie können ihm sagen, was Sie wollen. Es eignet sich seine Umwelt bewusst an und wirkt aktiv auf sie ein, indem es die Tätigkeiten der Erwachsenen nachahmt, hinterfragt, auf neue Art nachahmt, indem es sich beteiligt an gemeinsamen Arbeiten wie Handwerken, Haus- und Gartenarbeit, Versorgung jüngerer Geschwister.

Ganz sicher will es auch den Arbeitsplatz seiner Eltern kennenlernen. Was tun Sie da jeden Tag, wohin verschwinden Sie und warum? Vielleicht können Sie Ihr Kind einmal mit zur Arbeit nehmen (z. B. an einem Urlaubstag), und wenn das wirklich nicht geht, können Sie ihm wenigstens von außen das Haus zeigen und ihm Ihre Arbeit an Beispielen verdeutlichen.

Und was tun Sie sonst noch? Mit dem Begriff »Freunde« kann Ihr Kind schon etwas anfangen, die meisten kennt es sogar. Vielleicht haben Sie politische Freunde, Menschen, mit denen Sie gemeinsame Ziele verfolgen. Sie können Ihrem Kind durchaus erklären, dass Sie sich mit XY treffen, um zu überlegen, was man tun kann, damit es keinen Krieg gibt, keine zerstörten Häuser, keine Kinder mit Schmerzen, keinen Mangel an Essen.

Sie können Ihrem Kind erklären, dass Sie sich für den Park von gegenüber einsetzen, der abgeholzt werden soll, dass Sie sich mit anderen Eltern zusammentun, um einen großen Spielplatz bauen zu lassen, um mehr Spielzeug für den Kindergarten zu bekommen und Farben für die Renovierung.

Sie nehmen Ihr Kind mit zu Demonstrationen – es muss wissen, dass seine Eltern für billige Wohnungen mit großen Kinderzimmern, für ein Leben in Frieden, für die Erhaltung der Luft zum Atmen eintreten.

Das Schwierige an der Erziehung ist, sein eigenes Leben, sein Verhalten immer wieder neu zu hinterfragen. Als fortschrittlicher, politisch aufgeschlossener und aktiver Mensch hat man nicht automatisch ein vorbildliches Familienleben: Nehmen die Kinder wirklich am gemeinsamen Leben teil, oder werden sie in eine Kinderecke abgeschoben? Leben sie neben uns im Kinderzimmer oder mit uns in der Wohnung, auf der Straße? Werden sie als Menschen ernst genommen oder überbehütet wie hilflose Objekte? Freuen wir uns über ihre Selbstständigkeit, über ihre Lust, sich von uns zu trennen, oder behindern wir sie mit unseren Ängsten und unserer Bequemlichkeit?

Sind unsere Kinder Entschuldigungsgrund oder Anlass für politische Arbeit, für die Verbesserung gemeinsamer Lebensbedingungen? Beteiligen wir uns aktiv an der Verbesserung z. B. der Erziehungsmethoden in der Krippe/Kindergarten, oder haben wir schon resigniert? Sind unsere Beziehungen untereinander bestimmt vom engherzigen Feilschen um partielle Interessen (Ich will das, du willst etwas Entgegengesetztes, wie werden wir handelseinig?) oder auf die gemeinsame Kontrolle der eigenen Lebensbedingungen gerichtet? (Wie können wir gemeinsam unser Ziel erreichen?)

Wir stellen immer wieder Fehler und Versäumnisse fest. Nicht ein schlechtes Gewissen verändert die Situation, sondern Erkenntnis und daraus resultierende Handlungen. Warum nicht mit dem Kind über gewonnene Erkenntnisse reden und gemeinsam handeln? Warum es nicht beteiligen an den gemeinsamen Überlegungen für den Wochenendeinkauf, am Aufräumen der Wohnung? Warum nicht gemeinsam eine Ausstellung besuchen, ein Fest (wenn nur die Raucher nicht so rücksichtslos wären!), ein Konzert? Warum nicht selber eine Ausstellung veranstalten, z. B. mit den Fotos aus der Krippe oder vom letzten Straßenfest, mit Entwürfen zur Spielplatzgestaltung, mit Bilderbüchern, die Sie sich von Bekannten und der Bibliothek ausgeborgt haben, mit Bastelergebnissen als Anregung für andere Eltern?

Und müssen politische Termine immer abends stattfinden, wenn die Kinder schlafen? Warum nicht einen Bazar organisieren, ein Frühstück mit Freunden, eine Kaspervorstellung für alle Kinder Ihres Wohnhauses? Ein Turnfest im Hinterhof, einen gemeinsamen Ausflug, eine Versteigerung?

Wenn unsere Kinder es einmal besser haben sollen, dann müssen sie veranlasst werden, die Welt zu ändern. Das können sie nur, wenn wir es ihnen heute vormachen, vorleben: sichtbar, fühlbar, erlebbar. Mit Kindern leben – das heißt politisch leben. Arbeit sichtbar und Freude daran nachvollziehbar machen, Fantasie und Witz entwickeln, Einfühlsamkeit und Rücksichtnahme üben, sich nicht isolieren, versuchen, Hand- und Kopfarbeit zusammenzubringen, die Trennung von Arbeit und Freizeit im Leben mit Kindern wenigstens teilweise aufzuheben.

Wir haben Kinder – und damit einen Teil der Zukunft schon heute.

Turnen und Spiele für das dritte Lebensjahr

Sie sitzen Ihrem Kind gegenüber und stoßen ihm einen Ball mit den Füßen zu, das Kind stößt zurück.

Das Kind rollt den Ball durch seine gegrätschten Beine, Sie fangen ihn und rollen ihn zurück, das Kind fängt ihn in der gleichen Stellung.

Das Kind wirft einen Ball hoch und fängt ihn selbst wieder auf.

Mehrere Bälle liegen in einer Kiste. Das Kind versucht, sie alle rauszuwerfen, bevor Sie sie wieder reinwerfen.

Das Kind wirft Bälle mit erhobenen Armen über dem Kopf. Das Kind läuft mit einem Ball, den es hoch über dem Kopf hält.

Das Kind fährt auf einem Dreirad, einem Roller oder einem Go-Kart (nicht alles kaufen, sondern ausleihen).

Das Kind versucht, mit beiden Beinen zugleich zu hüpfen und auf einem Bein zu stehen.

Das Kind versucht, nach einem geschlagenen Rhythmus zu laufen bzw. sich zu bewegen.

Das Kind steht auf Ihren beim Sitzen ausgestreckten Knien. Sie ziehen Ihre Beine langsam an den Körper, das Kind bleibt zunächst angefasst stehen. Oben steht es freihändig.

Das Kind macht Liegestütz. Sie lassen einen Hund, Teddy o.ä. unten durch krabbeln.

Das Kind steht mit dem Rücken zu Ihnen und grätscht die Beine. Es reicht Ihnen die Hände durch seine gegrätschten Beine und macht so eine Rolle vorwärts.

Sie sind das Pferd. Das Kind klettert auf Ihren Rücken und steht dort freihändig. Es läuft bis zum Nacken und springt über den Kopf.

Hasen hüpfen (hinhocken und hüpfen). Dabei haben sie lange Ohren (Hände seitlich hoch neben dem Kopf halten).

Wer kann sich an einem Reck mit Händen und Füßen gleichzeitig festhalten?

Dem Kind wird ein mit Erbsen (o. ä.) gefälltes Säckchen auf den Kopf gelegt, mit dem es balanciert. Es steigt mit dem Säckchen auf dem Kopf auf einen Stuhl.

Es balanciert das Säckchen auf dem Rücken und kriecht auf allen Vieren. Mit einem Katzenbuckel wirft es das Säckchen ab. Es hebt das Säckchen mit nackten Füßen auf und wirft es in die Luft.

Tätigkeiten, Spiele, Spielzeug

In diesem Lebensjahr lernt Ihr Kind, wesentliche Tätigkeiten aus dem Bereich des täglichen Lebens selbstständig auszufahren. Seine Fingerfertigkeit entwickelt sich mit einiger Übung so, dass es »alltägliche« Werkzeuge wie Besteck, Schere, Zange, Hammer, Schraubenzieher, Pinsel, Stifte, Bürsten, Kamm, Schwämme, Lappen und vieles mehr sinnvoll benutzen kann.

Seine Aufmerksamkeit und sein Gedächtnis können so weit entwickelt werden, dass es nicht nur lernt, Fragen zu beantworten, sondern selber Erlebnisse, Begebenheiten und Geschichten mitteilen kann. Die Handlungen des Kindes lassen erkennen, dass es gemachte Erfahrungen anwendet und nachdenkt.

Es gibt sehr viele Möglichkeiten, Kinder zwischen zwei und drei Jahren anzuregen, zu beschäftigen, auf allen Gebieten zu fördern. Vor allen Dingen wissen Kinder dieses Alters selbst schon recht gut, was sie tun möchten. Selbstständige Beschäftigungen (am liebsten mit Freunden) nehmen schon einen großen Raum ein. Aber diese wären nicht möglich ohne die ständigen Anregungen, Hilfen und Korrekturen von Erwachsenen und größeren Kindern.

Die folgenden Tätigkeiten und Spiele sind nur eine kleine Auswahl, die Sie sicherlich entsprechend Ihren individuellen Lebensbedingungen ergänzen werden. (Wenn Sie z. B. auf dem Land leben, wird Ihr Kind durch Sie andere Dinge lernen als ein Kind in der Stadt; wenn Sie ein Geschäft haben, wird es andere

Schwerpunkte mitbekommen, als wenn Sie Musiker, Arbeiter oder Ingenieur sind.)

Ob Ihr Kind vielfältige Pflanzen- und Tiernamen, Automarken, Musikinstrumente, Werkzeuge, Gedichte, Buchstaben, Zahlen, Obstsorten kennenlernt – das hängt von Ihrem Leben ab. Und es ist wichtig, dass sein Lernen Ihrem Leben entspricht.

Tätigkeiten

- ➲ Mit einer Schere schneiden (Papier, dünne Pappe, Stoff)
- ➲ Mit einem Messer schneiden und schmieren
- ➲ Besteck gebrauchen
- ➲ Draht abkneifen
- ➲ Schrauben festdrehen
- ➲ Bauen und Konstruieren, frei und nach Vorlage bzw. einfachem Modell
- ➲ Einfache Muster nachlegen
- ➲ Figuren nachmalen oder ergänzen (z. B. an einen Bauch Arme malen)
- ➲ Mit verschiedensten Materialien auf verschiedensten Unterlagen malen (Kreide auf Tafel, Fingerfarbe auf Glas oder Holz, Bleistift auf Papier etc.)
- ➲ Konkrete Gegenstände malen: ein Ei, einen Ball, eine Schlange
- ➲ Lochen (mit einem Locher)
- ➲ Klammern
- ➲ Stempeln mit Stempeln und Kartoffeln
- ➲ Aus Katalogen etwas ausschneiden und aufkleben
- ➲ Seidenpapier zu Kügelchen formen und daraus Muster kleben
- ➲ Aus Naturmaterial (Eicheln, Kastanien, Blätter, Bor-

ke) und wertlosem Material (Klorollen, Schachteln, Deckel) Spielzeug und Gegenstände basteln.

- Dosen und Schachteln anmalen
- Sich an- und ausziehen
- Sich verkleiden
- Zu Bildern erzählen
- Geschichten hören und nacherzählen
- Liedern zuhören und selber singen
- Konzerte mit diversen Instrumenten (Töpfe, Klappern, Trommeln) veranstalten
- Eine Handpuppe sprechen und handeln lassen

Spiele

Rollenspiele
- Einkaufen in verschiedenen Läden
- Kinder auf dem Spielplatz: zanken und vertragen, um etwas bitten, sich helfen, jemand trösten, einer hat sich verlaufen
- Handwerker reparieren etwas
- Szenen aus dem Familienalltag: sauber machen, kochen, aufstehen usw.
- Fahren in verschiedenen Verkehrsmitteln
- Musiker
- Beim Arzt

Musikspiele
- *Signalspiel (für mehrere Kinder)*
Alle rennen durch den Raum. Auf ein akustisches Zeichen (Triangel-Schlag) müssen alle etwas Verabredetes tun, z. B. sich hinhocken, stehen bleiben u. ä.

➲ *Horchspiel*

Hinter einer angelehnten Tür oder einem Vorhang werden verschiedene Geräusche erzeugt, die das oder die
Kind/er erkennen sollen. Wer will, kann vorweg noch den
Vers »Horch, horch, was ist denn das, es ist kein Fuchs und
ist kein Has'« singen.

➲ *Reaktionsspiele*

Die Kinder tanzen nach einem bestimmten Rhythmus, der
auf einer Trommel o. ä. angeschlagen wird. Sowie sich der
Rhythmus ändert, legen sich alle Tänzer auf den Bauch.

➲ *Laut-und-leise-Spiel*

Die Kinder sitzen auf der Erde und stampfen ganz laut mit
den Füßen. Sie werden lauter, dann langsam wieder leiser
und leiser, schließlich ganz leise. Das kann man auch mit
Schreien, Trommeln oder Instrumenten spielen.

➲ *Wir sind die Musikanten*

Lied »Wir sind die Musikanten und komm' aus Schwaben-
land« singen und dazu die Instrumente nachahmen.

➲ *Geräuschpaare*

Dosen, Schachteln und Gläser werden mit verschiedenem
Material zum Schütteln gefüllt. In je zwei Behältern ist der
gleiche Inhalt – diese Paare sollen herausgefunden werden.

➲ *Flaschenmusik*

Unterschiedlich hohe Flaschen und Gläser werden mit
Wasser gefüllt und ergeben so unterschiedlich hohe und
tiefe Töne, wenn man sie anschlägt.

Wichtig bei allen Musikspielen: Möglichst keine verbalen
Anweisungen geben!

Eigenschaften suchen

Was ist rund? – Ist ein Ball rund? – Ist ein Autoreifen
rund? Genauso: Was ist weich, hart, schwer, leicht?

Gegenstände ordnen

Verschiedene Gegenstände liegen in der Kreismitte bzw. vor dem Kind. Das soll mit verbundenen Augen z. B. alle Löffel heraussuchen, dann alle Becher etc. Das Kind hat ungeordnet zwei große, zwei kleine und zwei mittlere Bausteine und soll die jeweils gleich großen aufeinander legen.

Malspiele

Der Erwachsene malt verschiedene Punkte auf, das Kind soll sie verbinden. Dadurch entsteht eine Figur (ein Bild). Der Erwachsene malt verschiedene Bahnhöfe oder Tankstellen auf (auch symbolisch, z. B. Dreieck = Bahnhof), die dann vom Kind nacheinander aufgesucht werden, indem es einen Strich zieht.

Slalom

Zwischen verschiedenen Hindernissen muss die Linie hindurchgeführt werden wie beim Slalom, oder: Ein Auto fährt eine kurvenreiche Straße entlang.

Zahlenspiel

Pfennige oder Knöpfe in zwei Schachteln aufteilen oder an Puppen oder Freunde verteilen.
Nicht vergessen: Nikitin-Spiele!

Spielzeug, das man selber machen kann

Kaufmannsladen

Vor ein Regal wird ein Tisch als Tresen gestellt. Wenn man kein passendes Regal hat, kann man sich aus zwei oder mehr Schubläden, in die Leisten eingezogen werden, leicht

Regale, die auch zum Aufbewahren kleiner Autos oder Tiere geeignet sind, bauen. So früh wie möglich sammelt man Proben, kleine Flaschen, Dosen, Verpackungen, Stoffreste, Garnrollen u. ä., die dann verkauft werden können.

Tanzglocken
Auf ein Lederband Glocken auffädeln und festknoten, die man dem Kind zum Tanzen ums Bein oder um einen Arm binden kann.

Zupfschachtel
Über eine Holzschachtel (Zigarrenkiste) werden sehr stramm Gummi- oder Perlonfäden gespannt, die man anzupfen kann.

Fahrzeuge
Aus Schachteln, Wurststäbchen und Schraubverschlüssen lassen sich verschiedenste Fahrzeuge bauen. Dabei kann das Kind schon mithelfen.

Farbendomino
Besorgen Sie sich vom Maler zwei oder mehr Farbtabellen, kleben Sie diese auf Papprechtecke und überziehen Sie jedes mit Klarsichtfolie. (Wie beim Domino immer zwei Farben auf ein Rechteck.) Gespielt wird zuerst frei, später nach der Regel, gleiche Farben aneinander zu legen.

Spielzeug, das man kaufen kann

Zubehör für Rollenspiele: Arztkoffer, Puppengeschirr, Puppensachen, Kaspertheater, Dreirad

Lesetipps

Biddulph, Steve: Das Geheimniss glücklicher Kinder, Heyne Verlag, München

Graf, Johanna: Familienteam, Das Miteinander stärken, Herder, Freiburg

Hacke, Axel: Der kleine Erziehungsberater, Kunstmann, München

Harms, Thomas (Hrsg.): Auf die Welt gekommen. Die neuen Baby-Therapien, Ulrich Leutner Verlag, Berlin

Juul, Jesper: Grenzen, Nähe, Respekt, rororo, Reinbek

Ders.: Was gibt's heute? Gemeinsam essen macht Familien stark, Walter, Düsseldorf

Ders.: Das kompetente Kind, Rowohlt, Reinbek

Schlenz, Kester: Bleib locker Papa, Mosaik bei Goldmann, München

Adressen

⮑ Arbeitsgemeinschaft Allergiekrankes Kind, Hilfen für Kinder mit Asthma, Ekzem oder Heuschnupfen (AAK) e.V.
Postfach 11 41, 35721 Herborn
Tel.: (0 27 72) 92 87–0, Fax: (0 27 72) 92 87–9
Internet: www.aak.de
E-Mail: koordination@aak.de

⮑ Arbeitskreis Neue Erziehung (ANE)
Boppstr. 10, 10967 Berlin
Tel.: (0 30) 25 90 06–0, Fax: (0 30) 25 90 06–50
Internet: www.arbeitskreis-neue-erziehung.de
E-Mail: ane@ane.de
(verschickt Elternbriefe, berät und gibt die Zeitschrift Membrane heraus)

⮑ Berliner Institut für Familientherapie (BIF) e.V.
Obentrautstr. 57, 10963 Berlin
Tel.: (0 30) 2 16 40 28, Fax: (0 30) 2 15 76 35
Internet: www.bif-systemisch.de
E-Mail: info@bif-systemisch.de

⮑ Deutscher Kinderschutzbund Bundesverband e.V.
Hinüberstr. 8, 30175 Hannover
Tel.: (05 11) 3 04 85–0, Fax: (05 11) 3 04 85–49
Internet: www.kinderschutzbund.de
E-Mail: info@dksb.de

⮑ Fortbildungsinstitut für die Pädagogische Praxis
FST-Workshop e.V. (FIPP)
Großbeerenstr. 71, 10963 Berlin
Tel.: (0 30) 25 92 89 9–0, Fax: (0 30) 25 92 89 9–99

(hat diverse Broschüren zu Kleinkinderziehung und anderen wichtigen Themen herausgegeben und führt Beratung und Fortbildung durch)

⮑ Großelterndienst
Ansbacher Str. 63, 10777 Berlin
Tel.: (0 30) 2 13 55 14, Fax: (0 30) 23 62 90 70

und:
Warschauer Str. 58, 10243 Berlin
Tel. und Fax: (0 30) 2 92 03 22
Internet: www.grosselterndienst.de
E-Mail: grosselterndienst@t-online.de

⮑ Mütterzentren Bundesverband
Müggenkampstr. 30 a, 20257 Hamburg
Tel.: (0 40) 40 17 06 06, Fax: (0 40) 4 90 38 26
Internet: www.muetterzentren-bv.de
E-Mail: info@muetterzentren-bv.de

⮑ Pro Familia, Bundesverband
Deutsche Gesellschaft für Familienplanung, Sexualpädagogik und Sexualberatung e.V.
Stresemannallee 3, 60596 Frankfurt a.M.
Tel.: (0 69) 63 90 02 und 63 87 56, Fax: (0 69) 63 98 52
Internet: www.profa.de
E-mail: beratung@profa.de

⮑ Tagesmütter – Bundesverband für Kinderbetreuung in Tagespflege e.V.
Breite Str. 2, 40670 Meerbusch
Tel.: (0 21 59) 13 77 und 45 91, Fax: (0 21 59) 20 20
Internet: www.tagesmuetter-bundesverband.de
E-Mail: tagesmuetterbv@t-online.de

⊃ Verband alleinerziehender Mütter und Väter e.V.
Bundesverband
Hasenheide 70, 10967 Berlin
Tel.: (030) 69 59 78–6, Fax: (030) 69 59 78–77
Internet: www.vamv.de
E-Mail: kontakt@vamv-bundesverband.de

Wenn Sie weitere Fragen haben, finden sie mich unter
www.fachpraxis-preuschoff.de

oder postalisch:

Gisela Preuschoff
Knopper Weg 21
24996 Sterup